TERAPIA COGNITIVO CONDUCTUAL *consciente*

El contenido de este libro está destinado a informar, inspirar y alentar el pensamiento, no a ofrecer consejo médico. No se puede hacer responsables ni al autor ni al editor por cualquier pérdida o inconveniente derivados del uso o el mal uso del contenido de esta obra.
Los nombres de los pacientes y otras informaciones de tipo personal se han cambiado con el fin de proteger su identidad.

Título original: Mindful Cognitive Behavioral Therapy: A Simple Path to Healing, Hope, and Peace
Traducido del inglés por Francesc Prims Terradas
Diseño de portada: Editorial Sirio, S.A.
Maquetación: Toñi F. Castellón
Fotografía del autor © de Marcia Leithauser

www.editorialsirio.com
sirio@editorialsirio.com

I.S.B.N.: 978-84-19685-67-4
Depósito Legal: MA-1986-2024

Impreso en Imagraf Impresores, S. A.
c/ Nabucco, 14 D - Pol. Alameda
29006 - Málaga

Impreso en España

Puedes seguirnos en Facebook, Twitter, YouTube e Instagram.

Dr. Seth J. Gillihan

autor de TERAPIA COGNITIVO CONDUCTUAL FÁCIL

TERAPIA COGNITIVO CONDUCTUAL *consciente*

Un camino simple hacia la sanación, la esperanza y la paz

EDITORIAL SIRIO

Para Marcia Lynn Leithauser

Si quieres descubrir la verdad sobre Dios,
no luches por cosas que están más allá de ti.
Lleva tus pensamientos hacia dentro, al centro,
y busca volverte uno y simple en tu alma.
Suelta todo lo que te distrae, todos tus deseos,
y regresa al hogar que eres tú mismo. Cuando lo hagas,
te convertirás en la verdad que estabas buscando.

–Maestro Eckhart (1260-1328)[1]

ÍNDICE

1

LA LLAMADA

Si ha habido un anhelo que hayan albergado los cientos de personas a las que he tratado en terapia como psicólogo clínico, este ha sido verse libres del dolor. Pero mi propio camino con la depresión me enseñó que mitigar los síntomas no basta. Más que una cura para el sufrimiento, lo que anhelamos más profundamente es sentir paz. Esta distinción constituye la materia de este libro.

La mayoría de las personas que vienen a verme están lidiando con algún tipo de ansiedad abrumadora: el pánico, la preocupación constante, el trastorno obsesivo-compulsivo (TOC) o algún tipo de miedo social. Muchas se están sanando de algún trauma, a veces reciente, a veces con origen en la infancia. Algunas están luchando con la depresión diaria o con alguna enfermedad crónica, o se preguntan si su matrimonio podría salvarse. Otras ansían dormir bien aunque sea una noche. De una manera u otra, anhelan verse aliviadas del estrés y las tensiones de la vida.

Buscan mis servicios porque piensan que puedo ayudarlas a encontrar alivio y paz a través de la *terapia cognitivo-conductual* (TCC), el método terapéutico más evaluado científicamente entre los que se practican hoy en día. La TCC ofrece un enfoque directo que integra dos componentes:

- La **terapia cognitiva**, para practicar unos patrones de pensamiento saludables.
- La **terapia conductual**, para ayudarnos a elegir acciones que nos encaminen a conseguir nuestros objetivos.

El tratamiento tiende a ser breve –por lo general, se llevan a cabo entre ocho y quince sesiones– y aborda problemas actuales más que centrarse en la infancia de la persona y en su relación con sus padres. Me atrajo este enfoque al principio de mi formación de posgrado porque quería aliviar el sufrimiento, y la TCC parecía ser el camino más eficaz hacia la sanación.

Pero cuando llevaba unos años ayudando a otras personas como terapeuta de la TCC, me di cuenta de que yo también necesitaba ayuda. Poco a poco había ido cayendo en una depresión profunda, y a pesar de toda mi formación me estaba costando salir de ahí. Finalmente, mientras buscaba a tientas la forma de avanzar, descubrí algo sorprendente y significativo: que la TCC podía ser más que un medio para eliminar síntomas. La había estado utilizando con esta finalidad; sin embargo, combinada con prácticas de mindfulness o atención plena, también podía ser útil para lo que tiene que ver con lo que tiene sentido para nosotros, con el propósito de la vida e incluso con la paz espiritual.

Esta es una declaración de gran calado, lo sé. Pero ten por seguro que este no es uno de esos libros escritos por un gurú autoproclamado que afirma haber descubierto por fin el secreto del universo y quiere que los demás lo sigan. No soy, de ninguna de las maneras, la primera persona que ha recorrido este camino.

Mi objetivo es simplificar el proceso que encontré tan increíblemente útil para que el mayor número de individuos posible puedan experimentarlo por sí mismos. Este sistema capaz de cambiar la vida se puede resumir en tres palabras, lo cual hace que sea fácil recordarlo siempre que sea necesario: *pensar*, *actuar*, *ser*.

El declive

En parte, lo que me motivó a hacerme psicólogo fue lo que sabía de las dificultades emocionales con las que lidió mi abuelo, quien se suicidó ocho años antes de que yo viniera al mundo. A Frank Rollin Gillihan lo perseguían recuerdos terribles de combates navales que vivió en el Pacífico sur durante la Segunda Guerra Mundial, y me preguntaba cómo habría sido su vida si hubiese recibido un tratamiento psicológico efectivo. Tal vez habría llegado a conocer a sus nietos. Su único hijo, mi padre, no habría tenido que experimentar el dolor derivado de perder a su padre debido al suicidio. Ese dolor estuvo muy presente a lo largo de mi infancia; mi padre lo manifestaba a menudo en forma de irritabilidad y mal humor, y otras veces en forma de cruda aflicción, como cuando a los ocho años de edad me encontré a mis padres en el cuarto de la colada: mi madre acogía a mi padre con un brazo mientras él lloraba, con un montón de viejas fotos de familia en la mano.

Me formé en la Universidad de Pensilvania, el lugar en el que surgieron muchos programas de tratamiento de la TCC. El profesorado estaba muy implicado en desarrollar tratamientos efectivos a corto plazo y ponerlos a prueba en ensayos clínicos rigurosos, y mi fe en el poder de la TCC aumentó cuando presencié sus efectos. Vi la capacidad que tienen los pensamientos de afectar a las emociones. Fui testigo de cómo pequeños cambios de comportamiento pueden mejorar el humor y aportar una mayor satisfacción.

Permanecí en la Universidad de Pensilvania tras graduarme y logré un puesto de profesor en un centro de investigación de la ansiedad, donde supervisé un estudio de tratamiento de la TCC aplicada al trastorno de estrés postraumático (TEPT). Los participantes eran habitantes de la zona y pacientes del hospital de Asuntos de Veteranos local, hombres y mujeres acosados por recuerdos traumáticos de violencia y dolor. Después del protocolo de doce sesiones, muchos habían experimentado una transformación; ya no tenían pesadillas ni los asaltaban escenas retrospectivas y estaban listos para vivir con normalidad. Pensé en mi abuelo muchas veces.

Cuando dejé la universidad y abrí mi consulta, seguí ofreciendo la TCC. Fue emocionante para mí ver los efectos drásticos que unas pocas sesiones –a veces no más de cinco o seis– podían tener en la vida de una persona. La ansiedad cedía, la depresión se aligeraba, el sueño mejoraba. Mi agenda se llenó rápidamente de gente que quería sentirse mejor al tener otros comportamientos.

Pero en el curso de mi práctica me impresionó ver, muchas veces, que los pacientes experimentaban unos cambios que parecían ir más allá del mero alivio de los síntomas. Afirmaban sentirse más ligeros, más libres, más conectados a una versión de sí mismos que les gustaba. Familiares suyos me decían, con lágrimas en los ojos, que por fin habían recuperado a ese ser querido.

Yo no sabía muy bien cómo ubicar esos cambios, puesto que no encajaban claramente con la visión que tenía de la terapia como terapeuta cognitivo-conductual. Se me había enseñado a centrarme en los resultados medibles. A veces, incluso envidiaba el profundo trabajo que estaban haciendo mis pacientes y los nuevos niveles de paz y felicidad que habían encontrado.

Me sorprendieron especialmente los grandes cambios que vi en Paul, un padre joven que estaba sin trabajo.* Había tenido una

* N. del A.: Los nombres de los pacientes y otras informaciones de tipo personal se han cambiado con el fin de proteger su identidad.

infancia dura y se odiaba a sí mismo hasta donde alcanzaba a recordar. Su padre había abandonado a la familia cuando él tenía cinco años, y siempre había sentido que era el hijo menos apreciado por su madre. Había lidiado con la adicción al alcohol siendo aún muy joven y había tenido dificultades con sus relaciones más cercanas.

Lo que más difícil le estaba resultando a Paul era que sentía que les estaba fallando a sus hijos, una niña y un niño. La marcha de su padre le había dejado una gran herida, y se había prometido ser un padre del que sus hijos pudieran estar orgullosos. Pero tras perder el empleo y caer en la depresión, pensaba que debían de estar muy decepcionados con él y que probablemente lo veían como alguien patético. Se atragantaba con las palabras cada vez que trataba de hablar sobre la decepción que les debía de inspirar a sus hijos, pero rechazaba el pañuelo que le ofrecía. Su vergüenza se convertía rápidamente en ira dirigida a sí mismo por ser un «llorón» mientras se secaba las lágrimas con la base de la palma de la mano. Paul negó ser una amenaza inminente para sí mismo, pero dijo que a menudo imaginaba que terminaba con su vida.

Llevábamos muchos meses trabajando juntos (más de lo que dura un curso estándar de TCC), y Paul había efectuado avances lentos pero constantes. Había empezado a hacer cada vez más actividades que disfrutaba y le aportaban un sentimiento de logro, lo cual había mejorado mucho su estado de ánimo. También había aprendido a reconocer que los pensamientos terribles que tenía sobre sí mismo, como «soy un inútil» y «todo el mundo estaría mejor sin mí», no contaban la verdad. A pesar de todo, seguía presente una «corriente subterránea» de autoodio que parecía inmune a los esfuerzos que estaba haciendo con la terapia.

Pero un día Paul me sorprendió muchísimo. Las lágrimas vinieron y él dejó que estuvieran ahí. Por primera vez, no estaba llorando por ser un padre horrible. Estaba llorando por su yo de cinco años que había perdido a su padre y no había conocido el amor hasta que tuvo sus propios hijos. Mientras lloraba, me dijo que estaba empezando a sentir amor hacia sí mismo. Yo estaba secando mis propias lágrimas.

Llevaba esperando a que llegase ese día desde que conocí a Paul, que en realidad era una persona a la que era fácil querer, pero cuando su relación consigo mismo cambió por fin, me pilló por sorpresa. Los pensamientos y sentimientos que nos dirigimos a nosotros mismos se resisten mucho al cambio. Estaba acostumbrado a ver a los pacientes hacer cambios graduales al respecto, pero a menudo a regañadientes y sin que acabase de abandonarlos cierto sentimiento de autodesprecio. La transformación de Paul fue de otra clase. Era como si se hubiera venido abajo una barrera que había entre su corazón y él mismo, con lo que se liberó una ola de autoamor que había estado contenida durante décadas. Finalmente pudo ver que sus heridas y su sufrimiento requerían compasión, no repugnancia.

Paul no solo dejó de odiarse a sí mismo y de estar deprimido. Se transformó. Se convirtió en el padre y el marido que siempre había querido ser. ¿Cómo contribuyó a ello nuestra terapia? Yo no lo tenía claro.

El descubrimiento

Fue ese mismo día, avanzada la tarde, cuando me di cuenta de lo irónico de la situación. Justo esa misma semana, me estaba sintiendo fatal por la idea de estar decepcionando a mi esposa y mis hijos. Llevaba dos años padeciendo problemas de salud, que empezaron con unos problemas persistentes con mi voz: laringitis, una sensación de ardor en la garganta, dificultad para hacerme oír.

Me costaba cumplir con las exigencias vocales de la terapia y de mi labor como profesor, en un colegio local. Con el tiempo, cada vez fui experimentando una lista más larga de síntomas poco específicos: dificultades para dormir, agotamiento físico, confusión mental, dolor corporal, intolerancia al calor y problemas digestivos, entre muchos otros. Las frecuentes visitas a muchos especialistas y a terapeutas alternativos aportaron pocas respuestas, poco alivio y una pila cada vez más grande de facturas médicas.

Mi mundo se redujo con todas esas dificultades. Tuve que prescindir de muchos tipos de ejercicio a causa de la fatiga y dejé de reunirme con amigos, al costarme tanto hablar. En casa apenas pronunciaba palabra, porque mi limitada «reserva vocal» estaba agotada al final de las jornadas de trabajo. Tuve que reducir las horas que dedicaba a ejercer de terapeuta a causa de las limitaciones de mi voz y mi baja energía, lo cual repercutió de forma importante en la economía familiar.

En retrospectiva, me doy cuenta de que la depresión era casi inevitable, dadas mis circunstancias: estrés crónico, aislamiento social, falta de ejercicio y poco sueño. Había observado este patrón innumerables veces en mi labor clínica, y ahora lo estaba experimentando yo mismo. Me llevó un tiempo reconocer que había caído en una depresión profunda; me quería morir y pensaba que mi familia estaría mejor sin mí. Mi esposa, Marcia, me apoyaba increíblemente, pero no podía erradicar mis bajones ni mi autodesprecio. Cuando tocaba fondo, me tranquilizaba: «Seth, lo estás haciendo lo mejor que puedes. No es culpa tuya que estés enfermo». Mientras tanto, yo gritaba en silencio en mi cabeza, una y otra vez: «¡Me odio a mí mismo!».

Mi depresión se prolongó durante meses. Me sentía perdido, desconcertado y solo en sus profundidades. No sabía qué me había llevado a esa situación y me sentía demasiado exhausto y confundido para salir de ahí. Lloraba todo el tiempo: lloraba de camino al trabajo, al no tener ni idea de cómo podría afrontar la jornada. Lloraba de camino a casa, trayecto en el que me costaba subir pequeñas colinas, como si llevara botas de plomo. Lloraba en el sofá de mi consulta, donde dormitaba entre paciente y paciente, vigilando dónde ponía la cabeza para no comenzar la sesión siguiente con el patrón de la almohada impreso en la cara.

Después de cenar, a menudo me acostaba en el sofá de la sala de estar; desesperado y desanimado, rezaba para obtener ayuda. Me sentía derrotado cuando me metía en la cama todas las noches y temía el día que estaba por venir. Sentía que ya no daba más de mí. Sin embargo, algo me mantenía en marcha y me traía de vuelta a la vida cuando todo lo que quería hacer era rendirme y desvanecerme.

Me encontraba en la situación en la que estaban muchas de las personas a las que había tratado cuando acudían por primera vez a mi consulta. Estaban abatidas por la depresión o desgastadas por la ansiedad, y gran parte de ellas estaban a punto de tirar la toalla. Pero eran más las que estaban decididas a seguir adelante. En el centro de su ser había una integridad fundamental que las había impulsado a buscar ayuda a pesar de su desesperanza.

Es posible que no sintieran nada más que oscuridad en su interior, pero yo podía ver claramente una luz que no se había atenuado, como si saliera a través de una grieta en la pared que eran sus dificultades y dolores evidentes. Independientemente de cómo se estuvieran sintiendo esas personas, el hecho de ver esa luz siempre me daba esperanza e incluso me hacía sonreír por dentro. Sabía que su sufrimiento no tenía que ser el final de la historia. Y sabía que habían emprendido el camino hacia la sanación mucho antes de que entraran por la puerta, porque el poder de sanar no comienza cuando se encuentra el tratamiento adecuado. Viene de un lugar que se halla dentro de nosotros, en lo profundo.

Una noche reconocí por fin en mí mismo lo que había visto en tantas personas a las que había tratado. Me sentía invadido por la desesperanza más que nunca mientras estaba tendido en el sofá después de cenar; sentía como si me estuviera muriendo. No paraba de repetir en mi cabeza: «He llegado al final de mí mismo. He llegado al final de mí mismo». Entonces, en ese momento, me di cuenta de que el final *de mí mismo* no era el final: era el principio de algo más, de algo que estaba más allá de mis limitaciones físicas y mentales, de algo que se encontraba más allá de la enfermedad y la depresión. Estando maltrecho mi cuerpo y envuelta en una neblina mi mente, mi espíritu quedó al descubierto.

Esta experiencia me hizo recordar el sueño más significativo que jamás había tenido. Me había despertado llorando. Mi esposa, que tenía el sueño ligero desde que nacieron nuestros hijos, se movió a mi lado.

–¿Qué ocurre? –preguntó.

–He soñado que me moría –respondí.

–Lo siento –dijo adormilada, extendiendo el brazo para acariciarme.

–No –dije, con la escena aún fresca en la mente–. Ha sido hermoso.

En el sueño, el piloto había fallado gravemente a la hora de aterrizar el avión en el que íbamos. Nos acercamos a la pista en una mala posición, con el ala izquierda más alta que la derecha. Una rueda tocó el suelo antes que las otras, lo cual desequilibró el aparato e hizo que patináramos por la pista. El avión comenzó a girar y a romperse, hasta que se partió desde la parte delantera hacia la trasera. Yo estaba sentado en la última fila. Los asientos, el equipaje y los pasajeros que había delante de mí salieron volando. Estaba aterrorizado, esperando a que el avión explotara en cualquier momento y llegara el final de mi vida.

Sin embargo, antes de que se consumara el desastre, decidí aceptar mi muerte inminente. Quería abrirme a ella si era inevitable, en lugar de morir con miedo. Nubes de polvo y restos varios me vinieron encima mientras me recostaba en el asiento y cerraba los ojos. Evoqué el rostro de mis hijos, para morir pensando en lo que más amo. Esta imagen llenó mi mente y mi corazón mientras esperaba la muerte, como quien espera dormirse. Estaba eufórico, pues de alguna manera sabía que iba a unirme con todo lo que amo.

Cuando llegó la muerte, no experimenté ningún dolor ni ninguna interrupción de la conciencia. Detrás de mis párpados, el color pasó a ser, sin solución de continuidad, el del espacio púrpura por el que estaba pasando en mi viaje por el cielo nocturno hacia las estrellas. Sentí que el alma de todos aquellos a quienes amaba, vivos y muertos, estaba allí, y que me unía a estas almas.

Entonces me desperté junto a mi esposa. Nuestros hijos estaban dormidos al final del pasillo. No lloré porque morir fuera algo triste, sino porque era algo glorioso. Experimentar mi mayor miedo me llevó a darme cuenta de que estaba conectado eternamente con todo lo que me importaba. No había lugar para el miedo. Esa fue, sobre todo, una experiencia de profunda paz.

Al recordar ese sueño, comprendí que había llegado al final de mí mismo, sí, pero que ese final significaba el principio de algo nuevo y trascendente, como en el sueño. Experimenté una gran sensación de paz esa noche en el sofá y una presencia sanadora en mi interior. Había descubierto la verdad fundamental sobre mí: que soy un ser espiritual conectado a lo divino. Y supe que lo que había visto y sentido tantas veces en mis pacientes era el espíritu divino. Este espíritu interior no había dejado de llamarme para que regresara a la vida, de la misma manera que el espíritu de mis pacientes los había llamado a seguir adelante y a trabajar con la terapia.

Había descubierto por experiencia propia a qué nos llama nuestro espíritu constantemente: a tener unos pensamientos y realizar unas acciones que nos conduzcan a la plenitud. «No me queda nada», decimos. Y el espíritu responde: «Lo sé. Veo tus luchas cada día, esas que nadie más conoce. Está bien. Acéptate en cualquier caso. La vida no tiene por qué ser tan dura».

Mis creencias religiosas fueron moldeadas por el cristianismo y el budismo secular, pero no estoy asociando un significado religioso en particular a la palabra *espíritu*. Solo es el mejor término que he encontrado para hacer referencia a la presencia interior que he descubierto en las personas que acuden a terapia y en mí mismo, la cual nos guía hacia la completitud. La mayoría de nosotros tenemos intuiciones profundas respecto a este componente que no forma parte de la mente ni del cuerpo y que es un elemento central de lo que somos. En cierto sentido, es la parte más verdadera que nos constituye, porque siempre ha estado con nosotros y no está ligada a nuestros roles cambiantes ni a nuestras emociones pasajeras; tampoco a nuestros pensamientos ni a nuestros actos.

Esa revelación que experimenté en el sofá no supuso el final de mis dificultades, ni mucho menos, y tampoco fue la última vez que necesité oír esa llamada interior. Pero a partir de ahí comencé a tener esperanza. También marcó el comienzo de un cambio importante en mi forma de pensar acerca de la terapia. Durante los últimos meses, había encontrado que la práctica de la TCC era limitante y me planteé abandonarla en favor de un sistema «más profundo» (no sabía cuál). No obstante, la TCC es un método potente y reconocí lo que significaría perderla. No podía olvidar las caras de las mujeres y los hombres cuya vida había cambiado gracias a los esfuerzos que habían realizado en el contexto de esta terapia.

Sin embargo, sabía que tenía que ir más allá de entender los principios y aplicar las técnicas. Para sacar el máximo partido a todo el potencial de la TCC, debía integrar mi formación con verdades espirituales más profundas.

Cocrear nuestra vida

Años antes de mi crisis personal, estaba sentado en mi despacho de la Universidad de Pensilvania, mirando por la ventana hacia el horizonte de la ciudad. Un gavilán colirrojo apareció en mi campo de visión; daba vueltas sobre la ciudad volando cada vez más alto y solo agitaba las alas una única vez ocasionalmente. Dejé de escribir (no recuerdo si estaba trabajando en la obtención de una subvención o en un artículo) y observé al ave hasta que casi hubo desaparecido de mi vista, hipnotizado por su vuelo carente de esfuerzo. Más tarde supe por mi esposa, amante de los pájaros, que el gavilán estaba aprovechando una columna térmica (una fuerte corriente ascendente de aire cálido).

Muchas aves se sirven de las corrientes térmicas para ahorrar energía, durante las migraciones largas sobre todo. El gavilán aliancho depende de ellas para viajar unos seis mil quinientos kilómetros en su migración desde Estados Unidos y Canadá hasta México y América Central, en la que recorre unos ciento trece kilómetros diarios en promedio. Sin estas corrientes de aire, el viaje sería bastante agotador; requeriría mucho más tiempo y mucha más energía. Los gavilanes sentirían el peso de cada kilómetro. Cada día sería una especie de suplicio. Querrían descansar. Y tal vez se desesperarían, a su manera, ante la posibilidad de no lograr su objetivo. Muchos no sobrevivirían al viaje, probablemente.

Así es como nos puede parecer la vida a veces, cuando todo es difícil y cada día resulta agotador. Somos muy sensibles a los problemas o dificultades. Damos todo lo que tenemos y parece que no es suficiente. Tememos por nuestra vida. Tenemos la tentación de rendirnos. Y después hay esos momentos en los que todo deja de parecer una lucha. Nos sentimos animados, inspirados, elevados. La vida nos parece más un baile que un combate de lucha libre. Entramos en el fluir. Esto es lo que nos ofrece el espíritu. Actúa como una columna térmica que nos eleva cuando estamos abrumados y exhaustos. Podemos encontrar sutileza y fluidez a través de la conexión espiritual.

Los gavilanes, las águilas y otras aves no caen del nido a una corriente térmica ni encuentran por casualidad estas corrientes, porque hay mucho en juego. Las aves las buscan activamente para aprovecharlas. Los científicos no tienen claro cómo las localizan, pero se sabe que las aves están muy sintonizadas con ellas, como si sus vidas dependieran de ello. Una vez que encuentran una corriente térmica, se desplazan hábilmente para permanecer en ella el mayor tiempo posible. Lo mismo es aplicable a nuestra conexión espiritual:

Nuestro espíritu nos proporciona la voluntad.
Nuestros esfuerzos nos proporcionan los medios.

Necesitamos tanto el espíritu como el esfuerzo para vivir la vida que sabemos que nos aguarda. A través de nuestros pensamientos y actos, nos unimos a nuestro espíritu para cocrear, conjuntamente, nuestra vida. Nuestro espíritu puede aligerar nuestra carga si lo permitimos: nos llama continuamente, y nosotros elegimos la manera de responder.

La práctica de escuchar la llamada de nuestra voz interior o espíritu es lo que muchos llaman mindfulness o atención plena, y una terapia efectiva es una forma de responder a esta llamada. A través de la terapia cognitivo-conductual centrada en el mindfulness podemos acabar con los hábitos que nos desconectan de nuestra verdadera identidad y reemplazarlos por pensamientos, actos y una conciencia plena* que nutran todo nuestro ser, de tal manera que ello nos permita estar en contacto con esa voz interior, la cual tiene un papel importante en nuestro bienestar emocional y psicológico. La gama completa de nuestra experiencia se vuelve fluida cuando armonizamos entre sí la mente, el cuerpo y el espíritu. La curación y el bienestar fluyen de esta armonización a medida que redescubrimos nuestra completitud. Dejamos de batir las alas para avanzar por la vida y nos damos cuenta de que podemos fluir con la corriente.

Pensar, actuar, ser

Mi espíritu me estaba conduciendo al trabajo que necesitaba hacer para curarme de la depresión. Quería sentirme bien de nuevo, tanto por mi propio bienestar como por el de mi familia. Echaba de menos hacer de padre y hablar con mi esposa y mis hijos. Estaba cansado de perderme la mayoría de las actividades familiares. Me sentía mal porque mis dificultades le complicaban la vida a mi esposa. Y quería volver a disfrutar de los amigos. Pero para que se produjesen los cambios anhelados en todos estos terrenos, tenía que salir del pozo de la depresión.

---

* N. del T.: En este texto, la palabra inglesa *mindfulness* se deja en su forma original a veces y en otras ocasiones se traduce como 'atención plena'; 'conciencia plena' corresponde, la mayor parte de las veces, a la traducción de *mindful awareness*. También encontraremos con cierta frecuencia la denominación 'presencia consciente', que corresponde a la traducción de *mindful presence*. Todos estos conceptos están tan próximos entre sí que podrían ser intercambiables; no hemos visto evidencias de que el autor otorgue un significado distintivo para cada uno.

Amigos bienintencionados me sugirieron con delicadeza que probara a tomar medicamentos antidepresivos, pero yo sabía que lo que necesitaba era la terapia cognitivo-conductual. Iba siendo hora de que tomara mi propia medicina. El verdadero poder de la TCC no radica solo en saber cómo funciona, sino también en aplicarla día tras día.

Era un candidato ideal para el tratamiento: mi mente estaba llena de pensamientos de odio hacia mí mismo, había renunciado a casi todas las actividades que me resultaban gratificantes y estaba luchando intensamente contra las circunstancias en las que me encontraba. Debería comprometerme completamente con el trabajo terapéutico.

- *Pensar*: mi mente tenía que cambiar los pensamientos.
- *Actuar*: mi cuerpo tenía que tomar medidas.
- *Ser*: mi espíritu requería que encontrase un estado de presencia y aceptación.

La causa de mi enfermedad física seguía siendo un misterio, pero mi sanación mental y emocional ya había comenzado. Así que establecí un plan para seguir la TCC de forma autónoma, pero un tipo de TCC diferente de aquella en la que me había formado.

Las técnicas cognitivas y conductuales habían constituido el núcleo de mi trabajo como terapeuta. A veces introducía el mindfulness si me parecía adecuado para el paciente o si este mostraba interés en él. Pero ahora me di cuenta de que estaba subestimando el mindfulness al tratarlo como un complemento. La calidad de nuestra presencia lo afecta todo. Conforma la base de todo lo que pensamos y hacemos. Y a través de la presencia plena nos conectamos con las partes más profundas de nosotros mismos y de nuestra experiencia. En pocas palabras: encontramos la conexión espiritual.

Había sentido la necesidad imperiosa de conectarme con mi espíritu desde aquella noche de desesperación en la que había llegado al límite. Mi espíritu me había susurrado que no todo estaba perdido, me había mostrado que no estaba irremediablemente mal y me había conducido al trabajo que necesitaba realizar. Yo no quería otra cosa que mantenerme conectado con mi núcleo espiritual, y la presencia consciente me ofrecía una manera de mantener esa conexión. Pondría la atención plena en el centro de mi modelo integrado.

Como dije, he llamado *pensar, actuar, ser* a este modelo. Me gusta no complicar las cosas, y estas tres palabras reflejan el poder y la simplicidad de la TCC centrada en el mindfulness. Juntas, conforman la cabeza (*pensar*), las manos (*actuar*) y el corazón (*ser*) de las prácticas que me ayudaron a renacer.

Al utilizar las habilidades que había enseñado a tantas personas, encontré los mismos beneficios que estas personas habían referido.

Con mi cabeza (el componente *pensar*) hice el seguimiento de mi voz interior y me di cuenta de lo miedosa y autocrítica que era: me estaba diciendo todo el rato que lo estaba haciendo mal y que iba a perder todo lo que me importaba. ¡Menuda diferencia supuso anticiparme a esos pensamientos negativos distorsionados y sustituirlos por otros vivificantes basados en la realidad!

A través de mis manos (el componente *actuar*) encontré maneras de hacer más cosas que me aportaran placer y una sensación de logro. Podían ser tan simples como preparar la merienda de nuestros hijos, poner al día la colada o almorzar fuera en lugar de hacerlo en mi escritorio. A mis pacientes les sugería este tipo de actividades, precisamente, para que fuesen enriqueciendo su vida de forma sistemática. Al principio, no me sentía nada motivado a implementar muchos de estos cambios, pero el caso es que mi estado de ánimo fue mejorando (no de repente, sino de forma gradual y constante).

Y en cuanto a mi corazón (el componente *ser*), encontré formas de ser más consciente en el día a día, no solo durante las prácticas de meditación, sino también en el curso de cualquier actividad diaria. Este tercer elemento del modelo pensar, actuar, ser no eran pensamientos que tenía después de los actos en sí, sino el contexto en el que examinaba mis pensamientos y determinaba mis comportamientos. La conciencia plena me permitió ver más allá de mi pensamiento distorsionado y me ayudó a sacar el máximo provecho de mis actividades. Me recordaba una y otra vez que todo cambia cuando nos abrimos a la vida en este momento, tal como es.

Por fin tenía una respuesta a una pregunta que había sentido muchas veces pero que nunca había llegado a concretar: *¿por qué a menudo me sentía un poco incómodo, casi inseguro, respecto a la TCC tradicional*? Sabía que funcionaba y había visto cómo cambiaba vidas. Pero ahora me daba cuenta de que estaba percibiendo una brecha entre la profundidad de la necesidad humana y mi versión de la TCC. Era como si supiera, en el fondo, que le faltaba algo a mi forma de entender la TCC. Me parecía bastante superficial, como si toda ella fuera cabeza y manos, y le faltase el corazón. Al integrar la presencia consciente en la práctica, empecé a sentir una pasión por la TCC desconocida para mí hasta ese momento. Y quise compartir este descubrimiento con todo el mundo.

Qué vas a encontrar en este libro

En las páginas que siguen, presentaré en detalle el modelo pensar, actuar, ser y explicaré cómo usarlo. Verás cómo estos tres componentes nos ayudan a vivir en sintonía con nuestras necesidades mentales, físicas y espirituales. El hecho de estar armonizados da lugar a unas experiencias predecibles, que son la prueba de que nos encontramos en un estado de armonía: la tensión abandona el cuerpo, dejamos de resistirnos a la realidad (que es lo que hacemos habitualmente), no estamos agobiados por las prisas y nos sentimos en paz con nosotros mismos y con el mundo, la vida es simple, la acción correcta fluye. En este estado gozamos de claridad y experimentamos el amor, tanto el que recibimos de los demás como el que damos; también el amor por nosotros mismos.

Asimismo verás que las prácticas de pensar, actuar, ser pueden ser beneficiosas para todas las áreas de nuestra vida, desde el cuidado del cuerpo hasta trabajar en algo que sea significativo para nosotros. Este modelo tiene como base el reconocimiento de que nuestros valores más profundos pueden impulsar las decisiones aparentemente pequeñas que tomamos todos los días: cómo organizamos la jornada y planificamos nuestras actividades, qué comemos, en qué medida usamos el teléfono..., innumerables elecciones que o bien nos acercan o bien nos alejan de nuestro núcleo espiritual. Al prestar atención a los distintos momentos de nuestra vida, vamos haciendo que esta esté cada vez más llena de amor y tenga más sentido.

El planteamiento que expondré en esta obra no exige que adoptes un conjunto de creencias en particular o que reemplaces tus convicciones profundamente arraigadas. No trataré de cambiar tus creencias religiosas ni de que comulgues con mi visión de la espiritualidad. El modelo pensar, actuar, ser te ayudará a seguir a tu espíritu a donde sea que ya te esté guiando, y se puede integrar en cualquier tradición religiosa.

A través de estas prácticas, podemos vivir más tranquilos y centrados. Podemos contrarrestar la influencia continua de las distracciones que nos desconectan de nosotros mismos, de los demás y de nuestro propio mundo. Podemos dar y recibir amor. Y podemos encontrar una paz incondicional que está disponible no solo en los sueños místicos en los que «morimos», sino también en cada momento de la vigilia, incluso si tenemos la sensación de estar hechos pedazos y de que nunca nos sentiremos completos. El enfoque pensar, actuar, ser constituye una invitación a que expresemos plenamente nuestra verdadera identidad.

2

CONECTA CONTIGO MISMO*

Tras llevar varios años enfermo, comencé a sentirme como una persona diferente de la que pensaba que era. De hecho, empecé a pensar en esta nueva versión de mí mismo como «el impostor». Este impostor había tomado el control de mi cuerpo y mi mente. «¿Quién es este tipo?», me preguntaba a menudo. Siempre había disfrutado haciendo reír a la gente y pasando tiempo con los amigos, pero el impostor estaba siempre serio y evitaba el contacto social en la medida de lo posible. Mi verdadero yo, que ya no aparecía en escena, tenía mucha energía para jugar con sus hijos, pero el impostor apenas podía levantarse del sofá. No me reconocía a mí mismo en la persona en la que me había convertido.

En esa época, no era consciente de las consecuencias significativas que tenía el hecho de perder la conexión conmigo mismo. Ahora, me resulta fácil verlo cuando miro hacia atrás. El primer paso dentro de la estrategia pensar, actuar, ser es conectarse con

* N. del T.: Por razones prácticas, se ha utilizado el masculino genérico en la traducción del libro. Dada la cantidad de información y datos que contiene, la prioridad al traducir ha sido que la lectora y el lector la reciban de la manera más clara y directa posible.

uno mismo; esto es fundamental para todo lo demás. Perder el contacto con uno mismo es un problema importante, como no tardé en descubrir.

Con el tiempo, cada vez me fue costando más distinguir mi yo real del impostor. Me fui identificando con una versión reducida de mí mismo cuyas señas de identidad eran el esfuerzo y la fatiga. Un día, estando sentados en el borde de la piscina del pueblo, mi amigo Zach me preguntó cómo me iba. Mientras me oía relatar mis continuos problemas de salud, de pronto me pregunté si el impostor era mi verdadero yo. Me detuve y me volví hacia mi amigo: «No siempre he sido así, ¿verdad?», le pregunté. Zach me conoció cuando estaba mejor de salud, y esperaba que pudiera ayudarme a recordar mi antiguo yo. Empezaba a dudar de que esa persona hubiera existido alguna vez. Tal vez siempre había estado enfermo y había sido un individuo débil y un poco depresivo. Tenía un gran anhelo de redescubrir el yo que había conocido.

Zach me aseguró que no siempre había estado enfermo, pero aun así continué sintiéndome alejado de mí mismo. No era solo que mi enfermedad y mi depresión me hubieran cambiado. Había pasado por otras transiciones importantes en mi vida, como convertirme en padre, pero no habían alterado la percepción que tenía de mi identidad. Lo de ahora era diferente. Sentía como si me hubiera perdido a mí mismo, como si mi identidad central no solo fuera diferente, sino que hubiera desaparecido.

Obtuve imágenes de mi antiguo yo en fotos y vídeos y recordé que antes reía y bailaba con mis hijos. Mi esposa también me hizo saber que mis problemas no definían mi identidad. Pero necesitaba más que esos recordatorios externos, más que el conocimiento de que la confusión y el dolor no eran todo lo que había dentro de mí. Necesitaba reconectarme conmigo mismo.

El recordatorio más potente de mi verdadera identidad vino de dentro, mientras me encontraba en la orilla del mar en Cape May (Nueva Jersey), donde estaba de vacaciones con mi familia. Había llegado al punto de quedarme sin energía. Cada día me costaba andar el corto trayecto hasta la playa y regresar con mi familia. Tenía que detenerme y descansar después de subir los pocos escalones que nos permitían superar la altura de las dunas de arena y acceder a la playa. Una vez que estábamos instalados, hacía poco más que permanecer tumbado bajo la sombra de la sombrilla, sintiéndome desanimado y confundido.

Una tarde a mediados de semana, logré meterme en el agua, tras insistir en ello mi esposa. «Te hará bien –dijo–. Nunca eres más feliz que cuando estás en el agua». Refunfuñé para mis adentros mientras tomaba mis gafas de natación, abandonaba el entorno medianamente cómodo que era mi toalla y me adentraba en el agua fresca de la bahía de Delaware.

Poco antes de irnos de vacaciones a Cape May, había visto la película de Disney *Moana* con mi familia. El personaje principal es la hija del jefe de una aldea de una isla de la Polinesia; siente que el mar la llama, pero se le prohíbe entrar debido a cosas terribles que sucedieron en el agua mucho tiempo atrás. Sin embargo, la llamada persiste; proviene de una parte de sí misma que no puede ignorar y que la invita a reconectar con su verdadera identidad. En la potente escena culminante, suena una música conmovedora mientras Moana canta: «Esto no es lo que eres. Tú sabes quién eres».*

Mientras miraba la masa de agua que se extendía hasta el horizonte, las palabras de esa escena de *Moana* llenaron mi mente. Sé que es una película de Disney y que yo soy un hombre adulto, pero esas palabras me afectaron mucho y empecé a llorar mientras

* N. del T.: Se traduce directamente del original inglés. Estas palabras no corresponden a la versión en castellano de la película.

estaba ahí, de pie sobre la arena. «Esto no es lo que eres». Mi espíritu estaba hablando de nuevo, llamándome como lo había hecho esa noche en el sofá, unas semanas antes. «Tú sabes quién eres, Seth. Y no es esto».

No era el hombre débil y patético que veía. No era una carga negativa para el mundo y mi familia. Era Moana, hija del jefe de la aldea, descendiente de navegantes. Bromas aparte, era yo mismo, la persona que había sido toda mi vida. No había quedado olvidado ni estaba vencido. Sí, estaba lidiando con una enfermedad. Sí, estaba exhausto. Esa versión de mí estaba pasando por un momento difícil. Pero había redescubierto la parte más verdadera de mí, y no eran las dificultades que estaba experimentando lo que la definía. En un nivel fundamental, era alguien completo.

Me adentré cada vez más en el agua, y viví cada paso como una renovación. Cuando el agua me llegó al pecho, me sumergí y empecé a nadar. Me sentí como si acabase de ser creado mientras mi cuerpo se deslizaba por las olas.

Pero aún tenía mucho trabajo por delante. La voz tranquila que me llamaba a regresar a mí mismo no solo me estaba ayudando a redescubrir mi verdadera identidad. Me estaba llamando a la acción, a vivir en sintonía con mi esencia. Como no tardaría en descubrir, mi separación respecto de mí mismo había comenzado mucho antes de que enfermara.

Sintoniza contigo mismo

Ciertamente, no soy la única persona que se ha perdido a sí misma durante un período difícil. Cualquier suceso que trastoque nuestra vida puede llevarnos a desconectar de nosotros mismos: perder una relación debido a la muerte o al divorcio, un empleo totalmente absorbente, la adicción al alcohol o las drogas, un trastorno mental... Incluso es posible que no se produzca una situación o un evento desencadenante obvio: sencillamente, nos alejamos de nosotros mismos gradualmente, sin darnos cuenta. Es posible que ni siquiera podamos recordar una época en la que nos conocimos realmente.

Mi paciente Sarah se perdió a sí misma en algún punto entre la muerte prematura de su madre y el trauma que le ocasionó la relación abusiva en la que estuvo posteriormente. Cuando la conocí, me llamó la atención lo bien que llevaba su vida a pesar de la aflicción y el terror que había sufrido siendo una adulta joven. Pero en las sesiones que siguieron quedó claro que tenía muy diluido el sentido de identidad. Sarah había llegado a la conclusión de que sus propias necesidades no se verían nunca satisfechas, probablemente. Le parecía más seguro centrarse en las expectativas de las personas que tenía alrededor que pedirles a los demás que respetaran sus necesidades y arriesgarse a sufrir una nueva decepción.

Una de las prácticas de mindfulness que le presenté a Sarah que encontró más útil para conectarse consigo misma fue la meditación *estoy aquí*,[1] que es engañosamente simple. Se puede hacer en cualquier lugar y en cualquier posición corporal (de pie, tumbado, sentado, caminando) y con los ojos abiertos o cerrados. Mientras Sarah inhalaba suavemente, decía en silencio: «Yo estoy». Al exhalar lentamente, decía para sus adentros: «Aquí».* Estas tres palabras combinadas con la respiración constituyeron un potente antídoto contra el distanciamiento de Sarah respecto de sí misma y de su experiencia. El «yo» la traía de vuelta a sí misma, el «estoy» la ataba al presente y el «aquí» la ubicaba en el lugar exacto en el que

* N. del T.: Estas palabras tienen un sentido más acabado en inglés, dado que las primeras, *I am*, se pueden traducir también como 'yo soy'. En inglés, la persona dice *I am ... here* ('yo soy/estoy aquí').

estaba. Fuese lo que fuese lo que estuviera haciendo, podía restablecer rápidamente la conexión consigo misma a través de un solo ciclo de respiración si le sumaba la declaración «yo estoy aquí».

Encuentra un lugar cómodo en el que sentarte y programa una alarma para que suene al cabo de tres minutos. Acompaña cada respiración con la declaración «yo estoy aquí» durante toda la sesión. También puedes realizar esta práctica en movimiento cuando te estés apresurando de una cosa a otra, contexto en el que es fácil que pierdas la conexión contigo mismo.

En el curso de las prácticas de presencia consciente que le indiqué, Sarah aprendió a permanecer con emociones difíciles que antes intentaba ignorar. También se enfrentó a los recuerdos traumáticos de maltrato relacionados con su exmarido. Para ella, fue un trabajo difícil ir abordando las capas de dolor que se habían acumulado con los años.

Sarah se redescubrió a sí misma en el proceso. Recordó la fortaleza que llevaba dentro, la misma que la había apoyado tras la repentina pérdida de su madre y a lo largo de años de malos tratos. Pero hablar de *fortaleza* es quedarse corto; Sarah recordó que era una persona *feroz*. Solo una mujer feroz podría haber dejado a un esposo manipulador y agresivo que no paraba de decirle que ella no era «nadie» sin él. No tenía a dónde ir cuando lo dejó, pero sabía que cualquier lugar era mejor que el infierno de su matrimonio, en el que los golpes y las humillaciones eran una constante.

Mi trabajo con Sarah no terminó cuando se reconectó consigo misma. Eso sí, como me ocurrió a mí cuando «fui bautizado» en la bahía de Delaware, el hecho de volver a encontrarse a sí misma fue un paso crucial dentro de su proceso. En la segunda parte del viaje que estábamos realizando juntos, Sarah se dio cuenta de que tenía que hacer algunos cambios reales en su vida. Ya no podía seguir ignorando sus necesidades y tampoco podía seguir permitiendo que otras personas tomaran decisiones por ella. Tendría que actuar sobre la base de la fortaleza interior que había recuperado.

Fue impresionante ver cómo esta joven mujer se manifestaba en su totalidad. Pronto, comenzó a sorprender a las personas de su entorno con su franqueza. Dejó de decir *sí* cuando quería decir *no*, como cuando su pareja y su hija le dejaron todo por lavar después de una cena agradable que Sarah había preparado. En lugar de lavar todo ella mientras experimentaba un resentimiento silencioso, les dijo lo que necesitaba que hicieran exactamente: recoger la mesa, vaciar el lavaplatos y guardar las sobras. A mí no dejaba de asombrarme la transformación que estaba presenciando. ¿Era esa la misma persona que solo unos meses antes cedía siempre ante los demás? Los nuevos comportamientos de Sarah reforzaron la conexión que había establecido consigo misma y le recordaban una y otra vez, de forma contundente, quién era.

Piensa en una situación en la que dijiste *sí* cuando querías decir *no* a alguien, como un jefe exigente, un familiar autoritario o un amigo problemático. ¿Por qué te resultó imposible decir *no*? ¿Qué crees que habría pasado si lo hubieras hecho? ¿Cómo te sentiste al hacer algo que no querías hacer?

Como descubrimos Sarah y yo, encontrarnos a nosotros mismos no es lo mismo que saber intelectualmente cómo somos. Es una relación viva. Y como cualquier relación fuerte, empieza con la escucha. Hay una llamada permanente en nuestro interior, una especie de diapasón que siempre da la nota verdadera. El primer paso hacia el autodescubrimiento es siempre escuchar esta nota pura y clara. A medida que nos afinamos, descubrimos cuáles son nuestras necesidades y qué acciones tenemos que emprender.

Este tipo de escucha depende de lo que yo llamo nuestra «presencia», porque solo podemos oír lo que está sucediendo dentro de nosotros mismos en este momento. Por lo tanto, el primer paso dentro de pensar, actuar, ser es conectarnos con nosotros mismos en el presente. Este tipo de conexión nos ayuda a conocernos y a saber cuáles son nuestras necesidades, y a elegir nuestros pensamientos y actos en consecuencia. Aprenderás bien este proceso porque se repite una y otra vez a lo largo del libro: *enraízate en la presencia consciente y luego piensa y actúa desde esa posición*.

Este procedimiento va mucho más allá de la erradicación de síntomas y la curación de enfermedades. Como cualquier sistema destinado a fomentar una vida mejor, la terapia cognitivo-conductual (TCC) consciente funciona mejor cuando la aplicamos a todos los ámbitos de nuestra experiencia en lugar de separar el «tiempo de terapia» del resto de la vida.

Más allá del modelo médico

La psicología clínica, y la TCC en particular, están impregnadas del modelo médico, enfocado en evaluar los síntomas, determinar un diagnóstico y elegir el tratamiento adecuado. Aprendí la TCC como un conjunto de prácticas simples destinadas a identificar y aliviar síntomas, y ciertamente lo es. Pone el acento en encontrar soluciones personalizadas en las que las técnicas de tratamiento se adaptan al problema de la persona: ¿estás deprimido?; necesitas la activación conductual. ¿Tienes ansiedad y un comportamiento evitativo?; necesitas la terapia de exposición.

El modelo de TCC que aprendí se basaba en el modelo médico de tratamiento psiquiátrico. Los ensayos de investigación a menudo comparaban «dosis» equivalentes de psicoterapia y un fármaco durante varias semanas de tratamiento. Nuestro objetivo como investigadores y clínicos era reducir los síntomas angustiantes, como la depresión, la ansiedad y los trastornos del sueño. *Cero* era la mejor puntuación que podían obtener los participantes en cualquier factor evaluado.

El modelo médico de terapia presupone que la TCC tiene poco que decir en cuanto a nuestras experiencias más profundas y significativas. Como una píldora, la tomamos cuando no estamos bien y la guardamos cuando nos sentimos mejor. No acudimos a la TCC en busca de un crecimiento personal más profundo, al igual que no esperamos que una aspirina mejore nuestra vida diaria más allá de mitigar el dolor que podamos estar experimentando.

Pero el modelo médico también es limitante. En este modelo, cada uno de nosotros es como un automóvil. El punto de partida del «automóvil que somos» queda establecido cuando sale de la línea de ensamblaje, y el mantenimiento tiene como objetivo llevarlo lo más cerca posible de ese punto de partida. Lo mejor que podemos esperar es que el coche no se averíe. Por lo tanto, la TCC para la depresión tiene éxito si nos sentimos menos deprimidos; la TCC para la ansiedad tiene éxito si sentimos menos miedo.

Pero una metáfora mecánica no puede reflejar todo el alcance de la experiencia humana, que es viva, dinámica y cambiante. Somos más como huertos que como automóviles. Crecemos. Nos adaptamos. Necesitamos cuidados. Y, como los huertos, nuestra vida puede ser productiva. Cuando estamos sanos, obtenemos una buena cosecha y el fruto de nuestras acciones puede hacer del mundo un lugar mejor para los demás.

Al igual que el cuidado de un huerto, el autocuidado depende de una asociación colaborativa. Somos nosotros quienes creamos el huerto, pero operan unas fuerzas que están más allá de lo que podemos hacer y comprender cuando las semillas germinan y las hojas hacen la fotosíntesis. De la misma manera, tenemos una fuerza vital propia. Comemos alimentos nutritivos y nuestro cuerpo sabe cómo usarlos para satisfacer todas nuestras necesidades fisiológicas. Nos enfrentamos a nuestros miedos y disminuyen. Aquietamos el cuerpo y la mente y encontramos el sueño. Aprendemos nuevas formas de pensar y nuestra depresión se mitiga. Los cambios que estimulan la vida requieren trabajo; tenemos que ofrecer a la mente, el cuerpo y el alma las condiciones adecuadas para satisfacer sus necesidades. Pero nuestros esfuerzos son fluidos, porque no estamos trabajando solos.

Al utilizar la TCC centrada en el mindfulness, yo mismo experimenté todo su potencial, que iba más allá de la mitigación de la depresión o la ansiedad. Estos eran objetivos importantes, pero estaban al servicio de algo que trascendía la meta de no sentirse mal. Descubrí que las técnicas básicas del modelo pensar, actuar, ser eran perfectamente relevantes para los ámbitos más significativos de mi existencia, tal como había presenciado muchas veces en mi consultorio de terapia.

No tenemos que poner un límite restrictivo a la TCC, es decir, decidir que termina en algún nivel «normal» definido arbitrariamente. Los beneficios de estar presente no tienen límites. Pensar con claridad es valioso para el conjunto de nuestra experiencia como humanos. Actuar con una intención definida siempre es útil.

De hecho, a menudo ocurre que cuando es más útil el modelo pensar, actuar, ser es cuando no hay ningún problema o diagnóstico discernible. Para muchos de nosotros, el problema parece ser precisamente que no hay un problema identificable, sin que podamos decir que todo está bien.

Mi amiga Jen me explicó que había llegado a este punto siendo una adulta joven. Todo parecía estar yendo bien en su vida: había terminado los estudios de posgrado, se había casado y había establecido una familia. Tenía un buen trabajo y una bonita casa. Pero un día, mientras la familia de su marido estaba de visita, sintió un vacío que no pudo explicar. Estaba sentada con los otros adultos viendo a los niños jugar en el suelo cuando la asaltó esta pregunta: «¿Es esto todo?». De alguna manera, había estado esperando que hubiese algo más.

La pregunta de Jen refleja uno de los problemas más comunes y desconcertantes a los que nos enfrentamos. Sabemos que hay más en la vida de lo que estamos experimentando: más alegría, más paz, más amor. Queremos vivir más plenamente y encontrar una conexión más profunda con otras personas y con nuestras experiencias, pero no acabamos de tener claro qué debemos cambiar. Y por más que llenemos nuestra vida de cosas y relaciones, a menudo nuestra búsqueda de más nos conduce a tener menos.

Afortunadamente, el modelo pensar, actuar, ser no sirve solo para tratar trastornos, sino que además es un sistema eficaz para vivir bien. En su máxima expresión, nos puede conducir a un crecimiento personal profundo en todas las áreas de nuestra vida, desde la relación con nuestro cuerpo hasta nuestras relaciones más importantes. El punto de partida es aquel en el que nos encontramos, y no hay límite. La TCC centrada en el mindfulness es una práctica espiritual si permitimos que lo sea y una forma eficaz de encontrar la paz.

Sigo creyendo que la TCC es un tratamiento maravilloso para problemas delimitados como la ansiedad y la depresión, y seguiré acudiendo a ella para estos usos. Uno de los mejores aspectos del tratamiento es que puede reducir los síntomas con rapidez. Pero la utilidad de la TCC no termina cuando nuestros problemas se han resuelto. Podemos aspirar a algo que va mucho más allá de la ausencia de síntomas y enfermedades.

Ello requiere que sepamos quiénes somos y qué necesitamos.

Sintoniza con tu verdad

Cuando oí por primera vez la llamada de mi ser interior, pensé que me estaba llamando para que me volviese «más espiritual», como si mi yo ideal fuera un espíritu desencarnado que estuviese flotando por la vida sin ataduras mentales y sin verse afectado por las emociones. Pero idolatrar a nuestro yo espiritual significaría abandonar la mente y el cuerpo y convertirnos en *menos* de lo que somos. En realidad, nuestro espíritu no está enfocado de forma restrictiva en los asuntos de tipo «espiritual», ajenos a nuestras realidades física y mental. Como escribió la científica y teóloga Ilia Delio en *The Hours of the Universe* [Las horas del universo], «la dimensión divina de la realidad no es un objeto del conocimiento humano; es, más bien, la dimensión profunda de todo lo que existe».[2] Nuestro espíritu impregna toda nuestra experiencia y está íntimamente conectado con el resto de los componentes que nos constituyen.

Las prácticas de pensar, actuar, ser nos ayudan a armonizarnos con lo que es verdadero sobre nosotros, con esa nota clara que suena en nuestro interior. Aquí, estoy empleando la palabra *verdadero* para hacer referencia a la sintonía con la realidad de lo que somos en todas nuestras dimensiones: mente, cuerpo y espíritu. Estas tres dimensiones (cabeza, manos y corazón) trabajan juntas para hacer de nosotros unos seres humanos plenamente vivos.

Saber lo que es verdadero acerca de nosotros mismos no implica sumergirse en un ámbito profundo y misterioso. Mi esposa me recordó una verdad sobre mí cuando me animó a que fuese a nadar en Cape May. Ella sabía que soy más feliz cuando estoy nadando; esta es una de mis verdades.

Descubre algunas de tus propias verdades pensando en momentos de tu vida en los que has sido máximamente feliz o en los que has estado más contento que nunca. ¿Cómo podrías disponer más oportunidades para hacer aquello que te aporta una verdadera alegría?

Sabemos la *verdad mental* cuando practicamos formas correctas de pensar que nos aportan felicidad y paz. Podemos encontrar esta verdad en la relación con nuestros pensamientos si vemos más allá de las interminables ficciones que genera nuestra mente que pueden hacernos desgraciados, del estilo «no merecemos ser felices» o «no somos dignos de amor». La parte cognitiva de la TCC nos ayuda a reemplazar estas falsas creencias por otras que se corresponden con la realidad. Encontramos alegría cuando nuestra mente aloja pensamientos verdaderos.

Experimentamos la *verdad física* cuando le damos al cuerpo lo que necesita y hacemos regularmente aquello que nos hace sentir vivos. Podemos expresar esta verdad comiendo alimentos nutritivos, descansando adecuadamente, moviendo el cuerpo todos los días, pasando tiempo con las personas que más nos gustan, siendo útiles a los demás y realizando un trabajo que disfrutemos. Es importante destacar que el modelo pensar, actuar, ser va más allá de la simple noción de que ciertas acciones son mejores para nosotros que otras. Los consejos por sí solos no son muy eficaces para cambiar el comportamiento, como es probable que sepas por experiencia propia. En lugar de ello, como veremos, este sistema nos ofrece herramientas prácticas basadas en la ciencia del comportamiento humano para ayudarnos a implementar cambios duraderos que hagan que nuestra vida sea más gratificante.

Encontramos la *verdad espiritual* al estar completamente presentes en nuestra vida, porque nuestro espíritu siempre está en el aquí y ahora de nuestra experiencia.

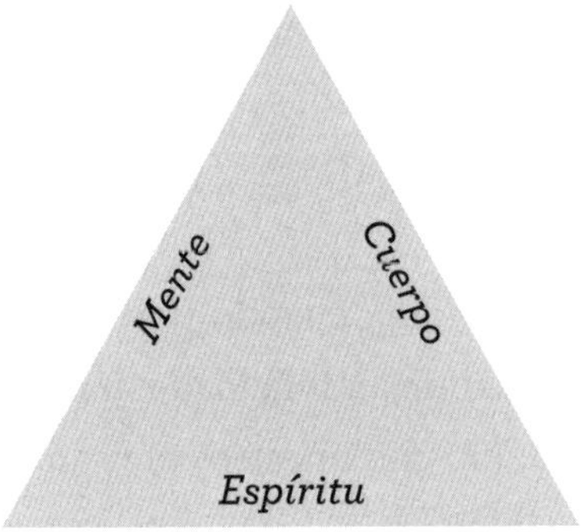

Figura 1

Mi episodio en la bahía fue un encuentro con la verdad espiritual, pues me reconecté conmigo mismo y con lo que amo. Como muestra lo que viví, la presencia consciente no es una experiencia esotérica disponible solo para unos pocos elegidos; estar en nuestra propia vida es un hábito que todos podemos cultivar a cada momento.

Nuestra mente, nuestro cuerpo y nuestro espíritu conforman un todo integrado; se interrelacionan y se afectan entre sí (ver la figura 1). Por ejemplo, el cuerpo afecta a la mente, como cuando estamos bien descansados y nos es más fácil reconocer nuestro pensamiento negativo. El cuerpo también afecta al espíritu, como cuando dejamos una actividad compulsiva y conectamos con este último. Y el espíritu afecta a la mente, como cuando enfocamos la conciencia en el presente y descubrimos que al hacerlo nos es más fácil reconocer las ocasiones en las que nuestros pensamientos nos están mintiendo.

Los frutos de nuestra colaboración con nosotros mismos a menudo incluyen beneficios como un cuerpo más saludable, paz mental, un sueño reparador y unas relaciones mejores, más amorosas. Pero responder a la llamada interior no consiste necesariamente en recuperar el estado de salud o las capacidades que teníamos. Sea lo que sea aquello por lo que estemos pasando, podemos ofrecernos a nosotros mismos lo que necesitamos justo en el punto en el que nos hallamos.

Encuentra las instrucciones para tu propio cuidado

Los paquetes de semillas que compro para mi huerto suelen exponer las condiciones de crecimiento ideales de las plantas: cómo y cuándo plantarlas, si necesitan estar a pleno sol o parcialmente cubiertas por la sombra, y el mejor tipo de suelo y fertilizante. Estas instrucciones me ayudan a proporcionar a mis plantas lo que necesitan para crecer fuertes y producir una buena cosecha. El doctor Omid Naim, psiquiatra integrativo, nos recomienda que identifiquemos nuestras propias «condiciones ideales de crecimiento», como hacemos con nuestras plantas.[3] Podemos preguntarnos cuáles son las condiciones que nos ayudan a prosperar, es decir, cuáles son la tierra, el sol y el agua de nuestro bienestar.

Esta metáfora resuena no solo con mi experiencia como horticultor aficionado, sino también con lo que me he encontrado en mi propia vida. Visto en retrospectiva, la forma en que vivía antes de enfermar parecía *diseñada* para obtener una mala salud. Descuidaba mi sueño, mi forma de alimentarme no era buena, bebía demasiado alcohol, trabajaba en exceso y no descansaba lo suficiente. Si hubiera sido una planta de mi huerto, habría estado viviendo en un trozo de tierra sombreado sin recibir apenas agua. Desatendía muchos de los elementos básicos que necesitamos para sentirnos completos.

Puedo decir lo mismo de la mayoría de las personas a las que he tratado. A menudo, no solo lidiaban con pensamientos inútiles o miedos abrumadores. Faltaban componentes importantes en su vida, como unas relaciones significativas o un descanso adecuado. Las técnicas de TCC de alcance restringido, como el cuestionamiento de las propias suposiciones, se quedaban cortas frente a los cambios que debían hacer en su vida. La atención a sus necesidades fundamentales, como la construcción de relaciones sólidas y dormir bien, constituía la «tierra» para su salud y su bienestar.

Mark constituyó un gran ejemplo de este principio. Vino a verme porque sentía mucha ansiedad y tenía problemas para dormir, y quería aprender mindfulness para reducir el estrés. Le presenté los conceptos básicos de la atención plena y la meditación, y practicó diligentemente aquello en lo que trabajamos cada semana. Sin embargo, después de algunas sesiones, no había encontrado mucho alivio, y lo alenté, con delicadeza, a que pensase en cambios más fundamentales que podría necesitar hacer en su vida. Al examinar la manera en que tenía estructurada su vida, Mark se dio cuenta de que sus hábitos de trabajo eran incompatibles con su bienestar. Sus semanas laborales de setenta horas lo dejaban prácticamente sin tiempo para estar con su familia, eran la causa de tensiones frecuentes con su pareja y lo llevaban a beber demasiado, lo que a su vez afectaba a su sueño.

No podíamos esperar que la meditación compensara el exceso de trabajo más de lo que aliviaría la sed meditar en el desierto.

En algún momento, Mark tendría que salir del desierto. Pero no era de extrañar que los cambios que debía hacer no fueran fáciles. En la base de sus largas jornadas laborales había un temor al fracaso persistente, y al principio sintió como si el hecho de acortarlas supusiese una especie de rendición. Pero estos cambios nos dieron la oportunidad de abordar las dinámicas más profundas que estaban en el origen de sus pensamientos y sus actos. Al ir dedicando más tiempo a descansar y a estar con sus hijos, sus problemas de ansiedad y sueño mejoraron en gran medida. Con el tiempo, Mark redefinió su concepto del éxito: para él, pasó a ser fomentar unas relaciones sólidas con las personas que le importaban.

Examina tu propio «paisaje vital». ¿Qué zonas están quemadas por el sol o inundadas por el agua? Estas zonas podrían ser un trabajo muy absorbente o una vida social muy pobre, por ejemplo. Piensa en los cambios que querrías ver en estas parcelas de tu vida. No olvides estas áreas mientras vas leyendo el libro y busca formas de ocuparte de ellas con los principios del sistema pensar, actuar, ser.

Como Mark y muchas otras personas, yo también tenía que hacer cambios reales en mi forma de vivir. Mirando hacia atrás ahora, no me sorprende haber enfermado y caído en la depresión. Estaba ignorando mis necesidades fundamentales –dormir, hacer ejercicio, alimentarme bien y socializar– y le exigía a mi cuerpo más de lo que podía soportar. Tengo la clara sospecha de que mi enfermedad física se debió en parte a mi autoabandono, que comenzó mucho antes de que aparecieran los primeros síntomas.

No dejé de advertir lo paradójico de la situación: un psicólogo enfrentado a muchos de los problemas que ayuda a otras personas a superar. Durante años me sentí avergonzado por mis dificultades;

esto no se lo dije a nadie. ¿Por qué no me di cuenta antes de que había perdido el rumbo, a partir de lo cual habría podido tomar medidas? Pues porque a pesar de mi formación profesional, percibía muy mal mis propias necesidades, o, más bien, nunca me había mirado a mí mismo o había contemplado mi situación el tiempo suficiente para ver las áreas problemáticas obvias. Es difícil detectar las propias necesidades insatisfechas si uno no está nunca realmente presente consigo mismo.

Cuando emprendí el trabajo de entrar en comunión con mi verdadera naturaleza, empleé la misma estrategia que utilizaba cuando atendía a un paciente por primera vez: me tomé un tiempo para conocerme a mí mismo y examiné los principales ámbitos de mi vida. ¿Cómo era mi relación con mi esposa? ¿Tenía un buen círculo de amistades? ¿Estaba haciendo ejercicio con regularidad? Al realizar esta evaluación, descubrí que no estaba viviendo fiel a mi verdadera naturaleza en muchos sentidos.

Me pareció un poco extraño usar el mismo método que había utilizado para guiar a tantas personas, incluso basarme en algunos de mis propios libros. Pero el caso es que la TCC funciona igual de bien para los terapeutas que para cualquier otra persona. Y estoy infinitamente agradecido por la recuperación que experimenté al aplicarme esta terapia a mí mismo.

* * *

Como descubrí, es extraordinariamente fácil perder el contacto con uno mismo y con las propias necesidades verdaderas. La sanación empieza cuando regresamos a nosotros mismos y sintonizamos con lo que nos piden la mente, el cuerpo y el espíritu. A partir de la base que es la conciencia plena, restablecemos esta conexión interna, y pasa a ser manifiesto cuáles son las áreas de nuestra vida que necesitan el agua y el sol de nuestra atención.

Las prácticas del modelo pensar, actuar, ser pueden resultarte útiles en todos los ámbitos de tu vida, como verás en los capítulos siguientes. Y a diferencia de lo que fomenta el modelo médico, los beneficios pueden ir mucho más allá de escapar del dolor. Al ofrecerte a ti mismo las condiciones adecuadas, puedes vivir una vida saludable e integrada, llena de un profundo sentido de propósito.

Con estas ideas en mente, abordaremos las prácticas fundamentales de las tradiciones cognitiva, conductual y del mindfulness, que descubrirás en el próximo capítulo. Como verás, estos tres componentes se ocupan de todo tu ser (la mente, el cuerpo y el espíritu) y, juntos, te serán de mucha ayuda para crear la vida que deseas.

3

SACA EL MAYOR PARTIDO A TUS ESFUERZOS

En el capítulo anterior veíamos lo crucial que es conectarnos con lo que está sucediendo realmente dentro de nosotros mismos si esperamos encontrar paz y completitud. Este capítulo proporciona una visión general de cómo el sistema pensar, actuar, ser nos ayuda a conectarnos con nuestra experiencia, así como maneras concretas de ponerlo en práctica. En los capítulos siguientes profundizaremos más en temas y técnicas específicos que nos ayudarán a integrar en la vida diaria esta manera más saludable de estar en el mundo.

* * *

Una tarde de principios de verano, me invadió una emoción abrumadora mientras me encontraba en medio del huerto que había hecho ese año. Me había arrodillado para arrancar una hierba y esa postura me hizo sentir como si estuviera rezando bajo la cálida luz del sol. Lo siguiente que recuerdo es que, en efecto, ofrecí una oración de gratitud. Meses antes, en el frío invierno, tenía la impresión de que me estaba muriendo, y ahora, en mitad de mi huerto, me sentía más vivo de lo que había estado en años. Antes creía que estaba dando vida a un huerto, pero no había advertido lo mucho que el huerto cuidaba de mí.

Esta experiencia representó la culminación del trabajo que había comenzado con la conexión conmigo mismo y lo que me importaba, una conexión que no tuvo nada de sofisticado. Uno de los primeros pasos en mi TCC autoguiada fue comenzar a hacer más actividades en las que encontraba placer, ya que había dejado de lado la mayoría de mis aficiones. Sabía que me gustaba cultivar plantas, así que decidí ampliar mi jardín trasero y poner ocho camas elevadas.

No sé de dónde saqué la energía y la motivación para construir las camas y llenarlas con unas diez toneladas de tierra, con lo agotado que estaba en esa etapa de mi vida. Por las mañanas muy temprano, hacía un viaje tras otro a la tienda de materiales de construcción para comprar madera. Por las noches, leía libros y miraba vídeos sobre el cultivo de huertos. Al final del invierno, cultivé cientos de plántulas bajo la luz de lámparas de cultivo. En esa época, me costaba mucho realizar pequeñas tareas en la casa, y hacer la cena por la noche me resultaba abrumador muchas veces. Aun así, me sentía como un hombre poseído mientras hacía el huerto, impulsado por algo más grande que mis propias fuerzas.

¿Cómo pude realizar el trabajo mental y físico requerido para hacer el huerto encontrándome tan agotado? ¿Qué fue lo que me dio la energía para hacer ese trabajo que me devolvió a la vida y que culminó en ese momento de oración en el santuario en el que se convirtió mi huerto? La respuesta a estas preguntas es la historia del modelo pensar, actuar, ser, que pone el acento en la eficiencia sobre el esfuerzo puro. El trabajo que hice en el huerto fue duro, pero estuvo impregnado de cierta fluidez. La clave fue la eficacia que logré a través de las herramientas de la TCC.

Aprovecha el potencial de la mente, el cuerpo y el espíritu

La dificultad más común con la que nos encontramos cuando intentamos mejorar nuestra vida no es saber qué hacer, sino *actuar a partir de lo que ya sabemos*. Por ejemplo, tal vez sepamos que tenemos que estar más presentes, comer mejor o gestionar nuestro estrés, pero nos cuesta convertir estos deseos en realidad.

Cuando tenemos dificultades para perseverar con los cambios que deseamos, a menudo intentamos seguir adelante aplicando una mayor fuerza de voluntad. Nos decimos que solo es cuestión de intentarlo con mayor ahínco o de ser más disciplinados. Pero como habrás descubierto con toda probabilidad, no puedes confiar plenamente en la fuerza de voluntad. A veces estamos muy motivados y otras veces no, y a menudo nos abandona cuando estamos cansados, ansiosos o estresados.

La fuerza de voluntad se basa en la fuerza bruta para ayudarnos a actuar de acuerdo con nuestros objetivos; es como tener galletas en nuestro armario y decirnos «¡no te atrevas a comer estas galletas!». Estar en guardia continuamente de esta manera requiere mucho esfuerzo, y al final es probable que nos comamos las galletas. Por más fuerte que sea nuestra motivación inicial, la cantidad de fuerza de voluntad que albergamos es limitada y puede agotarse, de la misma manera que un músculo puede fatigarse si lo ejercitamos en exceso.[1] En cambio, el conocido consejo de no tener en casa alimentos que estemos tratando de evitar es una herramienta conductual simple que proporciona una ventaja estratégica: basta una sola decisión en la tienda de comestibles para resistir la tentación de las galletas, en lugar de tener que resistirnos cada vez que abrimos el armario.

Las prácticas de pensar, actuar, ser están destinadas, ante todo, a ofrecer ventajas estratégicas. Nos permiten sacar un mayor partido a nuestros esfuerzos, de la misma manera que las herramientas adecuadas nos facilitan mucho el trabajo. Podríamos quitar nieve sin una pala o recoger hojas sin un rastrillo, pero el esfuerzo y la frustración serían mucho mayores. Al servirnos de aquello que nos proporciona ventaja, nos lo ponemos mucho más fácil.

Lo mismo es aplicable a nuestros esfuerzos por encontrar la paz y vivir con mayor plenitud. Las prácticas cognitivas cambian nuestros pensamientos para que dejemos de luchar contra nuestra propia mente. Por ejemplo, podríamos cuestionar y reemplazar este pensamiento automático negativo tan paralizante: «Nada va a mejorar, así que ni siquiera debería intentarlo».

Las prácticas conductuales proporcionan ventajas estratégicas a través de acciones que no requieren luchar con la propia motivación, lo que hace que nuestros esfuerzos sean más fáciles de realizar y mantener. Por ejemplo, para mí supuso una ventaja estratégica elegir hacer algo que me encantaba, cultivar un huerto en este caso, en lugar de elegir algo que pensase que debía hacer, pero poco atractivo.

La aceptación consciente nos permite dejar de luchar contra la realidad y trabajar con lo que hay. Cuando dejé de insistir en que no debería estar enfermo, pude trabajar de manera más efectiva conmigo mismo tal como me encontraba.

Mi plan de recuperación incluyó más que el trabajo en el huerto, pero este ejemplo transmite la esencia del camino que me salvó la vida. En este capítulo encontrarás los principios y las prácticas del modelo pensar, actuar, ser y verás cómo puedes dar un impulso a aquello que deseas hacer. Estos temas reaparecerán en capítulos posteriores, a medida que vayamos explorando el modelo más a fondo.

Establece tus metas

Una de las mejores formas de implementar ventajas estratégicas es establecer unos objetivos bien definidos. Mi renacimiento en el patio trasero comenzó con el objetivo de ampliar el jardín. La escucha consciente es esencial para elegir unos objetivos efectivos. ¿Qué nos están pidiendo la mente, el cuerpo y el espíritu? Los objetivos que establezcamos serán más significativos si surgen de una conexión profunda con nosotros mismos. Cuando me volví hacia dentro, sentí la necesidad de hacer un huerto.

Los buenos objetivos nos inspiran al transformar nuestras vagas esperanzas en un plan concreto y al ofrecernos una visión de cómo puede ser nuestra vida si nos esforzamos con una intención clara. Los objetivos más útiles van más allá de «manejar la ansiedad» o «estar menos deprimido» y reflejan mejoras concretas en nuestra vida. ¿Qué podremos hacer que no estemos haciendo ahora? ¿Qué cambios verán en nosotros las personas que conocemos? Los objetivos nos proporcionan una motivación convincente que nos impulsa a actuar, como descubrí una y otra vez mientras construía las camas elevadas y me ocupaba del huerto.

Sea cual sea nuestro objetivo, en la TCC lo escribimos. Hice una lista de todas las verduras que planeaba cultivar y bosquejé el diseño de las camas elevadas. El hecho de escribir mis objetivos hizo que fuesen más reales para mí y alentó mi sentido de la responsabilidad; fortaleció mi intención de perseguirlos. También me permitió consultar mi lista de objetivos para el huerto y observar mis avances, y me ayudó a recordar cuál era la meta final.

Piensa en tus propias metas para las áreas de la vida que identificaste en la página 49 del capítulo dos. ¿Cómo te gustaría que cambiaran las cosas en cada uno de estos ámbitos?

¿Cómo sabrás que has alcanzado tus metas? Podrías escribirlas para poder recordar cuáles son y consultarlas tantas veces como quieras.

Implícate con todo tu ser

El modelo pensar, actuar, ser es eficaz, especialmente, porque la TCC consciente encaja de forma natural con nuestra naturaleza trina. *Pensar* tiene que ver con la mente. *Actuar* tiene que ver con lo que hacemos con el cuerpo. *Ser* fomenta la conexión con nuestro espíritu (ver la figura 2).

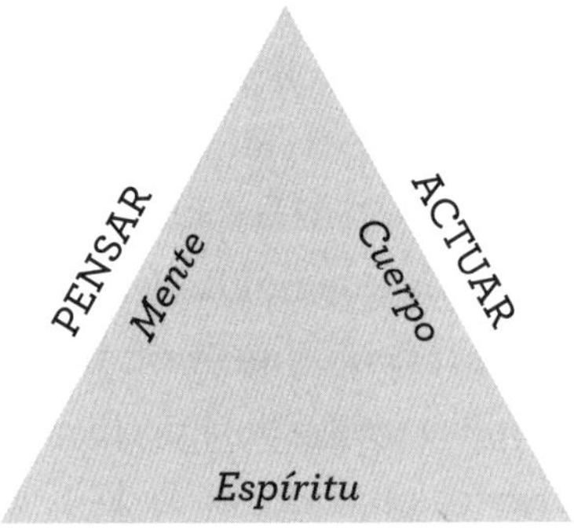

Figura 2

Las terapias cognitiva, conductual y basada en el mindfulness se desarrollaron por separado en las últimas décadas. Primero aparecieron las técnicas conductuales, en la década de 1950. La terapia cognitiva llegó un poco más tarde, en los años sesenta, y los métodos basados en el mindfulness constituyeron la «tercera ola» de la TCC, que surgió hacia finales del siglo XX.

Pero era casi inevitable que terminasen por integrarse. Pensar, actuar y ser conforman un todo estrechamente conectado, como una cuerda compuesta por tres cordones entrelazados. Este modelo holístico pone todos nuestros recursos al servicio del mismo objetivo. Por ejemplo, el hecho de cambiar nuestros pensamientos a menudo cambia nuestro comportamiento, como cuando dejamos de pensar que somos débiles e incapaces y nos damos cuenta de que podemos tomar medidas que nos conduzcan a alcanzar nuestros objetivos. Igualmente, el hecho de ver que tenemos otros comportamientos cambia la manera en que pensamos acerca de nosotros mismos, como cuando percibí una mayor fortaleza en mí mismo mientras hacía las camas del huerto.

Sin embargo, obstaculizamos nuestros propios esfuerzos cuando ignoramos cualquiera de estos tres componentes. El pensamiento sin acción es inerte. La acción sin pensamiento es desorganizada. El pensamiento o la acción sin presencia son inconscientes, mecánicos. Pero aplicados juntos, estos tres elementos se refuerzan mutuamente y nos ofrecen las herramientas que necesitamos para hacer nuestro trabajo.

A continuación, examinaremos con mayor detalle cada uno de los tres componentes del modelo pensar, actuar, ser y veremos cómo operan juntos para ofrecernos ventajas estratégicas. Empezaremos ocupándonos del componente *ser*, el fundamento de la TCC consciente.

Cultiva la presencia

Para vivir en armonía con lo que somos, tenemos que empezar por estar plenamente presentes. Mindfulness (atención plena) se ha convertido en una palabra de moda en los últimos años, asociada a innumerables portadas de revistas que muestran a personas felices meditando cruzadas de piernas en una playa tropical o junto a una piscina infinita. Estas imágenes estereotipadas pueden ocultar el verdadero poder del mindfulness: estar completamente presentes en la vida diaria, por más mundana o caótica que pueda ser esta.

Hay dos cambios simples que nos permiten entrar en la conciencia plena: traer la atención al presente y abrirnos a lo que encontramos en él exactamente. Profundizaremos más en el mindfulness o atención plena en los capítulos cuatro y cinco; por ahora, veamos los aspectos básicos.

PERMANECE EN EL AQUÍ Y AHORA

Una tarde iba caminando de regreso a casa desde la estación de tren cuando mi mente se llenó de imágenes tristes: uno de mis hijos se ponía gravemente enfermo. De repente estaba viviendo en ese mundo ficticio como si fuera una realidad, ajeno al cielo azul, el canto de los pájaros y la hermosa luz de la tarde. Me sentí muy mal, preocupado y triste, como si la fantasía que me presentaba la mente fuese algo que estuviera sucediendo.

Es muy útil poder imaginar cosas que no están sucediendo en el momento. Podemos prever escenarios y planificar para el futuro, aprender del pasado y saborear recuerdos. Pero esta misma capacidad presenta un gran inconveniente, como experimenté camino a casa: podemos pasar la mayor parte de la vida en un estado semionírico. Estamos atrapados por pensamientos sobre el futuro: nos preocupamos por lo que podría suceder, hacemos planes con antelación, esperamos con ansia lo próximo. O estamos enfrascados en el pasado: reproducimos conversaciones, nos sentimos culpables por errores cometidos... Vivimos en estos sueños como si fueran la vida real, sin saber que estamos dormidos.

Estar constantemente perdidos en el pasado o el futuro es como mirar nuestro teléfono todo el tiempo: hay mucha actividad captando nuestra atención, pero la escena nunca cambia realmente. Estamos a merced de lo que imagina nuestra mente, y estos contenidos no suelen ser útiles ni agradables. Nos preocupamos por situaciones que nunca ocurrirán o lamentamos cosas que no podemos cambiar. Mientras tanto, nos perdemos la vida real.

En cambio, como dijo el filósofo estoico Marco Aurelio, «si has visto el presente, has visto todo».[2] El presente es el espacio en el que está sucediendo la vida. Nuestro cuerpo está en el presente solamente. Las personas reales (no las que crea nuestra mente, como el hijo enfermo que imaginé) siempre existen aquí y ahora. El ámbito de nuestros sentidos solo podemos experimentarlo en el momento en el que nos encontramos. La conexión espiritual también se produce en el presente.

La razón más importante por la que fomentar la presencia es que nos permite responder a las necesidades que se nos presentan: «Vivimos en el ahora –dijo el monje benedictino David Steindl-Rast– al sintonizar con lo que exige cada momento; se trata de escuchar lo que cada hora, cada situación, trae consigo y de responder a ello».[3]

El primer principio de la atención plena es, por lo tanto, entrar en el presente. Ahí es donde está sucediendo la vida. Ahí es donde sintonizamos con nuestra verdad, con la verdad fundamental de que solo estamos aquí y ahora. Se requiere un esfuerzo comprometido para entrar en este estado de presencia consciente, porque la mente nos saca del momento todo el rato. Pero a medida que vamos practicando con intención, vamos entrando en este estado de una manera más espontánea.

No hay nada de «malo» en tener la atención en otra parte, por lo que no tenemos que criticarnos por nuestra falta de presencia. Solo ocurre que la distracción hace que seamos menos capaces de experimentar la vida y de estar disponibles para lo que nos pide cada momento. Además, el presente es el ámbito en el que podemos trabajar de manera más efectiva con nuestros pensamientos y acciones. Esto último es crucial para el sistema pensar, actuar, ser.

DEJA DE RESISTIRTE A LA REALIDAD

La otra faceta importante de la atención plena es soltar los juicios, y, al igual que sucede con lo de permanecer en el presente, es mucho más fácil decirlo que hacerlo. Nuestra reacción predeterminada suele ser evaluar las situaciones según si nos favorecen o nos perjudican: «¿me gusta o no me gusta esta persona?», «¿será un buen día o un mal día?».

Si prestamos atención a la mente, nos daremos cuenta de que está efectuando estos juicios automáticos todo el tiempo. Montando en bicicleta, dividía mis paseos en partes buenas y partes malas. Las bajadas eran «buenas»: gozaba de la velocidad, la falta de esfuerzo, la brisa fresca en los días calurosos. Y las subidas eran «malas»: los muslos me dolían, no había brisa, jadeaba para obtener aire. En un nivel visceral, juzgaba que las subidas no deberían estar allí.

Finalmente, me di cuenta de que estaba deseando que la mayor parte del tiempo que iba en bicicleta no existiera, ya que subir colinas lleva mucho más tiempo que bajarlas. Cuando solté mi resistencia interna a pedalear hacia arriba, la diferencia fue sorprendente. Dejé de luchar en dos frentes, el desafío físico más la resistencia mental, y pude enfocar mis esfuerzos en las subidas. No dejaron de ser muy exigentes, pero pasaron a ser mucho más fáciles cuando dejé de insistir, mentalmente, en que no deberían estar ahí. Aunque mi situación externa parecía ser exactamente la misma, mi aceptación cambió totalmente mi forma de experimentarla.

Tómate un momento, ahora mismo, para advertir si estás rechazando la realidad. ¿Hay algo que estés rechazando activamente o que te estés diciendo que no debería estar sucediendo? ¿Cuáles son las «colinas» que rechazas habitualmente en tu vida? Considera la posibilidad de ver estas experiencias como oportunidades de aprendizaje y crecimiento, en lugar de limitarte a luchar contra ellas.

La aceptación y la presencia son dos caras de la misma moneda. Solo estamos plenamente en el presente cuando aceptamos lo que encontramos en él. A medida que practicamos la aceptación y dejamos de resistirnos a lo que está ocurriendo, fomentamos una conexión más profunda con nuestra experiencia. En consecuencia, estamos más disponibles para responder a lo que exige cada momento.

LLEVA LA ATENCIÓN PLENA A LOS PENSAMIENTOS Y LAS ACCIONES

El mindfulness es la base de las técnicas cognitivas y conductuales. Es más fácil observar el funcionamiento de la mente cuando la atención está situada en el presente. Podemos advertir las historias que nos cuenta la mente sin dar por supuesto que son verdaderas. Cuando tomé conciencia del presente yendo hacia casa, la triste historia que había creado mi mente se disolvió como la niebla, y pude apreciar la belleza que me rodeaba. Como veremos en el capítulo cuatro, la presencia consciente incluso nos permite cambiar la relación fundamental que tenemos con nuestros pensamientos y creencias.

También veremos cómo el hecho de abrirnos a cada momento nos ayuda a hacer aquello que es importante para nosotros, con menos resistencias y sintiendo que eso tiene más sentido. La calidad de nuestra atención lo cambia todo, incluso una tarea simple como hacer la colada. Puedo poner una carga de ropa en la lavadora mientras me preocupo por la cantidad de tiempo que me está llevando con todo lo que tengo que hacer después, o puedo limitarme a percibir lo que estoy haciendo sin sentirme molesto por el tiempo que requiere esa acción. La resistencia hace que poner la lavadora sea un fastidio insustancial, mientras que la presencia y la aceptación pueden hacer que sea una experiencia extrañamente gozosa.

Piensa con claridad

Son las tres y media de la tarde.
Este coche es azul.
Soy un perdedor.

Obviamente, esta última afirmación (que también puede presentarse como una impresión visceral, carente de palabras) es diferente de las dos primeras, que son hechos objetivamente verificables, en los que caben muy pocas interpretaciones. Pero el pensamiento «soy un perdedor» conlleva una cantidad ingente de interpretación. A menudo no lo advertimos cuando nuestra mente ha pasado de leernos noticias de portada a leernos artículos de opinión. Si no reconocemos nuestros pensamientos por lo que son y los tratamos en consecuencia, viviremos en una falsa realidad creada por nuestra mente.

Cuando estuve deprimido, mis pensamientos iban en una dirección predecible: todo el rato me criticaba y me culpaba de todos mis problemas. Yo tenía la culpa de estar enfermo, de estar exhausto y de nuestras dificultades económicas. Mi mente me convenció de que era un desastre sin remedio, hasta el punto de que sería mejor para mis seres queridos que terminara con mi vida.

La mente tiene el poder de afectar a las emociones y los comportamientos. Incluso un solo pensamiento fugaz que eluda nuestra conciencia puede dar un determinado sabor a nuestra experiencia.

- Nos decimos «no deberías haber hecho eso» y nos sentimos culpables o avergonzados.
- Nos creemos el pensamiento «deberían ser más considerados» y nos sentimos enojados.
- Tenemos el pensamiento «este dolor de cabeza significa que tengo un tumor cerebral» y experimentamos ansiedad.

Las creencias también afectan a nuestros actos, como cuando creemos que estamos enfermos y concertamos una cita con el médico. Nuestros pensamientos pueden contribuir incluso a problemas graves como los trastornos de ansiedad y la depresión mayor, como han mostrado innumerables estudios.

Estamos pensando constantemente; incluso si decidimos dejar de pensar, nuestra mente seguirá haciéndolo de todos modos. Es lo que sabe hacer. Si no nos cuenta historias con palabras, inventa escenas o rescata imágenes de nuestra memoria. Nuestra mente está tan ocupada pensando que no nos damos cuenta de que lo está haciendo. Damos por supuesto que el fluir constante que hay en nuestra cabeza refleja algo real y significativo, y confundimos los pensamientos con observaciones fidedignas. Los eventos mentales que genera nuestro cerebro están moldeando nuestra vida de formas sutiles, que probablemente no percibimos.

Desafortunadamente, esto no suele beneficiarnos, porque nuestros pensamientos tienden a ir en direcciones negativas sin que ello esté debidamente justificado. Vemos peligros donde no los hay. Nos preocupamos innecesariamente por el futuro. Suponemos lo peor sobre las intenciones de los demás. Imaginamos que los demás piensan mal de nosotros mientras que estas personas, a su vez, imaginan que nosotros pensamos mal de ellas. Las creencias que albergamos sobre nosotros mismos suelen ser las más distorsionadas, ya que vemos con lupa nuestros defectos y quitamos importancia a nuestras cualidades. Incluso podemos creernos pensamientos autodestructivos como los que yo tuve, que pueden llevar a una persona al suicidio.

Los desarrolladores de la terapia cognitiva se dieron cuenta de que los pensamientos pueden tener grandes efectos sobre las emociones y el comportamiento.* Estuvieron muy influidos por filósofos estoicos como Epicteto, quien dijo que «no son los sucesos los que perturban a las personas, sino los juicios que hacen de ellos».[4] Los juicios que hacemos suelen estar impregnados de un patrón recurrente que tiñe toda nuestra experiencia.

* N. del A.: Los personajes más relevantes entre los desarrolladores de la terapia cognitiva fueron el psiquiatra Aaron T. Beck y el psicólogo Albert Ellis.

COMPRUEBA TUS GAFAS

Estaba en la escuela secundaria cuando empecé a llevar gafas. No sabía que era miope y quedé impresionado cuando me las puse por primera vez. ¡Podía ver las distintas hojas de los árboles! Antes creía que todo el mundo veía manchas verdes, como yo. Mis primeras gafas cambiaron mi forma de experimentar todo lo que veía.

Mi paciente Jonathan no se daba cuenta de que estaba viendo el mundo a través de unas gafas mentales. Creía que era patético y veía todo lo que había en su vida a través de esta lente. Su ropa le parecía patética. Su almuerzo le parecía patético. Incluso pensaba que era patético sentirse patético. Sentía que las «gafas» que llevaba eran tan parte de sí mismo que ni siquiera sabía que las llevaba puestas.

Las gafas mentales de Jonathan reflejaban una creencia central sobre su insuficiencia. En la TCC, las *creencias centrales* son suposiciones firmemente arraigadas sobre nosotros mismos, las otras personas y el mundo. Algunas pueden ser útiles y fieles a la realidad, mientras que otras, como las de Jonathan, implican supuestos erróneos. A partir de nuestro trabajo conjunto, Jonathan fue reconociendo las historias que contaba su mente y el tema recurrente de su creencia central.

No le resultó fácil cambiar su creencia central, que lo acompañaba desde cuando alcanzaba a recordar. No había pruebas sólidas de que fuera alguien patético y, sin embargo, la creencia persistía. Finalmente, experimentó un gran avance durante una de nuestras sesiones.

Estaba relatando una presentación que había dado en el trabajo, la cual, según él, había sido estúpida y deficiente. En esa ocasión, lo presioné un poco más. Le pregunté qué pruebas tenía de que eso había sido así. Al principio, mi persistencia pareció molestarle, porque creía que sus fallos eran evidentes y no requerían mayor justificación.

—Entiendo que te veas a ti mismo de esta manera —le dije—, pero todavía no he oído por qué fue estúpida y deficiente tu presentación exactamente.

Finalmente, presa de la frustración, exclamó:

—¡Solo sé que así soy yo!

Se quedó mirando sus manos en el silencio que siguió, y pude ver que Jonathan ya no estaba mirando a través de sus inútiles gafas, sino que estaba *mirando sus gafas*.

—Así es como me veo a mí mismo —dijo, mientras levantaba la mirada y la fijaba en mí. Había lágrimas en sus ojos—. Así es como me veo a mí mismo —volvió a decir. A continuación, exclamó—: ¡Oh, Dios mío!

Cuando dijo estas últimas palabras, pareció a la vez horrorizado y aliviado: horrorizado por haber sido autocrítico durante tanto tiempo, y aliviado al darse cuenta de que se había equivocado acerca de sí mismo.

En las semanas siguientes, Jonathan se sorprendió al ver cuánto había cambiado el mundo ahora que se había quitado las gafas. Apenas podía creer todas las formas en que la mente lo había engañado para hacer que se odiase a sí mismo y el gran poder que habían tenido sus pensamientos como creadores de su realidad. Al comenzar a creer en su propia valía, fue experimentando el mundo y a las otras personas de una manera nueva. Los aspectos prácticos de su vida seguían siendo los mismos, pero su perspectiva lo había cambiado todo.

CAMBIA TU FORMA DE PENSAR

La clave para cuestionar nuestras creencias falsas es advertirlas. Para tener pensamientos más efectivos, debemos empezar por tomar conciencia de lo que está haciendo la mente. Si quieres practicar la detección de pensamientos poco útiles, no tendrás que esperar mucho. Es casi seguro que tu mente te contará una historia en los próximos minutos, si no lo está haciendo ya en este momento. Puede tener un impacto considerable el hecho de advertir que la mente está creando una historia y no proporcionando una información objetiva.

Cuando me di cuenta de que mis pensamientos suicidas eran historias que me contaba la mente, pude examinarlos con mayor detenimiento. Me pregunté si realmente sería mejor para mi familia que yo no estuviera. En la terapia cognitiva tradicional, habría escrito mis pensamientos automáticos y habría trabajado metódicamente con las pruebas que los apoyaban y las que los desmentían: «¿hay algo que no esté tomando en consideración?», «¿está exagerando algunas cosas e ignorando otras mi mente?», «¿fue bueno para su familia el suicidio de mi abuelo?».

Puede ser liberador sacar los pensamientos de la mente y ponerlos por escrito, y un abordaje sistemático puede ser muy beneficioso en el momento de anotar nuestras observaciones y comprobar hasta qué punto se corresponden con la realidad. Pero como la mayoría de las personas, no tuve necesidad de seguir todos los pasos de manera mecánica. Me bastó con *ver la historia*, el primer paso esencial en el proceso de *pensar* (dentro del modelo pensar, actuar, ser).

Una vez que comprendí que albergaba un pensamiento que podía ser verdadero o no, pude considerar alternativas a mi forma de ver las cosas:

- Mi familia estaría peor sin mí.
- Aporto valor a la vida de mis familiares.
- Lo que realmente necesita mi familia es más de mí, no menos.

Observa lo que sucede cuando pillas a tu mente justo en el momento en que está inventando historias. Por ejemplo, podrías sentir la garganta un poco irritada y pensar que empiezas a tener una infección. Al principio, podrías hacer caso a este pensamiento y crear mentalmente un mundo de fantasía en el que ya estás enfermo. Pero luego adviertes la historia y te preguntas cuál podría ser una alternativa: tal vez solo necesites agua o tengas una alergia. De repente, todo ese mundo de fantasía se derrumba, tan deprisa como lo creó la mente.

La próxima vez que sientas una oleada de ansiedad u otra emoción difícil, detente y respira lenta y profundamente. A continuación, pregúntate qué acaba de pasar por tu mente. Escribe lo que descubras. Observa si tus emociones tienen sentido en función de tus pensamientos; por ejemplo, considera si tiene sentido que estés triste si tu mente acaba de decirte que no tienes nada que ofrecer. Finalmente, hazte la pregunta crucial: «¿Es totalmente verdadero este pensamiento o hay otras formas de ver esta situación?».

PIENSA CON ATENCIÓN PLENA

Cuando estaba enfermo y deprimido, mi respuesta refleja era pensar que eso *no debería estar sucediendo*. No debería estar enfermo sin una razón aparente. No debería estar tan cansado. No debería tener que sufrir de esa manera. Estas reacciones reflejaban una convicción más fundamental: que *la vida debería estar libre de problemas* o, al menos, no debería ser tan difícil.

La mayoría de nosotros albergamos esta creencia central. En un nivel, sabemos que la vida es difícil y que el sufrimiento es inevitable. Sin embargo, cada vez que nos encontramos con un problema, sentimos como si se hubiese producido un fallo en la programación del universo. «No me puedo creer que tenga que lidiar con esto», pensamos.

Al igual que la presencia consciente afecta a nuestros pensamientos, creer estas historias afecta a nuestra capacidad para mantener la atención plena. No podemos estar verdaderamente presentes y abiertos a lo que estamos experimentando si permanecemos aferrados a la creencia de que la vida nos está tratando mal.

Una noche, me estaba arrastrando hacia la cama cuando reconocí el familiar estribillo «¡ay de mí!» en mi mente y los pensamientos desfavorables que se estaban manifestando que me llevaban a no aceptar mis dificultades. En ese momento, vi esos pensamientos como meras historias y tomé en consideración otras formas posibles de interpretar mi situación. Quizá los problemas son intrínsecos al hecho de estar vivo. Tal vez tenía lo que necesitaba para afrontar los desafíos de cada día. Y tal vez era posible sentir paz aunque las cosas fueran difíciles.

El corazón y la mente se apoyan entre sí: el componente *ser* apoya el pensamiento, y este nos lleva de vuelta al ser. Por supuesto, la mente y el corazón necesitan una forma de interactuar con el mundo, lo que nos lleva a *actuar*; la acción son las manos de la tríada pensar, actuar, ser. La atención plena y el pensamiento correcto allanan el camino para la acción.

Actúa con intención

Cuando Paula vino a mí para tratar su fobia a los perros, ya sabía que sus miedos no tenían sentido, como su pareja le había recordado innumerables veces. Sin embargo, seguía experimentando ansiedad en relación con los perros, a los que evitaba. Con miedos como los de Paula, rara vez es útil extenderse en consideraciones, por lo que nos centramos en la forma de hacerles frente. Con el tiempo, vio mitigada su ansiedad y, además, sus creencias sobre los perros cambiaron. En este caso, el trabajo con el aspecto corporal fue lo primero, y la mente se adaptó.

De la misma manera que nuestras creencias pueden dar forma a nuestra realidad, nuestros actos pueden modificar lo que pensamos que es verdad, lo que es especialmente útil cuando los argumentos racionales no bastan para cambiar nuestra forma de pensar (como descubrió Paula en relación con su fobia a los perros). Nuestro cerebro no para de realizar inferencias a partir de nuestras acciones, relativas a cómo somos, a realidades del mundo y a lo que es importante para nosotros. Si nos acercamos a algo que tememos, tal vez no sea peligroso en realidad. Si nos tratamos amablemente, tenemos que ser dignos de recibir atenciones. Si invertimos en una causa, ello tiene que ser indicativo de que nos importa. La acción nos cambia. El comportamiento es terapéutico.

El componente conductual de la TCC se basa en principios bien establecidos que se remontan a la antigüedad, como el principio de que nuestros miedos irracionales disminuyen cuando nos enfrentamos a ellos. Estos principios los confirmaron investigaciones de laboratorio realizadas con animales en la primera mitad del siglo XX.* Los resultados de los estudios que se hicieron con perros y palomas son aplicables a la ciencia del comportamiento humano, como descubrieron los desarrolladores de la terapia conductual.** Crearon tratamientos efectivos para problemas como

* N. del A.: Iván Pávlov, Edward Thorndike y B. F. Skinner, entre otros, realizaron investigaciones de este tipo.

** N. del A.: Otro desarrollador destacado de la terapia conductual fue el psiquiatra sudafricano Joseph Wolpe.

la ansiedad, la depresión y el trastorno de estrés postraumático basados en cambios simples en el comportamiento de la persona.

Los principios de la terapia conductual van mucho más allá del tratamiento de malestares psicológicos como el de Paula y pueden beneficiarnos en cualquier cambio que queramos hacer para mejorar nuestra vida. A continuación echaremos un vistazo a algunas de las grandes ideas de la terapia conductual; en los próximos capítulos las examinaremos con mayor detalle.

IDENTIFICA LOS COSTES Y LOS BENEFICIOS

Cuando estaba profundamente deprimido, evitaba muchas cosas: los proyectos que tenían que ver con la casa, los pasatiempos, los compromisos sociales... Me proporcionaba cierto alivio no tener que realizar actividades que me parecían molestas, pero en el proceso mi mundo se redujo y caí más profundamente en la depresión. Las consecuencias a corto y largo plazo de mis acciones seguían siempre el mismo patrón: una recompensa inmediata (el alivio) y unos costes posteriores menos evidentes (la depresión). Estaba enfocando mal la cuestión de los costes y los beneficios, pues unos y otros estaban moldeando mi comportamiento de maneras que iban en contra de mis mejores intereses.

Cuando por fin reconocí los efectos de mi aislamiento, hice un plan para salir de mi caparazón, que incluyó la construcción del huerto. En este caso, los costes de mi plan de acción fueron inmediatos (tiempo y esfuerzo), mientras que los beneficios de sentirme mejor se fueron presentando poco a poco, en el curso de las semanas siguientes.

Las acciones que eliges dependen en gran medida de la manera en que percibes el equilibrio entre los costes y los beneficios asociados a esas acciones. Si conoces los patrones de costes y recompensas de tus comportamientos, puedes concebir estrategias que te ayuden a estar en sintonía con tus verdaderas metas. Puedes adoptar unos hábitos más saludables. Puedes planificar actividades gratificantes que te saquen de la depresión, como hice yo. O puedes enfrentarte a los miedos que te han estado impidiendo vivir plenamente.

La clave para aprovechar la influencia del comportamiento es conseguir que lo que quieres hacer sea lo menos costoso y lo más gratificante posible. Dentro del modelo pensar, actuar, ser, el componente *hacer* tiene esta finalidad.

PROCEDE DESPACIO PARA LLEGAR LEJOS

Cuando Paula y yo tratamos su fobia a los perros, lo primero que hizo no fue acariciar perros grandes. Primero se enfrentó a sus pequeños miedos, con comportamientos tales como no cambiar de acera cuando un vecino estaba paseando a su perro. Estas exposiciones iniciales aumentaron su confianza y mitigaron su miedo. Poco a poco fue afrontando desafíos más grandes, como visitar un parque para perros y acariciar a algunos de los que estaban sueltos en ese espacio.

Dividir tareas difíciles en partes más pequeñas es una de las herramientas más potentes del ámbito de la terapia conductual. Esta estrategia es análoga al uso de una escalera, que convierte una distancia imposible de salvar, como la que separa el suelo del techo, en una serie de pequeños pasos manejables. Al ir subiendo los peldaños que se encuentran más abajo, es fácil llegar a los que se encuentran más arriba.

De la misma manera, nada es demasiado difícil en la terapia conductual; solo puede ser que sea demasiado grande. Al ir poco a poco y reducir una tarea grande a una serie de tareas pequeñas, podemos hacer cosas que pensábamos que eran imposibles. Una vez que hemos empezado, es muy probable que continuemos.

> **Piensa en algo que hayas estado postergando, como un desafío abrumador o una tarea que te suscite pavor. Escribe en papel de qué se trata. A continuación, anota el primer paso que darás para afrontar eso. Asegúrate de que el paso sea muy manejable; incluso podría parecerte ridículamente pequeño. Está bien así. ¿Tienes la posibilidad de dar pronto este primer paso, incluso hoy mismo?**

Es fácil subestimar el valor de las acciones pequeñas y fáciles; nos preguntamos cómo podrían cambiar algo. Pero la vida está compuesta de una serie de pequeñas acciones, y aunque un solo acto constructivo pueda parecer insignificante, no realizarlo nunca es un gran problema. Levantarme del sofá una vez para trabajar en mi huerto no habría curado mi depresión, pero continuar aislándome me habría sumido aún más en la desesperación. Afrontar tu primer miedo, un miedo pequeño, no revolucionará tu vida, pero no dar nunca este paso hará que permanezcas bloqueado y temeroso. Una sola respiración es un acto trivial, pero no respirar es una situación de emergencia. Alcanzamos los grandes objetivos de nuestra vida con la suma de pequeños actos.

SÉ CONSTANTE

La necesidad de ser constante es inherente al poder de las pequeñas acciones. Reservar el cinco por ciento de tus ingresos este mes no hará que tengas muchos ahorros, pero guardar el cinco por ciento cada mes durante cuarenta años sí te permitirá alcanzar este objetivo. Si te llenas de valor y te acercas a lo que temes una vez, es casi seguro que el miedo no te abandonará, pero si te enfrentas a tus miedos repetidamente, irán perdiendo su fuerza.

En consecuencia, la terapia conductual ofrece beneficios a través de la constancia. Uno de mis objetivos en el marco de la TCC fue hacer ejercicio con regularidad, por lo que programé sesiones de ejercicio específicas para lapsos de tiempo concretos y puse recordatorios en mi calendario para no olvidarme. Un compañero de rendición de cuentas también puede ayudar con la constancia, como cuando mi esposa y yo establecimos unos lapsos de tiempo en los que hacer yoga juntos. Comprometernos con otra persona puede ayudarnos a cumplir las promesas que nos hacemos a nosotros mismos. También podemos reducir el coste de las acciones que queremos realizar cuando sabemos que nuestra motivación será baja; por ejemplo, podríamos preparar la ropa y el calzado la noche anterior para que nos resulte más fácil animarnos a hacer ejercicio a primera hora de la mañana.

ACTÚA CON PLENA CONCIENCIA

Cuando empecé mi propio tratamiento de TCC, me di cuenta de que trabajar en exceso y pasar demasiado tiempo delante de pantallas me estaba alejando de la presencia consciente. Añadir más meditación a mi rutina no era la solución; necesitaba que mis hábitos diarios se correspondiesen con mis necesidades mentales, físicas y espirituales. Establecer esta correspondencia fue una acción consciente. Al hacer lo que tenía que hacer, entré en un estado de mayor aceptación y conciencia de forma natural.

Aunque en principio cualquier cosa se puede hacer con plena conciencia, las acciones que no estén en sintonía con nuestras necesidades obstaculizarán la presencia consciente. Cuando descuidamos nuestro sueño, por ejemplo, o posponemos el trabajo que debemos hacer, nos estamos resistiendo a la realidad a través de nuestras acciones; en este caso, nos estamos resistiendo a la realidad en cuanto a nuestras necesidades relativas al sueño o al trabajo. Como resultado, dejamos de estar verdaderamente presentes. Incluso la meditación deja de ser una actividad consciente si la usamos para evitar atender ciertos asuntos.

La presencia consciente guía la acción correcta, la cual, a su vez, puede fomentar una mayor presencia. En el tratamiento de Paula, por ejemplo, el hecho de aceptar conscientemente el malestar la ayudó a enfrentarse a sus miedos, lo que la llevó a estar más plenamente presente en su vida. A menudo pensamos que el cultivo de la atención plena requiere adoptar prácticas formales como la meditación o la oración, pero cualquier actividad nos invita a estar presentes y disponibles. Nuestras acciones cotidianas se convierten en prácticas espirituales si nos abrimos a lo que tenemos delante.

Uniendo todas las piezas

He analizado los tres componentes del modelo pensar, actuar, ser por separado, pero cuando se muestran realmente potentes es cuando se utilizan conjuntamente, como un todo integrado. Hace años, experimenté este poder en mi despacho, un viernes por la tarde. Estaba siendo una semana de mucho trabajo, otra más, y me sentí abrumado al pensar en todo lo que me faltaba por hacer. Pensé que tendría que quedarme hasta tarde para terminar las tareas pendientes, aunque estaba exhausto y todo lo que quería hacer era descansar.

Entonces me di cuenta de lo agobiado que me sentía. Sabía que ese no era el espacio interior adecuado desde el que hacer nada. Por lo tanto, di el primer paso dentro del sistema pensar, actuar, ser: regresé a mí mismo y al momento presente. Puse las manos sobre el escritorio para conectar con algo real y presente, e hice una respiración lenta y profunda. Enseguida me sentí un poco menos tenso y tuve la esperanza de que la jornada no resultara tan agotadora como había pensado.

Ahora que estaba un poco menos estresado y más centrado, me pregunté qué historia estaba contando mi mente. Me di cuenta de que mis pensamientos estaban llenos de obligaciones en forma de «tengo que»: «tengo que terminar esta publicación de blog», «tengo que responder estos correos electrónicos», «tengo que leer este capítulo»... Al examinar mis pensamientos con mayor objetividad, me di cuenta de que ninguna de las tareas era tan urgente como pensaba; no había necesidad de terminar ninguna de ellas esa tarde. Por lo tanto, procedí a decirme algo más útil: «No tengo que seguir forzando si ya estoy exhausto; habrá tiempo para todo esto».

Por último, me serví de mi conciencia plena y mi nueva perspectiva para hacer lo más pertinente. Esa tarde, ello se tradujo en programar lo que tenía pendiente para asegurarme de terminarlo a tiempo, y a continuación recogí mis cosas y me monté en la bicicleta para irme a casa y comenzar a disfrutar el fin de semana con la familia. El proceso de centrarme y decidir lo que haría me llevó unos dos minutos, y cambió totalmente la dinámica del día. En vez de saludar a mi esposa y a mis hijos estresado y agotado, pude reunirme con ellos entusiasmado por el fin de semana que íbamos a vivir juntos y con la tranquilidad de saber que terminaría las tareas pendientes.

Acéptate tal como eres

El emperador romano y filósofo estoico Marco Aurelio resumió la esencia del modelo pensar, actuar, ser hace casi dos mil años:

> *Juicio objetivo, ahora, en este preciso momento* [pensar].
> *Acción desinteresada, ahora, en este preciso momento* [actuar].
> *Aceptación voluntaria –ahora, en este preciso momento– de todos los sucesos externos* [ser].
> *Eso es todo lo que necesitas.*[5]

Marco Aurelio incluso subrayó el papel central de la presencia: el juicio tiene que efectuarse *ahora*; la acción tiene que realizarse *ahora*; la aceptación tiene que producirse *ahora*.

A menudo me sorprendo cuando leo textos antiguos que exponen con tanta precisión los principios de la TCC consciente. Pero tal vez no debería sorprenderme. Toda buena idea parece constituir el redescubrimiento de algo que se sabe desde hace mucho tiempo. Al igual que la mayoría de las herramientas potentes y transformadoras, los principios de la TCC consciente son conceptos realmente simples que funcionan precisamente porque *no* son novedosos.

Al mismo tiempo, la TCC consciente es más que sabiduría antigua en un nuevo envase. El poder de la TCC proviene de la integración de ideas milenarias con revelaciones científicas más recientes sobre las fuerzas que impulsan nuestros pensamientos y comportamientos y sobre el poder que tiene la atención plena para cambiar fundamentalmente la forma en que nos relacionamos con el mundo. El sistema terapéutico que surgió de ahí ofrece un marco claro para poner en práctica los principios.

A través de este marco, podemos descubrir todo un mundo del que a menudo no somos conscientes: el mundo de nuestros pensamientos, de nuestros patrones de costes y beneficios, de la forma en que interactuamos con nuestra experiencia a cada momento. Prestar atención a estos tres aspectos de mi experiencia transformó mi vida. La conciencia plena (*ser*) me llevó al presente, donde me conecté con las partes más profundas de mí mismo. Entrenar mi mente (*pensar*) calmó la tormenta de autoodio que había en mi cabeza y liberó espacio para la verdad: que el universo me había llamado a existir y que me aceptaba exactamente tal como era. Pequeños cambios en mi comportamiento (*actuar*), como hacer el huerto, me aportaron alegría y un sentimiento de realización. Estos tres componentes se interrelacionaban y reforzaban perfectamente entre sí.

Por lo tanto, acéptate tal como eres. Para armonizarte con tu naturaleza, debes empezar por aceptar el punto en el que te encuentras. Tienes todo lo que necesitas: tu mente para juzgar, tu cuerpo para actuar, tu espíritu para aceptar de buena gana. Pensar, actuar, ser es un modelo para cada parte de ti mismo y para cada área de tu vida.

Ahora que tienes una buena idea de las técnicas principales de los enfoques cognitivo, conductual y del mindfulness, y que has visto cómo se complementan entre sí, pasaremos a explorar con mayor detalle lo que sucede cuando dejamos de resistirnos a nuestra experiencia y comenzamos a acogerla. Sea lo que sea lo que nos impida encontrar la paz o lo que nos duela en el interior, el punto de partida es la conciencia enfocada en el presente.

4

DI «SÍ»

En el capítulo tres exploramos los tres elementos del sistema pensar, actuar, ser y cómo operan juntos para ayudarnos a construir la vida que queremos. Este capítulo se centra en el mindfulness o atención plena, la base del modelo. El mindfulness respalda y potencia todo el trabajo cognitivo y conductual que se lleva a cabo en el contexto de la terapia cognitivo-conductual consciente. Examinaremos lo que significa exactamente decir *sí* a nuestra experiencia y por qué esta simple respuesta puede cambiarlo todo. En el capítulo cinco veremos formas específicas de practicar la conciencia plena como parte del sistema pensar, actuar, ser.

* * *

«¡Oh, no! –pensé mientras dejaba de escribir y apretaba los ojos–. Seguro que me estás tomando el pelo».

Este pensamiento teñido de emoción iba dirigido a mi hija de ocho meses, Ada. Era de noche, y después de haber intentado por tercera vez que se durmiese, quedé convencido de que lo había logrado, pues creí que estaba muy cansada. Incluso había bajado a la planta baja y había retomado la redacción de un documento destinado a pedir una subvención, pero ahora estaba llorando de nuevo.

Dije para mis adentros una oración de agradecimiento por el privilegio de ser padre mientras subía las escaleras para tranquilizarla una vez más. Bueno, no exactamente. No me alegraba nada por tener que interrumpir mi trabajo y atenderla, y juré en voz baja antes de realizar el cuarto intento de inducirle el sueño.

El zumbido de la máquina de ruido blanco me recibió al abrir la puerta del cuarto de Ada, junto con el llanto de la pequeña. Respiré hondo. La levanté un momento para ayudarla a calmarse antes de acostarla de nuevo en la cuna. Enseguida se dio la vuelta y le acaricié la espalda, sintiendo lástima por mí mismo por encontrarme en esa situación.

«No me puedo creer que no estés dormida –pensé mientras apretaba los dientes en la oscuridad–. Tengo que volver al trabajo. No tengo tiempo para esto. Esto es ridículo. Deberías estar dormida ya. Estás muy cansada. No me gusta nada esta situación. ¿Por qué no te quedas dormida?». Llevábamos varias noches haciendo entrenamiento del sueño, y cada vez que acostaba a Ada, esperaba que fuera fácil. Rara vez lo era, y me sentía enojado y resentido cada vez que ella lloraba y yo tenía que regresar.

Pero esa noche algo cambió. Mientras estaba en la oscuridad acariciando la espalda de mi hija, me di cuenta de que en realidad no había nada malo en ese momento. No era una persona que estuviese pasando hambre. No tenía dolores. Mi familia estaba a salvo. A simple vista, las cosas no estaban tan mal. Podía estar unos momentos con mi pequeña, a quien no podía dedicar mucho tiempo durante la semana laboral. Estaba sana, lo que no daba por sentado después de un susto que habíamos tenido con su corazón unos meses antes. Acabaría por dormirse.

¿Cómo podemos encontrar la alegría incluso cuando la vida no va como queremos? Mi experiencia con el sueño de Ada me proporcionó una magnífica respuesta a esta pregunta. Todavía quería que se durmiera lo antes posible. Esperaba no tener que volver a su habitación. Pero había pasado de resistirme a lo que estaba sucediendo a aceptarlo.

Haz lo que estés haciendo

El único obstáculo a mi contento mientras intentaba ayudar a mi bebé a dormirse era *mi rechazo a lo que estaba sucediendo*. Estaba obsesionado con mi plan para la noche y predispuesto a luchar contra todo aquello que se interpusiera en mi camino. Pero en un pequeño lapso de tiempo experimenté todo lo que tiene para ofrecer el modelo pensar, actuar, ser: una forma diferente de estar (de *ser*, de existir) cambió totalmente mi manera de *pensar* y me ayudó a armonizar mis *actos* con mis circunstancias. La consecuencia fue la alegría.

Cuando acepté que Ada estaba despierta, enseguida vi más allá de las falsas historias que me contaba la mente, sobre todo su insistencia en que eso «no debería estar sucediendo». Aceptar la realidad en el contexto del mindfulness no significa necesariamente que nos guste una situación o que nos resignemos a ella. Para Steven C. Hayes, creador de la terapia de aceptación y compromiso (ACT, por sus siglas en inglés; es una modalidad de TCC potente), la aceptación consiste en acoger la totalidad de nuestra experiencia. «La palabra *aceptación* proviene de una raíz latina que significa 'recibir'», me dijo Steve.[1] En lugar de luchar contra lo que es, elegimos recibirlo. Y, como señaló, lo que recibimos puede convertirse en un regalo.

Cuando dejé de rechazar la realidad, esos momentos con mi hija me parecieron un regalo, ciertamente. Todas esas veces en que le había mirado los «dientes» al «caballo regalado», había sufrido más de lo necesario, y probablemente le había transmitido esa energía a Ada. Lo peor de la falta de sueño de Ada no era que no tuviese sueño, sino mi insistencia en que la situación debería ser diferente de como era. Al abrirme a lo que estaba sucediendo, reconocí que *así era como eran las cosas en ese preciso momento*, sin más. La situación no cambió en absoluto, pero quedé completamente liberado de la falsa realidad que había creado mi mente.

La mayor parte de las veces, no nos sentimos infelices debido a la situación en la que nos encontramos, sino porque *no* estamos realmente en la situación. Nuestro cuerpo está ahí, pero nuestra mente solo piensa en escapar y en que hagamos lo que creemos que debemos hacer, como fue el caso de un amigo mío al que le encantaba correr. Durante años, había estado corriendo seis días a la semana y participando en carreras. Pero se lesionó y ya no pudo soportar el impacto de correr, por lo que dejó de hacerlo y pasó a caminar rápido, lo cual odiaba. Por lo general, tenía el ceño fruncido cuando lo veía caminando por la mañana.

Un día, cuando nos cruzamos, le pregunté cómo le iba. «Odio no correr», me dijo. Su voz reflejaba su dolor: estaba lamentando la pérdida de lo que amaba. También advertí lo que hacía cada vez que salía a caminar: no correr. ¡Por supuesto que lo odiaba! Caminar no está tan mal, pero no hay ningún placer en «no correr». Cada parte de la experiencia le recordaba lo que querría estar haciendo: lo recordaba mientras se ponía su ropa que no era para correr y se ataba sus zapatillas que no eran para correr para su sesión matutina de no correr.

La próxima vez que tengas que realizar una actividad que consideres desagradable y te suscite resistencias (como lavar los platos o sacar la basura), ofrécele toda tu atención todo el tiempo que la estés haciendo. Cuando percibas que estás rechazando mentalmente la experiencia, dale la bienvenida con amistosa aceptación y percibe cómo te sientes. No tienes que intentar hacer que te guste; solo acéptala como lo que está ocurriendo en este momento.

Cuando estaba enfocado en lo que pensaba que *debería* estar sucediendo (Ada debería estar durmiendo, yo debería estar trabajando con el ordenador), en realidad no estaba haciendo lo que estaba haciendo. Ni estaba acariciándole la espalda a Ada ni estaba trabajando. Estaba enojado no porque Ada estuviera despierta y me necesitara, sino porque tenía la atención puesta en lo que no podía hacer.

Amplía tus ideas en cuanto a lo que es el mindfulness

Esa noche, junto a la cuna, experimenté lo que se suele llamar mindfulness o atención plena. Se han ofrecido varias definiciones para el término mindfulness, pero en esencia es estar centrado en el presente con verdadera aceptación, como vimos en el capítulo tres. Esta actitud es contraria a nuestra tendencia habitual a enfocarnos en el pasado y el futuro y a luchar contra las cosas tal como son.

He dudado sobre si emplear el término mindfulness para referirme a esta forma de estar presente, porque las etiquetas son limitantes. Cuando lees «mindfulness», probablemente imaginas a alguien meditando o tal vez haciendo yoga. Quizá te vengan a la mente piedras bellamente equilibradas frente al océano, o una flor de loto en el agua, o tal vez gurús de religiones orientales (el budismo especialmente). También tendemos a asociar el mindfulness con ciertas acciones, como sentarse con las piernas cruzadas, cerrar los ojos, respirar despacio y sentir el cuerpo.

Estas ideas sobre el mindfulness pueden limitar nuestro encuentro con cada momento, de la misma manera que el concepto de *Dios* puede restringir nuestra comprensión de la verdadera divinidad. Cuando creemos que el mindfulness es una determinada cosa, también pensamos que no es otras cosas: el mindfulness es meditar pero no hablar con nuestra pareja; es sintonizar con nuestra respiración pero no cocinar; es practicar taichí pero no conducir de ida y vuelta a la clase de taichí. Sin embargo, la apertura y la presencia están disponibles sea lo que sea lo que estemos haciendo, y en la misma medida para los momentos que llamamos «ordinarios» que para aquellos que calificamos de «sagrados».

Las representaciones habituales del mindfulness también pueden hacer que parezca un estado muy agradable, apacible y contenido, además de un poco inaccesible. Sabemos que nuestra vida no se parece en nada a las portadas de las revistas centradas en el mindfulness. Ahora bien, la experiencia real de la presencia plena es todo menos mansa y predecible. Puede ser relajante y apacible en ocasiones, pero la verdadera conciencia plena también puede ser cruda, salvaje e ilimitada.

Esta distinción entre las *ideas* limitantes relativas al mindfulness y la *experiencia* de estar abiertos y presentes es crucial. Si no efectuamos esta distinción, la presencia consciente nos podría parecer complicada y elusiva, incluso algo que añadir a todo lo que ya estamos haciendo. Pero el mindfulness consiste más en restar que en sumar; en realidad, es lo más simple que se puede concebir: consiste en decir *sí* a todo. Sentimos el impulso de desconectar y escapar, pero no lo hacemos, sino que recibimos lo que nos ofrece cada momento. Incluso si nos evadimos, podemos decir *sí* a este estado de conciencia también: «Ahora mismo me está costando permanecer en este momento. Estoy huyendo. Esto es lo que está pasando».

A pesar de las limitaciones asociadas al término mindfulness, lo usaré a lo largo del libro, junto a *atención plena*, para hacer referencia a la presencia total. Pero ten en cuenta que esta denominación no refleja la experiencia completa y que el mindfulness no tiene por qué incluir ninguno de los adornos con los que lo hemos asociado.

Fluye con la realidad

Si mis hijos están leyendo tranquilamente mientras intento escribir, doy el visto bueno a la realidad. (En este momento, lo están haciendo. ¡Buen trabajo, universo!). Si se están peleando y gritan, la realidad es *mala*. Cuando estoy «funcionando en el modo predeterminado», tiendo a tratar todo de esta manera: el tiempo atmosférico, la temperatura, la forma en que me tratan los demás, el estado de mi cuerpo... Creo, inconscientemente, que no estaré bien hasta que la realidad se doblegue a mi voluntad. Esta fue mi actitud cuando estaba enseñando a mi hija a dormir, porque esperaba que ese entrenamiento fuera según mi plan.

Normalmente, decimos *no* a nuestra experiencia debido a la gran cantidad de expectativas que tenemos en cuanto a la vida: «la realidad debería ser diferente», «debo tener el control», «exijo certeza», «esto no debería requerir tanto tiempo», «tengo que estar a gusto»... Todos estos pensamientos tienen en común que estamos evaluando la vida en función de si se somete a nuestros deseos. El principal inconveniente de todo este negativismo es que se interpone en nuestro camino hacia la felicidad.

Al entrar en un estado de presencia y aceptación, nos armonizamos con el verdadero estado del mundo: *esto es la vida*. Comenzamos a ver más allá de las creencias que habíamos confundido con la realidad, como las que tenía yo esa noche en el cuarto del bebé: «Ada debería estar dormida. No debería tener que calmarla de nuevo». Pensaba que mis preferencias eran la norma y que la realidad estaba pecando contra mí. Quizá si expresara mis enojados deseos con la fuerza suficiente, el universo se decidiría a hacerlo mejor. Cuando vi con más claridad, supe que mi deseo de que la situación fuera de cierta manera no significaba que esta tuviera que seguir mis reglas.

A la realidad no le preocupan nuestros «debería» más de lo que al tiempo atmosférico le preocupan nuestros pronósticos. ¿Quién dijo que Ada *debería* estar dormida? No era que estuviera desafiando las leyes de la física. Tal vez tenía perfecto sentido que aún estuviera despierta, debido a factores que yo no conocía. Lo único real acerca de nuestra insistencia en que el mundo se ajuste a nuestros deseos es el sufrimiento al que nos sometemos en el proceso. Pero cuando nos abrimos a lo que es, podemos encontrar el equilibrio incluso en tiempos muy difíciles.

Deja que la conciencia plena lo cambie todo

No mucho después del incidente revelador con Ada, estaba tratando a un joven llamado Josh que padecía ansiedad social. Era un buen chico, recién graduado de la universidad, que estaba trabajando en el sector de la construcción mientras buscaba algo en su campo. Le preocupaba que su ansiedad lo limitara profesionalmente, así que acudió a mí para someterse a la terapia cognitivo-conductual durante unas semanas.

En una de nuestras primeras sesiones, le presenté los conceptos básicos de la presencia consciente en las situaciones sociales y le indiqué algunas tareas a modo de práctica. En la siguiente sesión, le pregunté cómo le había ido. «Bueno... –comenzó, como si le costase expresar sus pensamientos con palabras–, cuando me enfoco en lo que está sucediendo en la conversación, no estoy obsesionado con cómo se me percibe, así que me he sentido mucho menos ansioso entre otras personas. Y me he dado cuenta de que cuando me limito a prestar atención a lo que estoy haciendo, como lavar los platos, mi mente deja de reproducir interacciones en las que podrían haberme visto como un tipo raro. Incluso me duermo más fácilmente si me enfoco en la respiración. Así que siento que la atención plena es útil con todo».

No podría haber estado más en lo cierto. Como el buen sueño, la atención plena puede mejorar todas las áreas de nuestra vida, no siempre tan rápidamente como ocurrió en el caso de Josh, pero la práctica constante produce resultados confiables. Las investigaciones han mostrado que el entrenamiento en mindfulness ayuda a aliviar prácticamente todos los problemas a los que se ha aplicado, como la depresión, la ansiedad, el trastorno obsesivo-compulsivo (TOC), el trastorno de estrés postraumático (TEPT), el trastorno por déficit de atención e hiperactividad (TDAH), la ansiedad social, el trastorno de pánico, trastornos alimentarios, el trastorno límite de la personalidad, la adicción al alcohol, el dolor crónico y el insomnio.

La práctica del mindfulness puede hacer más que resolver trastornos psicológicos. También favorece la satisfacción con la vida, la calidad de las relaciones, la gestión del estrés, la creatividad, las emociones positivas, la evaluación que hace la persona sobre su propia calidad de vida, la atención enfocada e incluso las experiencias de asombro. La práctica de la atención plena puede cambiar la estructura física del cerebro e incluso potenciar el sistema inmunitario.

¿Cómo puede tener unos efectos tan diversos una práctica tan simple? No resulta nada fácil pensar en otras intervenciones que puedan resultar útiles en tantas áreas. Lo que nos viene a la mente no son tanto «intervenciones» como los fundamentos de la existencia: el aire, el agua, la comida.

La conciencia plena es, de algún modo, algo tan elemental como estos fundamentos. La calidad de nuestra presencia afecta a toda nuestra experiencia porque determina cómo interactuamos con el mundo. Si nos hubiéramos pasado la vida llevando manoplas, el hecho de quitárnoslas mejoraría nuestro grado de destreza en cada actividad. Nos maravillaría ver que nos es mucho más fácil escribir, clasificar el correo, pulsar los botones del mando a distancia o enhebrar una aguja. De manera similar, estar en el momento y acogerlo cambia nuestra experiencia de un modo fundamental.

Esto no quiere decir que sea siempre cómodo conectar más con la propia experiencia. Las manoplas son incómodas pero nos protegen, y a veces es doloroso estar completamente presente (permanecer con la propia tristeza, afrontar el dolor de otra persona...). Si esperamos encontrar la felicidad a través del mindfulness, corremos el riesgo de convertir la práctica en una forma de evitar el malestar en lugar de abrirnos a la totalidad de la existencia. Uno de los regalos que nos ofrece la conciencia plena es que nos ayuda a ver que tal vez la comodidad no sea el objetivo último en la vida.

Es natural que prefiramos que nos ocurran cosas buenas, pero hay una forma más completa y enriquecedora de vivir que estar siempre buscando el placer y evitando el dolor. Paradójicamente, cuando estamos dispuestos a sentir todo, experimentamos menos sufrimiento. Estar centrados conscientemente en el presente es como estar físicamente centrados, con el peso distribuido uniformemente desde delante hacia atrás y de lado a lado. Estamos mejor preparados para responder a lo que se nos presente y somos menos propensos a perder el equilibrio. En el proceso, empezamos a vivir una vida más significativa y satisfactoria.

Piensa en una ocasión en la que tu mente insistía en que un final incierto, como el resultado de una prueba médica o una entrevista de trabajo, debía ser el que esperabas. ¿Cómo te sentiste al estar apegado a un resultado en particular como el único aceptable? ¿Cómo te podrías haber sentido si te hubieses abierto un poco más a cualquier resultado posible?

Sepárate de los pensamientos y las emociones

Cuando estoy escribiendo un libro, mis pensamientos y emociones respecto a él varían a diario. Algunos días confío en que obtendré una buena obra, y otros días me asaltan la ansiedad y pensamientos de impotencia. En el pasado, reaccionaba mucho frente a estas fluctuaciones; me sentía victorioso cuando pensaba que las cosas iban bien y desesperado cuando dudaba de mí mismo. Mi bienestar estaba determinado por mis estados mentales pasajeros.

Afortunadamente, he aprendido a ver estos altibajos como ruido que no aporta información. Suelen depender de factores que no están directamente relacionados con el libro, como mi estado de ánimo, mi nivel de energía o el grado de estrés que estoy experimentando. En realidad, son irrelevantes, a menos que les dé más importancia de la que merecen. Gracias a la presencia consciente, me puedo distanciar en cierta medida de mis pensamientos y emociones, y verlos como eventos que están sucediendo: «ahora tengo sentimientos de confianza», «ahora tengo pensamientos de inseguridad». Desde esta posición, ya no estoy muy identificado con lo que pienso y siento, y paso a ser el *observador* de mi experiencia.

Cuando estaba molesto por la falta de sueño de Ada, di por sentado que la situación en sí era irritante, sin ser consciente de los procesos mentales y emocionales que estaban produciendo mi irritación. No podía examinar mis reacciones, mucho menos cambiarlas, porque las veía como inherentes a la situación. Estaba en medio de una batalla, luchando contra la realidad sin advertir la naturaleza de la disputa.

Cuando descubrí que mis resistencias estaban en el origen de mis emociones, dejé de encontrarme perdido en una maraña de pensamientos y emociones difíciles. Ganar mayor conciencia fue como retirarme a una colina desde la que podía observar la batalla y entender las fuerzas que intervenían. Esta nueva perspectiva me ofreció más libertad en cuanto a las formas de responder. Me di cuenta de que había estado luchando contra mi propio bando y de que esa guerra no tenía ninguna razón de ser.

Este proceso de separarse y desidentificarse de los pensamientos y las emociones pasajeros se conoce como *descentramiento*, porque dejan de estar en el centro de nuestra identidad. Se trata de un cambio sutil que puede tener un efecto impresionante en nuestro bienestar. El hecho de dar aunque sea medio paso atrás en nuestra conciencia nos proporciona una mayor capacidad de elección en el modo de gestionar los momentos complicados. Podemos experimentar emociones difíciles como la ira o la ansiedad sin fusionarnos con ellas. En lugar de *ser* nuestra irritación, podemos *experimentar* el hecho de que estamos irritados.

También podemos advertir cómo los pensamientos tiñen nuestra experiencia de las situaciones. Podemos observar cómo los pensamientos angustiantes van y vienen, sabiendo que son creaciones de la mente. Cuando tenemos un pensamiento aterrador sobre el futuro, podemos mantenernos centrados en el presente y observar el proceso del pensamiento en lugar de perdernos en el contenido.

Esta faceta de la conciencia plena tiene unas implicaciones enormes para la TCC. Al centrarnos en el presente y observar nuestros pensamientos y emociones, descubrimos que estos estados transitorios son ruidosos. A menudo generan más calor que luz; atrapan nuestra atención, pero no nos dicen nada significativo. Por este motivo, podemos tratarlos con más ligereza.

Esto no quiere decir que nuestros pensamientos y emociones no importen o que debamos ignorarlos en todas las ocasiones. Obviamente, pueden constituir fuentes de información valiosas. Pero estaremos en una mejor posición para evaluarlos objetivamente si practicamos el descentramiento. A medida que profundicemos en nuestro autoconocimiento y comprendamos mejor el funcionamiento de nuestra mente, aprenderemos a distinguir entre las experiencias internas que surgen de una fuente confiable de percepción y conocimiento, y aquellas que están marcadas por un miedo o un anhelo no útiles.

Busca hoy mismo una oportunidad para practicar una forma diferente de relacionarte con una emoción difícil. Si estás enojado, por ejemplo, siente curiosidad por la experiencia. Siente la ira como un patrón de energía en el cuerpo. Estudia lo que está sucediendo en tu mente como si fueras un experto en emociones. Ábrete a lo que encuentres y observa si esto cambia tu experiencia emocional.

El descentramiento nos permite ver más allá de innumerables suposiciones inútiles, y esto posibilita que actuemos de maneras más acertadas. *Ser* es el fundamento del pensamiento y la acción.

Piensa con conciencia plena

A veces nos sentimos infelices no porque las cosas estén yendo mal, sino porque creemos que irán mal. En los peores momentos de mi enfermedad y mi depresión, solía despertarme con una sensación de miedo en el estómago y pensamientos ansiosos sobre el día que estaba por comenzar. «Hoy no va a ser un buen día», me decía. No experimentaba estos pensamientos como predicciones de mi mente, sino como certezas en cuanto a lo que me aguardaba. Por lo tanto, esperaba vivir fracasos y decepciones ese día.

Cuando comencé a estar presente con mis pensamientos, empecé a reconocer los momentos en los que mi mente estaba contando historias aterradoras. «¡Espera un segundo! –pensaba–, esto no es más que un pensamiento». El solo hecho de ver los pensamientos negativos tal como eran los debilitaba. A continuación podía considerar alternativas, como «quizá las cosas irán bien hoy, como la mayoría de los días, aunque puedan presentarse dificultades». Mis nuevos hábitos de pensamiento me llevaron a experimentar menos ansiedad y estrés.

Esta forma de aplicar la herramienta *pensar* tuvo un gran efecto en mi recuperación; fue como cambiar una pala por una máquina quitanieves para desplazar grandes acumulaciones de nieve pesada. Me proporcionó la ventaja estratégica que necesitaba para liberarme del peso de los pensamientos destructivos. Esta técnica ha proporcionado alivio a innumerables personas con problemas como la ansiedad y la depresión. Sin embargo, como cualquier herramienta, tiene sus limitaciones.

En primer lugar, es posible que no creamos en la alternativa. Tal vez reconozcamos nuestro pensamiento como un pensamiento, pero no podamos convencernos de abandonarlo. A nivel instintivo, nos parece verdadero. En segundo lugar, incluso si podemos convencernos de que tenemos un gran día por delante, este podría estar lleno de dificultades. En ambos casos, nuestro bienestar se basa en que las cosas salgan como queremos, y estamos a merced de factores que no podemos controlar.

Si ponemos el mindfulness en el centro de la TCC, surgen posibilidades más profundas, como una alegría que no depende de las circunstancias. Si la terapia cognitiva tradicional es una máquina quitanieves, el añadido que es la atención plena es como el cálido sol de primavera que derrite la nieve. Con el sistema pensar, actuar, ser podemos explorar creencias que están arraigadas en el núcleo de nuestro ser.

LLEGA A UN NIVEL MÁS PROFUNDO

Debajo de los pensamientos que tenía sobre el día que me esperaba había una creencia más fundamental: *mi felicidad depende de cómo vayan las cosas hoy*. Si las cosas van bien, tendré un buen día. Si las cosas van mal, tendré un mal día. Pero surgió otra posibilidad a medida que fui practicando la presencia consciente: ¡es posible que mi bienestar no dependa de las circunstancias externas!

La mayoría de nosotros encontramos que esta es una forma de pensar extraña, y tal vez supongamos que es demasiado idealista. «¡Por supuesto que mi felicidad depende de cómo van las cosas! –nos decimos–. ¿Por qué debería estar feliz si pasan cosas malas?».

El hecho de suponer que algo externo a nosotros es responsable de nuestro bienestar es un error de pensamiento que llamo «externalización de la felicidad». Esta forma de pensar es una creencia central casi universal que se extiende a cada área y momento de nuestra vida y nos impulsa a ver todo en términos de «a mi favor o en mi contra».

Si vivimos según esta creencia central, nuestro bienestar estará muy limitado. En el mejor de los casos, experimentaremos momentos aislados de paz, si podemos llamarla así; una paz frágil que podría esfumarse en cualquier momento. También sufriremos al pensar que los acontecimientos futuros podrían ser desfavorables para nosotros. Hay pocas creencias que influyan de forma más potente y penetrante en nuestra felicidad.

Cuando la deuda de mi tarjeta de crédito llegó a ser importante debido a mi enfermedad y a que trabajaba menos horas, temí que perdiésemos la casa. Me tranquilicé diciéndome que era poco probable que llegase a darse tal situación: siempre podíamos agotar nuestros ahorros para la jubilación o tal vez nuestra familia podría ayudarnos. Estos pensamientos me resultaban útiles a veces, pero no por mucho tiempo. Sabía que no había garantías, y que algunos golpes de mala suerte podrían significar la bancarrota y la ejecución hipotecaria. La verdadera paz me era esquiva.

Experimenté una paz más sustancial cuando pasé a enfocarme en mi creencia subyacente. Empecé a decirme que quizá continuar con mi vida tal como la conocía no era la base de mi paz y mi seguridad. Reparé en el hecho de que personas con mucho menos que yo habían logrado encontrar la alegría. Si bien la ruina económica implicaría un cambio drástico, de ninguna manera significaría el final de mi vida. Muchas personas han perdido su casa (incluidos mis padres, mucho después de que dejé el hogar), pero han seguido adelante. El proceso es triste y doloroso, pero siempre hay algo más que hacer.

Gracias a la conciencia plena, podemos ver más allá de las creencias centrales en las que basamos nuestra felicidad. Descubrimos que la alegría es una opción, incluso cuando la vida se pone difícil, al conectarnos con una parte de nosotros mismos que no se ve alterada por nuestra forma de evaluar la pérdida y la ganancia. A nuestro espíritu no lo define lo que le ocurre a nuestro cuerpo ni la serie de papeles que vamos asumiendo; no se ve mermado por un contratiempo en el trabajo ni depende del elogio de los demás. Podemos soltar todas las condiciones que le ponemos a nuestro contentamiento.

No tenemos que convencernos de que debemos ser felices para experimentar este tipo de ecuanimidad. Surge cuando habitamos el momento presente.

Actúa con conciencia plena

Una reacción común ante la idea de la aceptación consciente es que implica pasividad, complacencia o resignación: aceptar que estoy enfermo parece indicar que he renunciado a la esperanza de recuperarme. Aceptar que mi jefe es difícil parece indicar que conservaré un empleo desagradable. Aceptar que los humanos están destruyendo el planeta implica que me quedaré parado viendo cómo esto sucede. De manera similar, las técnicas cognitivas podrían verse como una forma relativamente pasiva de lograr la paz sin cambiar nuestra situación.

Sin embargo, la aceptación y el pensamiento claro son la base para la acción efectiva. Cuando la vida no va como queremos, una tercera opción es tomar medidas y cambiar la situación. Cuando acogemos la realidad tal como es, podemos preguntarnos cuál es la respuesta apropiada. Aceptar que estamos enfermos podría llevarnos a buscar el tratamiento adecuado. Aceptar que nuestro jefe es difícil podría llevarnos a buscar trabajo en otro lugar. Aceptar el cambio climático podría llevarnos a tomar medidas de tipo político. Aceptar las cosas tal como son es la base de cualquier cambio constructivo que podamos realizar.

Para encontrar la paz incondicional, es esencial que empecemos por poner la atención y la energía en lo que estamos haciendo ahora mismo. Nuestros pensamientos tienden a situarse en el siguiente paso, lo cual hace que nuestra atención se proyecte hacia el futuro y la mente se desconecte del cuerpo. No es raro que nos sintamos dispersos y acelerados, ya que nos hemos fragmentado a través del tiempo y el espacio. La desconexión no equivale a un estado de serenidad y calma.

Es especialmente fácil que nos sintamos acelerados si no dejamos de apresurarnos. La acción constante tiende a autoperpetuarse, porque genera un vórtice de urgencia estresante que nos arrastra de una actividad a otra. A menudo no advertimos el estrés con el que carga nuestro cuerpo, ya que nuestra mente está en otro lugar, enfocada en lo que está por venir. A veces tenemos que reducir la velocidad para poder alcanzarnos a nosotros mismos, es decir, para hacer que la mente y el cuerpo se encuentren en el presente. Cuando regresamos a nosotros mismos, podemos actuar más intencionadamente y ocuparnos de nuestras tareas mientras mantenemos la conexión con nuestro centro. El mero hecho de volver a nosotros mismos mitiga el estrés.

En el día de hoy, advierte las ocasiones en que te estés apresurando y te sientas presionado por el tiempo. ¿Cuánta de tu atención está en el momento presente y cuánta está enfocada en lo que está por venir? ¿Hasta qué punto te sientes conectado a tu cuerpo? Darnos cuenta de que la mente va por

delante del cuerpo es el primer paso para volver al presente. En capítulos posteriores seguiremos trabajando para hacer las paces con el tiempo.

Una parte crucial de la acción consciente es renunciar a la ilusión de que tenemos el control de aquello que nunca hemos controlado.

SUELTA EL CONTROL

En una de mis primeras sesiones con Jennifer, me dijo: «Quiero poder controlar todo... todo el tiempo». Sabía que este deseo no era realista, pero se aferraba a él de todos modos. Jennifer necesitaba estar segura de que estaría bien, y una pérdida de control implicaba una pérdida de seguridad. Lamentablemente, sus esfuerzos infructuosos por tener el control total hacían que estuviese librando una batalla contra la realidad y eran una de las principales causas de su ansiedad constante.

Aquella noche en la habitación de Ada, estaba furioso porque no podía hacer que se durmiera. Pero la aceptación consciente me ayudó a reconocer los límites de lo que podía controlar. Cuando acogí lo que la vida me ofrecía en ese momento, renuncié a mi frustración y a mis esfuerzos inútiles. El hecho de soltar la falsa sensación de control me ayudó a recuperar el único control verdadero que tenía: el control en cuanto a dónde ponía la atención.

La verdad es que es probable que estemos mejor por el hecho de no tener el control total de nuestra vida. Piensa en los resultados desafortunados que podrían haberse producido en tu vida si hubieses podido controlar todo. No podemos saber si el hecho de obtener lo que queremos podría tener repercusiones negativas, y al revés: hay personas a las que el hecho de ganar la lotería les arruina la vida; en otros casos, las «malas noticias» acaban por dar lugar a algún tipo de beneficio.

Pasé innumerables noches y fines de semana trabajando en solicitudes de subvenciones cuando era profesor adjunto. Ninguna de mis propuestas de investigación fue financiada. Experimentaba una decepción con cada carta de rechazo, pero, para ser honesto, también respiraba aliviado. Obtener una subvención habría significado que me habría tenido que comprometer durante un lapso de tres a cinco años con un trabajo que no me inspiraba, en un entorno laboral que estaba lejos de ser el ideal. Cuando las cosas no fueron «a mi manera» con las subvenciones, me resultó más fácil empezar a realizar un tipo de trabajo que encontraba mucho más gratificante.

Jennifer vio aliviada su ansiedad cuando trabajó para soltar su constante necesidad de control. Una y otra vez, practicó la esencia de esta instrucción del filósofo estoico Epicteto: «Pregúntate: "¿Es esto algo que pueda controlar?"». En el caso de Jennifer, la respuesta era «no» la mayoría de las veces. Decía a continuación Epicteto: «Si no es una de las cosas que puedes controlar, que tu reacción sea: "Entonces, no es asunto mío"».[2] Al soltar su intento de controlar los resultados que no dependían de ella, Jennifer comenzó a abrirse a la vida, aceptando la incertidumbre.

Acepta la incertidumbre

Cuando mi esposa estaba de parto en el hospital, dando a luz a nuestro primer hijo, yo estaba esperando con mucha impaciencia a que pusieran a Lucas en nuestros brazos sin ningún percance. Habíamos sufrido dos abortos espontáneos, los dos al final del primer trimestre de gestación, y sabía que el paso final estaba lleno de riesgos. «Por fin podré relajarme, al saber que está a salvo», pensé. Pero entonces me di cuenta de que siempre habría la próxima incertidumbre por la que preocuparse: el síndrome de muerte súbita del lactante, las escaleras, el tráfico, la conducción... En ningún momento podría decir, aliviado, que todo había terminado bien.

Uno de los mayores obstáculos que nos impiden alcanzar la felicidad es la relación que tenemos con la incertidumbre, la cual permea todo aquello que nos importa: la salud de nuestros seres queridos, nuestra propia salud, la economía, la cantidad de tiempo que viviremos... Aunque es posible que aceptemos esta incertidumbre racionalmente, hay una parte de nosotros, muy relevante, que odia la sensación de que la vida es como caminar por una cuerda floja y que existe el peligro real de caer. Queremos saber que nuestros hijos estarán a salvo. Queremos asegurarnos de que podremos pagar la hipoteca. Nos gustaría tener alguna garantía de que viviremos una vida larga y buena y de que moriremos sin sufrir dolor.

Por encima de todo, queremos saber que *estaremos bien*. Nos podemos pasar la mayor parte de la vida persiguiendo un espejismo, creyendo que podemos alcanzar un estado en el que la incertidumbre inherente a la vida habrá desaparecido. Pero cuanto más perseguimos esta ilusión, más incómodos nos sentimos.

Hace años, vino a la consulta un abogado empresarial exitoso llamado Bill. No le gustaba nada su trabajo, pero sentía que tenía que seguir esforzándose para gozar de una jubilación segura. Había planeado retirarse una vez que hubiese ahorrado dos millones de dólares, pero después le preocupó la posibilidad de que esa cantidad no le bastara para cubrir sus necesidades hasta el final de su vida. Así que redobló sus esfuerzos. Tenía casi cuatro millones de dólares en su cuenta de jubilación cuando vino a verme.

En esos momentos, Bill ansiaba encontrar algún alivio. Estaba nervioso todo el tiempo, y el estrés que albergaban su cuerpo y su mente era palpable. Su salud se había resentido enormemente a causa del estrés incesante, y estaba a punto de divorciarse. Sin embargo, aún no sentía que pudiese dejar el trabajo. Bill adoptó un tono casi suplicante en una de nuestras sesiones cuando preguntó: «¿Cuánto es suficiente, Seth? ¿Cuatro millones? ¿Cinco? ¿Seis? –Apoyó la cabeza en las manos–. Tal vez ya tengo suficiente. No lo sé». Era desgarradoramente paradójico que, en su intento de encontrar la tranquilidad, hubiese sacrificado exactamente lo que pretendía proteger.

La atención plena le ofreció una salida a Bill. Comenzó a aceptar no solo lo que estaba sucediendo en el presente, sino también lo que ocurriría en un futuro desconocido. Tal vez sus ahorros le durarían hasta que muriera o tal vez el dinero se acabaría. Descubrió que podía acoger la totalidad de su experiencia, sin saber exactamente lo que iba a pasar. Fue un ejercicio de confianza enorme. Superó su creencia de que todo saldría como quería; había vivido lo suficiente como para saber que las cosas no funcionaban así. Aprendió a confiar en que estaría bien incluso cuando todo estuviera lejos de estar bien. Se rio mientras me explicaba cómo se acostó en un muelle una noche sin luna; miró hacia arriba, a las innumerables estrellas, y supo que ya tenía todo lo que necesitaba. Bill encontró la libertad al soltar.

Observa la próxima vez que te atormenten preguntas del tipo «¿y si...?» en relación con algo incierto: «¿y si mi hermana está enojada conmigo?», por ejemplo. Tratar de encontrar la respuesta a este tipo de preguntas suele conducir a más preocupación y ansiedad. Haz una respiración suave por la nariz y a continuación experimenta con una respuesta del tipo «puede que esté enojada conmigo, y tendré que lidiar con eso si lo está». Deja de luchar y trata los pensamientos

de preocupación como una oportunidad de hacer frente a lo desconocido.

Podemos dejar de buscar certezas imposibles y relajarnos incluso sabiendo que nada de lo que nos importa está garantizado. Podemos abrirnos a la posibilidad de que nuestro acto de equilibrio termine en una caída espectacular. No tenemos por qué seguir lidiando con nuestras preocupaciones. No tenemos por qué caer en la trampa cuando la mente nos pregunte «¿y si ocurre algo horrible?». La única respuesta razonable es «podría suceder, y si sucede, lo manejaré». Al abrirnos conscientemente a esta posibilidad, abandonamos una lucha inútil.

Conócete a ti mismo

Uno de los mayores beneficios que obtenemos de instalarnos en el presente es que descubrimos quiénes somos realmente. Esta toma de conciencia nos aporta una paz duradera: sea lo que sea aquello con lo que tengamos que lidiar, nos mantenemos firmes en nuestra identidad inquebrantable. Cuando nos conectamos con nosotros mismos en el momento presente, recordamos lo que siempre ha sido verdad acerca de nosotros más allá de nuestros roles o rasgos superficiales. La vida es mucho menos aterradora cuando sabemos quiénes somos.

En primer lugar y sobre todo, descubrimos dónde estamos: en el presente, siempre. Este es el espacio en el que puedes encontrarte a ti mismo. Tu cuerpo está aquí. Tu mente está aquí. Tu espíritu está aquí. Puedes soltar las fantasías acerca de lo que podría ocurrir, porque esa persona que imaginas en el futuro no eres tú. *Tú* eres la persona que está imaginando. Y la persona de la que vale la pena que te ocupes siempre está *aquí*.

La paz en el presente también deriva de saber que no somos islas individuales, sino que estamos íntimamente conectados a toda la creación. Cuando estamos plenamente en el momento presente con otras personas, no solo estamos compartiendo espacio o explorando ideas juntos, sino que, a la vez, una parte más profunda de nosotros mismos está encontrándose con esas personas. En esos momentos, sentimos que la conexión espiritual es parte de nuestra esencia.

Cuando habitamos en el presente, también descubrimos lo fuertes que somos. Paradójicamente, es posible que no advirtamos la fortaleza que llevamos dentro hasta que nos sentimos más débiles que nunca, como me ocurrió a mí. Es posible que el cuerpo se sienta exhausto o que nos sintamos agotados mental y emocionalmente; sin embargo, sigue existiendo en nosotros una fuerza inagotable, en un plano más profundo. El hecho de encontrar nuestro centro nos permite acceder a esta fuerza y afrontar lo que venga. Sabemos que podemos tolerar el dolor. Sabemos que podemos enfrentarnos a nuestros miedos. Podemos sentir el poder en una sola respiración, un poder que nos conecta con la totalidad de la vida en una cadena ininterrumpida de respiración y existencia.

A través de la conexión centrada en el presente, podemos advertir la verdad más fundamental acerca de nuestra naturaleza: que estamos hechos de amor. No estoy hablando de un tipo de amor idealizado basado en la emoción y el interés propio, sino de un amor intenso y constante que quiere lo mejor para todos los seres, incluidos nosotros. Esto no significa que siempre actuemos amorosamente o que nos sintamos dignos de amor. Hay ocasiones en las que nos detestamos a nosotros mismos o en las que odiamos a otras personas o la vida en general. Pero podemos reconocer que estos momentos derivan de que hemos desconectado de nuestra verdadera identidad. Por encima de todo, puedes saber que eres amado, completamente, exactamente tal como eres. Sí, tú. Sean cuales sean las circunstancias, esta toma de conciencia nos aporta una paz duradera.

Pagamos un precio más alto de lo que pensamos por salir del presente: perdemos la paz mental y la conexión con nosotros mismos y los demás. Con la práctica constante, podemos entrenar a la mente para que regrese al presente, en el que la conciencia plena puede moldear nuestros pensamientos y actos. Afortunadamente, tenemos a nuestra disposición unas técnicas simples y bien probadas para estar más presentes en nuestra vida, como veremos en el próximo capítulo.

5

PRACTICA LA CONCIENCIA PLENA

El mindfulness es una parte esencial del modelo pensar, actuar, ser, como veíamos en el capítulo anterior. Nos ofrece una base sólida para las prácticas cognitivas y conductuales. A veces, la conciencia plena se instala por sorpresa, pero no tenemos que esperar a que aparezca sin ser invitada. En este capítulo, exploraremos formas simples y específicas de cultivar una mayor atención plena.

* * *

«No creo que se me dé bien el mindfulness», me dijo Jon en nuestra primera sesión. Había comenzado a tener ataques de pánico leve inexplicables con cuarenta y pocos años, y un amigo le había sugerido que probara una aplicación de meditación que gozaba de popularidad, que Jon descargó y usó de vez en cuando durante algunas semanas. «Por alguna razón, nunca fui muy constante con eso –me dijo–. Las meditaciones me ayudaban a relajarme, y quería practicar todos los días, pero casi nunca lograba encontrar tiempo para ellas. Además –continuó–, a veces mi ansiedad aumenta en las reuniones de trabajo. Ahí no puedo hacer una pausa y tomarme diez minutos para concentrarme en la respiración». Para él, la meditación parecía una práctica agradable que no tenía mucho que ver con su vida real, lo que sin duda contribuyó a su reticencia a meditar con regularidad.

Me resultó fácil identificarme con la historia de Jon. Hacía tiempo que conocía la meditación mindfulness e incluso la había aplicado en terapia antes de practicarla con constancia. Quería hacerlo, pero de alguna manera nunca me ponía con ello. Finalmente, empecé a meditar durante diez o quince minutos a primera hora de la mañana, al llegar a mi consulta. Tuve algunas experiencias significativas durante la meditación, y esperaba que de alguna manera esos minutos de atención a la respiración tuvieran un efecto durante el resto del día. Pero casi ningún aspecto de la práctica parecía quedarse conmigo cuando sonaba la campana de finalización, y mi mente retomaba sus pensamientos justo donde los había dejado. Sentía como si no hubiera meditado en absoluto.

¿Cómo podemos practicar la atención plena de una manera que tenga un impacto en nuestra vida diaria? El primer paso es reconocer lo que se interpone en el camino.

Reconoce el yo separado

Incluso si nos gusta la idea del mindfulness y conocemos sus beneficios, a la mayoría nos cuesta practicarlo con regularidad. Tal vez planeemos meditar diez minutos al día pero terminamos meditando muy raramente, si es que lo hacemos. O quizá tengamos la intención de encontrar momentos en los que conectar con nuestra experiencia durante el día, pero luego nos olvidamos completamente de estar en el presente. Este comportamiento puede desconcertarnos de veras, sobre todo si encontramos útiles las prácticas cuando las realizamos.

La clave para entender nuestro comportamiento es reconocer el *yo separado*, a menudo llamado *ego* en las religiones y filosofías orientales (usaré ambas denominaciones indistintamente). Tu yo separado te ve como una entidad individual, distinta de las otras personas y del mundo. Esta distinción tiene algo de agradable, en el sentido de que tu ego crea una «obra de teatro» en la que eres el personaje principal y define una existencia que puedes llamar tuya.

Sin embargo, el yo separado también siente que es débil y vulnerable. No importa cuánto tengamos o lo que logremos, sabe que estar separado es ser pequeño; es como ser una gota de agua apartada del océano. El yo separado, por lo tanto, teme la aniquilación y exige seguridad; está siempre en alerta, mirando hacia delante en busca de peligros y juzgando si la realidad es «buena» o «mala» para asegurarse de estar a salvo.

Por encima de todo, el ego se preocupa por la autopreservación. Esta es la razón por la que a menudo nos cuesta abrirnos al presente. La presencia consciente implica dejar de lado la insistencia del ego en que el mundo obedezca sus deseos. Decimos *sí* cuando el ego dice *no*. Nos mantenemos presentes cuando el ego quiere correr hacia el futuro. Disolvemos las falsas divisiones que dispone el ego entre nosotros y los demás. Abandonamos la postura del ego según la cual lo que no favorece sus intereses va en contra de ellos. Estas actitudes nos llevan a renacer en el presente. Mientras tanto, el yo separado teme por su vida. De resultas de ello, lucha por obtener nuestra atención.

Una de sus mejores tácticas consiste en hacer que nos identifiquemos con él para que secundemos sus objetivos. La mayoría del tiempo, nos identificamos con esta versión de nosotros mismos, y dejamos que moldee nuestras acciones y nuestra forma de pensar habituales. El ego te dice que *tú* no quieres meditar ni aceptar tus circunstancias. En realidad, esta resistencia no proviene de ti, sino de una parte de ti que controla tu mente a menudo. Saber de dónde viene la resistencia hace que sea más fácil soltarla.

Sin embargo, la mayoría de nosotros nos encontramos con que el conocimiento y el deseo por sí solos no son suficientes para superar la tenaz resistencia del ego a la presencia consciente; necesitamos técnicas efectivas para cultivar una práctica regular. Esta necesidad se volvió aún más urgente para mí cuando empecé a seguir mi propia TCC encontrándome en el punto más bajo de mi depresión. Ya había sentido el poder transformador de la conexión consciente con las partes más profundas de mi ser; esto ocurrió cuando sentí que le había llegado el final a mi yo separado. Aunque no lo había determinado explícitamente, sabía que fomentar esa conexión profunda sería fundamental para mi recuperación.

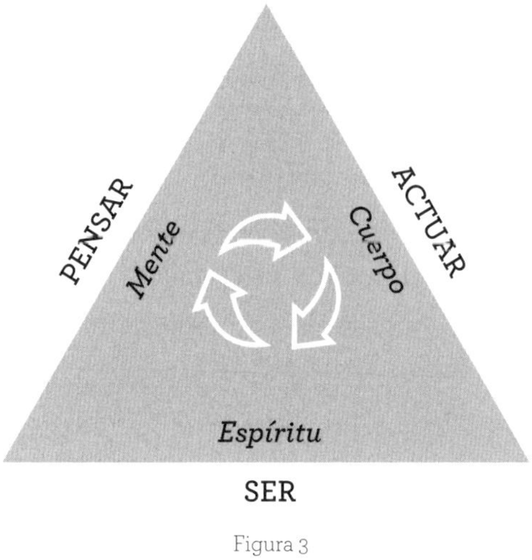

Figura 3

Las prácticas cognitivas y conductuales nos brindan el recurso que necesitamos para transformar nuestro deseo de conciencia plena en un cambio significativo. El pensamiento y la acción se refuerzan mutuamente y, juntos, apoyan el componente *ser*. A su vez, el aspecto *ser* guía nuestros pensamientos y actos en un ciclo autosostenible, como muestra la figura 3. El modelo pensar, actuar, ser ofrece una forma de llevar las prácticas de mindfulness a la vida diaria.

Veamos cómo podemos practicar la presencia consciente de manera intencionada. Empezaremos con el entrenamiento de la mente.

Pensar: cuestiona tus creencias sobre la práctica del mindfulness

La meditación en posición sentada proporciona una dosis concentrada de enfoque intencional en algo que se encuentra en el presente. Este *algo* suele ser la respiración.* Se trata de percibir las sensaciones asociadas a la respiración, como el suave ascenso y descenso del vientre cada vez que inhalamos y exhalamos. Cuando nos damos cuenta de que nuestra atención se ha desviado y de que nos hemos perdido en nuestros pensamientos, volvemos a llevar gentilmente la atención a la respiración.

En mi práctica de mindfulness, en diversas ocasiones he dejado de lado la meditación formal con la intención de centrarme en la atención plena en mis actividades diarias. Pero, como la mayoría de las personas con las que he trabajado, he descubierto que no hay nada como la meditación para salir de mis formas habituales de pensar y hacer, y conectar con mi experiencia del momento presente. Tratar de estar presente sin practicar la meditación es como tratar de aprender la propia parte en una orquesta mientras los demás músicos tocan piezas diferentes.

---

* N. del A.: Visita https://sethgillihan.com/guided-meditations/ para escuchar meditaciones guiadas sencillas [en inglés].

La meditación ofrece el espacio que necesitamos para ver el funcionamiento del ego y la mente, y las únicas interrupciones provienen de nuestros pensamientos. La práctica regular nos ayuda a desarrollar el hábito de ser conscientes de lo que está haciendo la mente: detectamos cuándo está en el presente, cuándo está en el futuro o en el pasado y en qué medida está abierta a lo que está sucediendo ahora mismo. Esta conciencia es la base del modelo pensar, actuar, ser; nos ayuda a trabajar con los pensamientos de manera más efectiva y a advertir los efectos de nuestros actos.

Te sugiero que pruebes a sentarte en meditación en silencio, especialmente si ya lo has hecho antes y no te gustó. Es posible que descubras que una forma diferente de abordar la práctica la hace más agradable y más relevante para tu vida. Como veremos, muchos de los obstáculos que se interponen en la práctica de la meditación provienen de creencias y expectativas poco útiles.

DEJA QUE SEA FÁCIL

Me encontré con que uno de los aspectos más difíciles de la práctica del mindfulness era prescindir del esfuerzo. Durante años, traté la meditación como un elemento más de mi lista diaria de cosas por hacer (ponía una marca de verificación al lado de la palabra mindfulness tras realizar la práctica del día). El hecho de concebir la meditación como una tarea facilitaba que la practicase mal. Si no nos enfocamos intencionadamente en ella, acabamos incorporando la meditación –y otras prácticas de mindfulness– en nuestra forma habitual, egoica, de «hacer las cosas». Pero la presencia consciente consiste en hacer menos, no más. Es lo más simple que experimentarás en tu vida.

Cuando sientas que tu práctica de mindfulness es una obligación o adviertas pensamientos del tipo «no lo estoy haciendo bien», intenta hacer menos. Limítate a recibir la conciencia, así como los oídos reciben el sonido sin que tengas que hacer nada. En lugar de esforzarte por ser consciente, déjate llevar hacia ello.

ENCUENTRA LA CONEXIÓN

Antes sentía que la meditación en posición sentada era una experiencia solitaria, ya que solo giraba en torno a *mi* empeño y *mi* concentración. Me sentía como un faro en la noche, que dirigía fríamente el foco de la atención a objetos inertes que no ofrecían ninguna respuesta: «Ahora estoy percibiendo esto. Ahora esto». Pero aunque a menudo meditamos en soledad, nuestro esfuerzo individual es lo menos relevante en realidad. La atención plena entraña una relación.

Nuestra práctica de mindfulness fluye no cuando apuntamos a la atención, sino cuando nos relacionamos con nuestra experiencia. Hay una llamada constante hacia la conexión, proveniente tanto de nuestro ser interior como de todo lo que nos rodea, incluidas todas las personas que se cruzan en nuestro camino. Mi experiencia en el sofá fue una conexión con mi espíritu. Mi experiencia en la cuna fue una conexión con mi bebé. Cuando estaba pedaleando cuesta arriba, experimenté una conexión con mi cuerpo y mi bicicleta. Incluso el asiento en el que estás sentado y el libro que estás leyendo te piden que estés atento y conectes con ellos: que los sientas, los conozcas, los experimentes.

A medida que practicamos la conciencia plena, nos damos cuenta de que somos seres que conectamos íntimamente.

Descubrimos esta conexión no añadiendo más esfuerzo y actividad a nuestra vida, sino dejando de lado la ilusión de la separación proveniente del ego. Cuando se cae este velo, es inevitable que surja la relación. En su forma más elemental, la atención plena constituye una relación con la experiencia directa de *ser*, una experiencia que no ha sido filtrada por los juicios de la mente.

CUIDADO CON LOS «DEBERÍA»

Muchos de nosotros asumimos que la práctica del mindfulness implica meditar. Pero decirnos a nosotros mismos que «tenemos que» o que «deberíamos» meditar es un punto de partida poco útil para lograr el estado de presencia, ya que nos predispone al juicio.

> **Mientras exploras tu práctica de mindfulness, ten cuidado con los pensamientos del tipo «debería meditar», que convierten la práctica de la atención plena en una obligación marcada por la culpa. Prueba a pensar de formas alternativas, formulando pensamientos del tipo «estoy aprendiendo a practicar el estado de presencia» o «planeo meditar más a menudo».**

ACEPTA QUE TIENES PENSAMIENTOS

Uno de los mayores obstáculos en la práctica de la meditación es la creencia de que deberíamos ser capaces de vaciar la mente. La mayoría de las personas a las que he tratado que habían probado a meditar se lamentaban de lo mal que se les daba dejar de pensar. No es de extrañar, porque lo que hacen las mentes precisamente es generar un fluir constante de pensamientos, imágenes, recuerdos y miedos. Si intentamos detener ese fluir, nuestra mente hace más ruido y se muestra más insistente.

Deshacerse de los pensamientos no es el objetivo; en lugar de intentarlo, observa lo que está haciendo la mente. Mientras te enfocas en la respiración, seguirás siendo consciente de los pensamientos que van y vienen, pero habitarán en la periferia de tu conciencia. Es como si estuvieras sentado en la arena viendo cómo se acercan y retroceden las olas del océano; percibes también el vuelo de los pájaros, pero puedes mantenerte enfocado en las olas. A veces descubrirás que tu atención se ha ido con un grupo de pensamientos. Cuando te des cuenta de que ha ocurrido esto, tráela de vuelta a las «olas de la respiración», sin juzgarte. No olvides la dinámica del ciclo mientras meditas: eres consciente de la respiración, pierdes esta conciencia y luego la vuelves a encontrar, como muestra la figura 4.

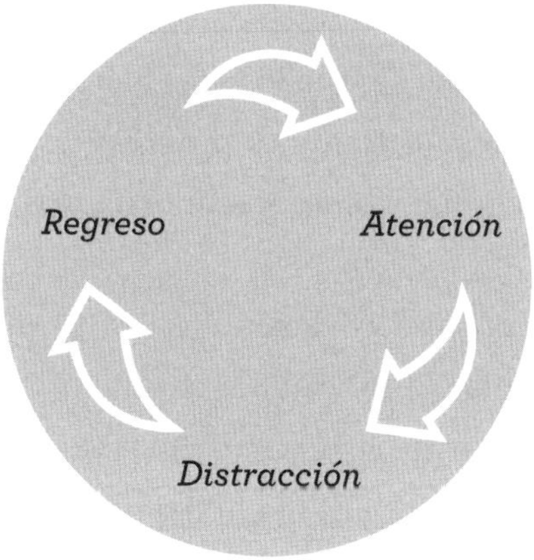

Figura 4

También puede ser que te encuentres con una avalancha de pensamientos al comienzo de tus sesiones de meditación. De repente, recuerdas un correo electrónico que tienes que escribir y varias tareas que no debes olvidar, a lo que se suman otros pensamientos que reclaman que los atiendas. Sigue centrando tu atención en las «olas» mientras esta «nube de pájaros» pasa frente a ti.

NO TE CRITIQUES

Paradójicamente, a menudo juzgamos con severidad nuestro desempeño en la meditación. Una vez le pregunté a mi paciente Victoria cómo le iba con su práctica de meditación, y me dijo: «Uy, ¡se me da fatal!». Cuando supo que el proceso consistía en prestar atención, distraerse y recuperar la atención, pudo soltar la falsa creencia de que la meditación se le daba mal. Cuando dejó de criticarse por las dificultades que experimentaba al meditar, pudo ser más compasiva consigo misma en los otros ámbitos de su vida.

Sobre todo, recuerda que lo estás haciendo bien, sea lo que sea lo que ocurra durante tu práctica de meditación. No lo estás haciendo mal y tampoco se te da mal meditar.

Adopta una postura consciente hacia tu propia práctica de mindfulness y acepta como sea que transcurra. Si la meditación te parece relajante, disfrútala. Si te resulta difícil y estresante, así es como son las cosas esta vez. Si te quedas dormido, es evidente que necesitas descansar. Si te pasas toda la sesión añadiendo mentalmente elementos a tu lista de cosas por hacer, esto es lo que está pasando. Y si te juzgas a ti mismo, ¡también está bien! En serio: no hay manera de poder hacer mal una práctica de mindfulness.

PERMITE EL ABURRIMIENTO

La simplicidad de la meditación no es siempre bienvenida. El aburrimiento es una de las reacciones más comunes a la meditación. En comparación con la corriente constante de estímulos a la que estamos acostumbrados, la meditación puede resultar aburrida en cierto sentido. Pero no tenemos que permitir que el aburrimiento nos impida meditar. Podemos advertir nuestros pensamientos acerca de lo aburridos que estamos de la misma manera que advertimos cualquier otro pensamiento, sin perdernos en ellos. Prueba a explorar la experiencia del aburrimiento, es decir, a relacionarte con tu aburrimiento, y observa lo que sucede. *Estar* aburrido es aburrido, pero *experimentar* el aburrimiento puede resultar bastante interesante.

Experimenta con el aburrimiento sentándote y no haciendo nada: no leas ningún libro, no mires ninguna pantalla, no trabajes en nada. Observa cómo reaccionan tu mente y tu cuerpo. ¿Acogen con agrado este descanso? ¿Qué emociones surgen? ¿Sientes con fuerza el deseo de hacer algo productivo? ¿Qué entra en tu conciencia cuando no la ocupas con ninguna actividad?

VALORA EL HECHO DE SER

La mayoría de nosotros tenemos la agenda llena y sentimos que el día no tiene horas suficientes. En este contexto, es fácil creer que la meditación supone la pérdida de un tiempo precioso. Este juicio tiene sentido si equiparamos la meditación con «no hacer nada» y si suponemos que los minutos dedicados a meditar son infructuosos.

Pero esta creencia refleja la obsesión del ego por *hacer* y *lograr* y su infravaloración del hecho de *ser*.

El antídoto más efectivo contra esta creencia es hacer algunas sesiones de meditación. Prueba y verás. No hay nada que pueda sustituir la experiencia de la práctica, en la que descubrimos que la conexión en el presente puede ser placentera de por sí.

Ábrete a la posibilidad de que tu experiencia sea importante, dejando totalmente de lado la idea de obtener unos logros tangibles. Valora el hecho de ser por sí mismo. Aborda la meditación como una oportunidad de observar todo lo que sucede en lugar de verla como una tarea asociada a un objetivo.

NO ESPERES RESULTADOS

Mi paciente Jon dejó de meditar cuando constató que la meditación no lo libró de su ansiedad. Muchos de nosotros esperamos que la práctica de la meditación acabe con las partes menos deseables de nuestra vida, como el estrés, la ansiedad y otros estados u emociones difíciles. A veces sí que ocurre esto, dada la naturaleza calmante de la práctica de mindfulness. Pero el propósito de la presencia plena no es sentirse a gusto, y es menos probable que obtengamos este bienestar si lo fijamos como objetivo.

Esperar ciertos resultados de nuestra práctica de mindfulness tendrá un impacto negativo en nuestra experiencia. Las expectativas nos llevan a hacer evaluaciones («¿Me estoy relajando?», «¿Se está aquietando mi mente?», «¿Estoy teniendo una experiencia mística?»), lo que nos saca del presente. En lugar de tener esta actitud, podemos abordar cada momento de la meditación como si fuera la primera vez que lo experimentamos, sin prejuicios ni objetivos.

La conciencia plena tiene que ver con las relaciones. En mi trabajo con Jon, practicó una nueva forma de relacionarse con su ansiedad. Cuando llegaban los episodios de ansiedad, se abría a la experiencia con curiosidad en lugar de resistirse a ella. No se decía que no podría soportarlo o que tenía que hacer que la ansiedad cesara, sino que pensaba: «Voy a ver qué está pasando. ¿Qué está sucediendo en mi cuerpo? ¿Cómo cambia la ansiedad con el tiempo?». Jon se encontró con que sufría mucho menos; además, la frecuencia con que se producían los ataques se redujo.

La atención plena cambia la relación que tenemos con la experiencia, no necesariamente la experiencia en sí. Cuando me abrí a mi experiencia en el cuarto del bebé esa noche, mi conciencia plena no hizo que Ada se durmiera. Cuando estaba pedaleando, no aplanó las colinas. Durante mi enfermedad, no curó mi insomnio crónico. Pero encontré paz de todos modos, el tipo de paz que llega cuando nos abrimos a nuestras experiencias difíciles.

Una comprensión sólida de la práctica del mindfulness nos prepara para la acción.

Actuar: practica el mindfulness

Al comenzar a practicar la meditación, los siguientes principios conductuales te serán muy útiles.

EMPIEZA DESPACIO

Aplica el principio de *actuar* consistente en ponerte las cosas fáciles. Si estás empezando a practicar mindfulness, comienza gradualmente. Podría estar muy bien que, al principio, hicieses sesiones de meditación de cinco minutos: es una cantidad de tiempo suficiente como para que te hagas una idea de lo que es meditar y para que obtengas beneficios, pero no tan extensa como para que sientas que estás cumpliendo una sentencia de cárcel.[1] Si te gusta la experiencia, siempre puedes dedicar más tiempo a la práctica.

> **Dedica unos minutos a meditar, sentado. Configura una alarma suave para que te avise cuando se haya terminado el tiempo o sigue una breve meditación guiada. Incluso puedes hacerlo ahora mismo si quieres, antes de leer el resto del capítulo.**

HAZ QUE LA PRÁCTICA RESULTE AGRADABLE

Elige prácticas de meditación que te gusten. Al igual que ocurre con el ejercicio físico, la mejor práctica será aquella a la que nos aplicaremos con constancia, y seremos constantes si la encontramos gratificante. Mi práctica básica consiste en sentarme en silencio en un bloque de yoga y prestar atención a la respiración. Cuando estaba físicamente exhausto, seguía una meditación guiada mientras estaba acostado de espaldas. Cuando quería ser más consciente de mi cuerpo, me concentraba en él por partes, siguiendo las instrucciones de un audio.

A medida que explores los ejercicios de mindfulness de este libro, quédate con aquellos con los que te identifiques y realiza ajustes para adaptarlos a tus necesidades, que irán cambiando. No hay una forma incorrecta o mejor de entrar en contacto con nosotros mismos y con el mundo.

RESERVA UN TIEMPO ESPECÍFICO EN TU HORARIO

Cuando he dejado que ocurriese, otras actividades han invadido el espacio que tenía previsto dedicar a la meditación. Como hago con cualquier tarea con la que quiera comprometerme, ahora le dedico un lapso de tiempo específico; concretamente, meditar es lo primero que hago por la mañana. Si necesitas un recordatorio, basta con que programes una alarma.

PRACTICA AHORA

Estuve muchos días manteniendo la intención de practicar la meditación, muy convencido, pero por un motivo u otro no me ponía a ello. De veras planeé meditar, pero parecía que nunca era el momento adecuado. Cuando siempre hay algo que nos lleva a posponer la práctica del mindfulness, está plenamente justificado que sospechemos que el ego está llevando a cabo manipulaciones sutiles; nos dice «claro que sí (que voy a meditar), pero no ahora». Cuando nos damos cuenta de que «más tarde» suele significar «nunca», podemos ver más allá de esta falsa creencia y elegir practicar ahora mismo.

TEN UNA «MEDICITA»

La rendición de cuentas puede ser una herramienta útil para hacer de la meditación una práctica regular. Una cita de meditación, o «medicita», es una técnica simple que puede alentar la constancia. Queda con un ser querido para meditar. Podríais descubrir que esta es una manera sorprendentemente potente de fortalecer vuestro vínculo.

EXTIENDE EL ÁMBITO DE LA CONCIENCIA PLENA

En principio, la meditación nos prepara para tener una experiencia más plena en la vida diaria; esta es la mayor promesa de la práctica del mindfulness. Sin embargo, como les ocurre a muchas otras personas, me resultaba difícil conectar mis sesiones de meditación matutinas con el resto de la jornada. Es fácil entender que muchos abandonemos la meditación si no encontramos que nos ofrece beneficios evidentes en la vida diaria.

La conciencia plena no termina con la meditación. Se trata de vivir con atención plena *todo el tiempo*, no solo los pocos minutos que dedicamos a conectar con el cuerpo y la respiración en silencio. Aunque dedicásemos una hora entera a la meditación cada día, pasaríamos quince o dieciséis horas de la vigilia en nuestro modo predeterminado, no consciente. Necesitamos una forma de traducir nuestra práctica en habilidades que podamos aplicar al resto de las actividades del día.

Una de las estrategias más útiles es extender deliberadamente la meditación a los momentos inmediatamente posteriores. Tras meditar enfocados en la respiración, establecemos la intención de que mantendremos la conciencia plena mientras abramos los ojos, nos levantemos y pasemos a la próxima actividad.

MEDITA EN MOVIMIENTO

También podemos meditar en movimiento como paso intermedio entre estar sentados en silencio y conservar la presencia en las actividades diarias. Con este fin, podemos hacer algo de yoga o taichí. La repetición de movimientos que se da en estas disciplinas ofrece una familiaridad que se asemeja a la simplicidad de estar atentos a la respiración. A la vez, estas modalidades más activas de práctica estructurada de mindfulness pueden constituir una transición efectiva de la práctica formal al resto de los ámbitos de nuestra vida.

Aquí, me centraré en el yoga porque ofrece la meditación en movimiento con la que estoy más familiarizado. Para ser honesto, llevaba años practicando yoga sin entender por qué era considerado una práctica de mindfulness o cómo podía influir en otras parcelas del día a día. Los pocos minutos de meditación con los que solía empezar la clase de yoga estaban conectados con la atención plena de una forma evidente, y también lo estaban los momentos en los que permanecíamos tumbados quietos al final de la clase. Pero todo el movimiento que había en medio me parecía un mero ejercicio, desprovisto de relevancia para mi mente o mis emociones.

Hace varios años, por fin entendí el sentido que tenía el movimiento en el yoga, mientras estaba de pie con el resto de la clase en la llamada *postura del guerrero II* (pierna izquierda doblada hacia delante, pierna derecha extendida hacia atrás, brazos en cruz extendidos hacia delante y hacia atrás a la altura de los hombros). Normalmente me centraba en la dificultad física que entrañaba tratar de hacer las posturas, pero esa vez el instructor, Mark, nos animó a sentir en nuestras manos la *intención* de movernos antes de pasar a la siguiente postura.

Esa simple sugerencia me hizo tomar conciencia, de pronto, de la parte del yoga que me había estado perdiendo: la que tenía que ver con la forma de relacionarme con mi cuerpo. Siempre había sentido que estaba *ejecutando* los movimientos asociados a la postura del guerrero II y todas las demás. Yo ordenaba y mi cuerpo obedecía. Pero por debajo de los movimientos estaba presente la conciencia de una *relación*, una unión del cuerpo y la mente. Me había enfocado en los mensajes que enviaba yo, pero no había estado permeable a los mensajes que venían de vuelta.

El yoga es una práctica consciente, de mindfulness, cuando une la mente y el cuerpo en un intercambio íntimo. Cuando nos ponemos sobre la esterilla, podemos empezar estableciendo la intención de estar presentes para la práctica. Comenzar con un par de minutos de meditación, en posición sentada, nos puede ayudar a entrar en el estado de conciencia plena mientras establecemos la conexión con el cuerpo y la respiración.

Podemos mantener la relación entre la mente y el cuerpo al empezar con la parte de la clase dedicada al movimiento. Los movimientos que nos llevan de una postura a otra están emparejados con la respiración, lo que nos ayuda a mantener la atención en el momento presente y en el cuerpo. Cuando la atención se desvía hacia otros asuntos (como suele suceder), la volvemos a poner en lo que está sucediendo en el espacio delimitado por la esterilla: las sensaciones físicas, el contacto del aire con la piel, la respiración.

En el ámbito del yoga también tenemos innumerables oportunidades de soltar resistencias y abrirnos a nuestra experiencia, lo cual podemos trasladar al resto de las actividades. Practicamos la aceptación cuando sentimos una incomodidad manejable mientras permanecemos en una postura difícil, lo cual puede conllevar mejoras tanto en el aspecto físico como en el mental. Aceptamos que nuestra ejecución probablemente no se parezca a la del instructor mientras aceptamos nuestras limitaciones físicas.

Como en el caso de la meditación, debemos prestar atención a las historias mentales que podrían interponerse en nuestra práctica. Son pensamientos habituales los del tipo «esto es demasiado difícil de aguantar», que pueden llevarnos a abandonar la postura. Hay ocasiones en las que poner fin a una postura o modificarla es lo más compasivo que podemos hacer por nosotros mismos, pero en la base de estos pensamientos limitantes suele encontrarse la creencia central de que el malestar es intolerable. Al ampliar los límites de lo que somos capaces de hacer, no solo cultivamos nuestra fuerza física, sino también nuestra capacidad de tolerar el malestar por algo que nos importa.

Si practicas yoga, cuestiona la suposición de que *no puedes soportar* una determinada sensación de dolor cuando estés haciendo una postura. Reconoce el malestar sin dejar que dirija tus acciones. Ejerce tu curiosidad y explora las sensaciones incómodas que sientes en lugar de tratar de ignorarlas o rechazarlas. Como ocurre con el aburrimiento, el malestar físico es menos desagradable cuando se examina más de cerca.

Personalmente, encuentro que el yoga proporciona la transición más fácil hacia el mindfulness no estructurado. Cuando la clase (o el vídeo de yoga en línea) termina, podemos seguir conectados con el cuerpo en el presente: percibimos las sensaciones asociadas al movimiento y sentimos la respiración en el cuerpo mientras enrollamos la esterilla, conducimos hacia casa o preparamos el desayuno. No importa durante cuánto tiempo mantengamos esta conexión, ya sea en el curso de una sola respiración o a lo largo de todo el día. Cualquier extensión de la conciencia plena en la vida diaria será beneficiosa y nos preparará para tener unos pensamientos y realizar unas acciones más útiles.

LLEVA LA ATENCIÓN PLENA A LA VIDA

La mayoría de las oportunidades de estar en el momento presente se encuentran en nuestras actividades cotidianas, desde el momento en que abrimos los ojos por la mañana hasta que nos dormimos por la noche. La invitación a estar completamente presentes en nuestra vida está siempre ahí. Pero es fácil que pasemos días, o incluso años, sin recordar que la presencia consciente está disponible.

La conciencia plena es como un río que fluye silenciosamente y siempre está presente, aunque a menudo olvidemos su existencia. A veces la encontramos por casualidad, como me ocurrió a mí una tarde que me encontraba en la cocina y oí que mis hijos estaban jugando en el sótano. De repente, me abrumó la conciencia de que mi vida estaba llena de amor y belleza. Momentos antes, esa conciencia había estado eclipsada por otros pensamientos e inquietudes. «¿Cómo ha podido estar esto aquí todo el tiempo? –me pregunté–. ¿Cómo no me di cuenta?». Fue como si hubiera pasado interminables horas buscando agua clara y fría para saciar la sed de mi vago descontento cuando el río que había estado buscando había permanecido siempre ahí.

Esta es la belleza de la atención plena: siempre está aquí, más cerca que ninguna otra cosa, y todo lo que tenemos que hacer es entrar en ella. Por más tiempo que hayamos estado alejados de ella, siempre podemos recuperarla en un instante. La dificultad radica en acordarnos de hacerlo, y a este respecto puede ser muy útil el componente conductual de la TCC. Podemos establecer recordatorios para volver al momento presente o podemos dejarnos notas: «Presta atención al cepillarte los dientes», «Haz tres respiraciones conscientes», «Ábrete a lo que está sucediendo».

Busca actividades específicas durante las cuales puedas practicar la conciencia plena (ejemplos de actividades pertinentes pueden ser cortar verduras o darte una ducha). Es más fácil que te acuerdes de practicar en un contexto delimitado que no que te acuerdes de estar consciente «todo el tiempo».

También te resultaría útil planificar momentos de reconexión deliberada a lo largo del día para regresar a tu experiencia. Podrían incluir tres minutos de introspección silenciosa al despertar, breves pausas de vez en cuando para centrarte en la respiración y una pequeña meditación antes de acostarte.

Uno de mis ejercicios favoritos es el *minuto de respiración*: cronometra cuántas respiraciones lentas y conscientes haces en sesenta segundos. Luego, tan a menudo como necesites durante el día, haz una pausa y realiza esa cantidad de respiraciones. Sabrás que solo te llevará un minuto y no tendrás que usar ninguna herramienta para controlar el tiempo.

La hora de comer es otra buena oportunidad para regresar a la conciencia plena. Una sola respiración efectuada con toda la atención puede actuar como un botón de reinicio y prepararnos para abordar la comida desde un espacio interior más tranquilo y centrado. Suelo hacer tres respiraciones antes de cada comida: una mientras conecto con lo que siento, otra mientras observo mi entorno y a las personas con las que voy a comer, y otra mientras contemplo el plato de comida que tengo delante.

Para acoger la presencia consciente, no tienes que forzar nada ni tratar de sentir que estás haciendo algo «espiritual». Todo tiene que ser muy cotidiano y sencillo; solo se trata de que adviertas lo que está sucediendo: mira lo que estás viendo, escucha lo que estás oyendo, percibe los colores y las texturas que hay a tu alrededor. También puedes sintonizar con tu interior y observar qué emociones están presentes y qué está haciendo tu mente. Haz todo esto en tiempo real, mientras realizas tus actividades diarias. Puedes probar a hacerlo mientras cocinas, limpias, caminas, te bañas... Toda situación es apropiada; también puedes hacerlo mientras lees este libro.

Al prestar atención, ábrete a recibir lo que sea que se presente. Acéptalo. Di *sí* a todo de forma proactiva. Libérate de la necesidad constante de mejorar tu situación; intégrate en ella: «Esto es lo que está sucediendo. Esta es mi realidad». Esto no significa que no puedas solucionar algo que esté mal o decirle que no a alguien. Pero mantén la mente abierta a la totalidad de la experiencia tal y como está sucediendo, lo cual incluye las partes incómodas.

Si te está resultando complicado mantener la práctica de mindfulness, trata de integrar las tres partes del modelo pensar, actuar, ser para seguir adelante con tu intención.

Para empezar, *sé*: cierra los ojos y respira lenta y profundamente. Repara en cualquier sensación que esté experimentando tu cuerpo, como el contacto de los pies con el suelo o un hormigueo en las manos. Toma conciencia de cualquier emoción que estés sintiendo.

En segundo lugar, *piensa*: advierte si hay algún pensamiento que esté interfiriendo, del tipo «la meditación es una pérdida de tiempo» o «lo más probable es que esto no vaya a servir de nada». Tal vez la historia de la mente se corresponda con la realidad, pero examina si puede estar un poco distorsionada. ¿Hay alguna forma alternativa de pensar que podría ser más válida? Por ejemplo, «cada vez que medito, le doy a mi mente la oportunidad de descansar en el presente».

Finalmente, *actúa*: ¿podrías dar un paso, por pequeño que sea, hacia tu objetivo? Tal vez podrías abrir tu aplicación de meditación o extender tu esterilla de yoga. Incluso si no avanzas más, este ejercicio en sí mismo es una práctica de conciencia plena.

Recuerda los beneficios

Una de las formas más efectivas de fomentar una práctica de mindfulness constante es recordar los muchos beneficios que podemos esperar. Se presentan a continuación los que otras personas y yo hemos encontrado al practicar la presencia consciente. No es buena idea tener expectativas en relación con una sola sesión de práctica, pero es bueno recordar que la práctica en general tiene un propósito. Como siempre, ten cuidado de no convertir lo que aquí se expone en metas, ya que el hecho de perseguir cualquier estado mental nos saca de la experiencia del momento presente. Por encima de todo, confía en tu experiencia subjetiva como guía para tu comprensión.

RELAJACIÓN

Después de guiar a un paciente en una práctica de meditación por primera vez, siempre le pregunto cómo le ha ido. Como la mayoría de mis pacientes, Victoria me dijo que la experiencia había sido «relajante». Esta es una de las razones por las que la meditación suele ser un componente fundamental de los programas de reducción del estrés.

Victoria encontró relajante el hecho de sentarse en silencio y concentrarse en el presente por varios motivos.

En primer lugar, la meditación la llevó a respirar más despacio, y el ritmo de la respiración está estrechamente vinculado al sistema nervioso autónomo. La respiración más lenta activó su sistema parasimpático (la contraparte del sistema simpático, que es el sistema de las respuestas de lucha, huida o parálisis), el cual calmó su mente y su cuerpo.

En segundo lugar, esos pocos minutos de meditación también la ayudaron a tomar conciencia de la tensión innecesaria que estaba manteniendo, que se manifestaba en que subía los hombros a la vez que se encogía un poco y tensaba el abdomen. El solo hecho de percibir la tensión le permitió soltarla.

Por último, más allá de estos efectos fisiológicos directos, la meditación también tranquilizó la mente de Victoria. Cuando su mente se alejaba del presente, no había límite para los problemas que podía imaginar. Al mirar hacia el futuro, veía problemas con su salud, su trabajo, su familia y su economía. Para ella era extremadamente estresante tratar de resolver todos estos problemas de antemano; era como tratar de conservar en la mente todos los cruces y curvas con los que tendría que lidiar en un viaje largo por carretera. Su mente también tendía a preocuparse por problemas que quedaban muy atrás cuando reflexionaba sobre asuntos del pasado.

Cuando Victoria concentró su atención en el presente, renunció a infinitas oportunidades de preocuparse y arrepentirse. Descubrió que la mayoría de las veces las cosas estaban bastante bien en el momento presente. En relación con problemas reales, como una discusión en el trabajo o malas noticias por parte del médico, aprendió que estaba perfectamente equipada para manejar cada asunto en su momento y que eso era todo lo que tenía que hacer. Era como ocuparse del tramo de carretera que tenía justo delante. Al permanecer en el presente, descubrió, para su gran alivio, que todo se podía manejar y que un futuro aparentemente inmanejable se convertía en momentos individuales que podía gestionar.

DESPERTAR

Pasamos la mayor parte del tiempo perdidos en una densa red de pensamientos oníricos: recuerdos, arrepentimientos, planes, miedos, discusiones imaginarias y comentarios devastadores. Estos pensamientos parecen tan reales que los confundimos con la realidad. Pero su contenido es una fantasía que solo está en nuestra mente. Mientras tanto, olvidamos la base de nuestra existencia.

Cuando comenzamos a prestar más atención al presente, a menudo sentimos como si despertáramos y nuestros sentidos se activaran. Acaso advirtamos que hay un cielo allá arriba, el cual, en este momento, presenta un determinado tono de azul. Sabíamos que estaba ahí, pero se hallaba tan lejos de nuestra conciencia que casi podría no haber existido. O tal vez percibamos lo sólido que es el suelo; siempre estuvo debajo de nuestros pies, pero rara vez nos dábamos cuenta.

También podemos tomar conciencia de los sonidos. Mientras escribo esto, estoy advirtiendo todos los sonidos que hay a mi alrededor, que se habían desvanecido en un ruido de fondo: niños jugando, el chirrido de las chicharras, el gorjeo de un pájaro, un cortacésped en la distancia. O podemos advertir cuestiones relativas a nosotros mismos que no habíamos detectado, como que tenemos hambre o que nos duele un dedo del pie. Y podemos ver cosas que habíamos pasado totalmente por alto, como cuando reparamos por primera vez en una casa junto a la cual habíamos pasado mil veces conduciendo.

Todo esto no significa que *debamos* ser continuamente conscientes de todo lo que está sucediendo o que estemos haciendo algo mal si no advertimos cada estímulo. Es bueno que seamos capaces de filtrar el ruido cuando estamos trabajando. Necesitamos una especie de visión de túnel cuando estamos resolviendo un problema difícil. Y el hecho de advertir solo lo relevante cuando estamos conduciendo es claramente beneficioso.

Sin embargo, es fácil que lamentemos lo mucho que nos hemos estado perdiendo. Mi introducción a la presencia consciente llegó en gran medida a través de un pequeño libro titulado *Shambhala*.[2] Gracias a esta obra me di cuenta de que había estado ignorando gran parte de mi experiencia vital. Había estado tan enfocado en el trabajo y en cualquier pensamiento pasajero que atrapaba mi atención que había pasado por alto la mayor parte de mi vida, lo cual incluía a mis tres hijos, a quienes amo profundamente pero cuya presencia había dado por sentada en mi estado semicomatoso. Despertar fue increíble; me sentí como Ebenezer Scrooge en la mañana de Navidad, con una segunda oportunidad en la vida. Me resultó aterrador darme cuenta de que podría haber vivido la totalidad de mis años sin despertar realmente.

Sea lo que sea lo que detectemos que nos hemos estado perdiendo, siempre podemos mirar más profundamente y ver más. A medida que perseveramos en la práctica del mindfulness, nos encontramos con que se van abriendo puertas a nuevos niveles de experiencia, incluso a algunos que no sabíamos que existían.

DESCUBRIMIENTO

Comer una pasa puede ser una experiencia sorprendentemente emocional, como descubrí en mi consultorio de terapia. Valerie fue la primera de muchas personas a las que guie a través del *ejercicio de la pasa*, una práctica común en la TCC basada en el mindfulness.* Había venido a verme en busca de ayuda para lidiar con el increíble

* N. del A.: El ejercicio de la pasa lo ideó Jon Kabat-Zinn, creador del Programa de Reducción del Estrés Basado en el Mindfulness.

estrés que suponía para ella ejercer la abogacía a tiempo completo mientras criaba a un niño de tres años y a otro de uno.

Mientras colocaba una pasa en una servilleta y se la entregaba a Valerie, le pedí que imaginara que nunca había visto uno de esos pequeños objetos antes. Seguidamente, la orienté con una serie de sugerencias para que se enfocara especialmente en la pasa, tales como observar los tonos de color que contenía y ser consciente de la mano mientras se la llevaba a la boca.

Para ser honesto, me pareció un poco ridículo prestar una atención especial a ese humilde objeto. Cuando llegamos al final del ejercicio, hice una pequeña pausa y a continuación le pregunté a Valerie cómo le había ido. Mientras comenzaba a responder, se secó las lágrimas de los ojos. «Me da un poco de vergüenza decir esto –comenzó–, pero he sentido como si fuera a llorar». A mí también me pareció extrañamente conmovedor el ejercicio, así que no me sorprendió esa declaración.

Tiene algo de impactante advertir lo que siempre habíamos pasado por alto cuando prestamos atención de una manera tan deliberada. Cuando estamos totalmente presentes con cualquiera de nuestras experiencias, podemos ver que lo que está sucediendo en este momento es increíblemente interesante. Incluso la línea que forman una pared y el techo al encontrarse puede ser fascinante.

Como práctica, percibe partes de tus experiencias diarias que sueles pasar por alto: la frescura del agua en tus manos, la textura de una mesa de madera bajo tus palmas, la sensación de estirarte para llegar a un estante superior, los surcos de una pasa. ¿Percibes alguna diferencia en tu relación con la vida diaria al abrirte a una mayor conciencia?

Cuando comenzamos a prestar atención a propósito, los sentidos pueden agudizarse mucho. Podemos ver pelos individuales en el dorso de nuestra mano, sentir la ropa en nuestra piel, percibir distintos tonos de color en los ojos de una persona. Y si vamos un poco más profundo, advertimos que la conciencia es una corriente continua de percepción: ahora percibimos esta sensación, ahora esta emoción, ahora este pensamiento, ahora este sonido.

Da la impresión de que este nivel de percepción contiene algo muy auténtico: podemos empezar a sentir que es un milagro el solo hecho de tener cualquier tipo de experiencia. Nada de lo que damos por sentado estuvo garantizado nunca, ni siquiera el hecho de la existencia misma, mucho menos nuestra propia e improbable aparición en ella. Podemos empezar a sentirnos agradecidos por todo, incluso por las partes menos deseables de nuestra experiencia.

EXPANSIÓN

Sam Harris, un ateo convencido, no tiene reparos en usar la palabra *espirituales* para calificar «los esfuerzos que hacen las personas, a través de la meditación, los psicodélicos u otros medios, para llevar totalmente la mente al presente o para inducirse estados de conciencia no ordinarios».[3] Incluso si no abordamos la meditación como un ejercicio espiritual, ciertas expresiones de la conciencia desembocan en experiencias místicas.

Estas experiencias suelen presentarse cuando nos establecemos en la conciencia centrada en un punto. La meditación fomenta el descentramiento que explorábamos en el capítulo cuatro, ya que somos testigos de todo aquello de lo que somos conscientes sin quedar atrapados en nada de ello. Sencillamente, observamos todo lo que aparece en nuestra conciencia (pensamientos, sonidos, sensaciones físicas...), manteniendo ligero el contacto con todo ello. Conectamos con ello pero sin apegarnos. Es como si dejáramos que los pájaros se posaran por poco tiempo en nuestras palmas abiertas, sin agarrarlos.

En algún momento, la conciencia puede comenzar a mirarse a sí misma. Si tienes esta experiencia, empezarás a advertir el propio acto de advertir. En este punto, las cosas pueden volverse un poco alucinantes; no hay palabras que puedan reflejar ni siquiera las experiencias fugaces que he tenido con esta modalidad de conciencia. Nos acercamos a una singularidad de conciencia, como si estuviéramos avanzando por una cueva que se vuelve cada vez más estrecha. Justo cuando pensamos que el final del recorrido será la nada, llegamos a una cámara enorme llena de diamantes, en la que somos uno de los diamantes. Por un momento, cualquier sentido del yo desaparece y somos tanto lo que estamos observando como el observador, como si estuviéramos allí y aquí, y en ningún lugar, al mismo tiempo. El yo parece desaparecer o quedar absorbido en un ser más amplio. (Esta fue mi experiencia en el sueño en el que morí: esperaba que mi conciencia resultara aniquilada, pero en lugar de ello encontré una comunión eterna entre las estrellas).

William James señaló que estos «momentos místicos» de «conciencia cósmica» suelen causar una «profunda impresión [...] en quienes los experimentan».[4] Sentimos que el contacto con algo superior a nosotros, algo profundamente verdadero, nos ha cambiado. Aunque ya no estemos en el mismo estado mental y emocional en el que nos encontrábamos durante la meditación, hemos traído algo de vuelta de nuestra exploración psíquica.

Las experiencias profundas concernientes al hecho de *ser* cambian nuestra forma de *pensar* y de *actuar*. Nos resulta más fácil ver más allá de las ilusiones de la mente que habíamos confundido con la realidad, como la suposición de que somos defectuosos o el impulso de adquirir más. Queremos armonizarnos con esa realidad más profunda y enfocarnos en el amor y la conexión. Tomamos conciencia de lo que es importante y de cómo queremos vivir. Nuestra cabeza y nuestras manos apoyan el trabajo del corazón, y el ciclo de pensar, actuar, ser continúa.

Cada parte de nuestra vida requiere de nosotros una conexión más profunda. Este tipo de conexión nos hace sentir bien; es como volver a casa. Encontramos esta conexión a través de la simplicidad de ser, que influye en la forma en que pensamos y actuamos. Nuestros pensamientos y actos, a su vez, sostienen la conexión. Puedes comenzar a experimentar en mayor medida esta conexión donde sea que estés, permaneciendo plenamente presente en el mundo físico.

6

CONECTA CON TU MUNDO

Sabemos, a partir de antiguos textos budistas, hindúes y estoicos, que el hecho de verse atrapado por los pensamientos y hacer evaluaciones no es algo nuevo. Pero los dispositivos digitales nos lo ponen especialmente difícil para conectar con nuestra voz interior, nuestra experiencia sensorial y las personas que hay en nuestra vida. Las pantallas atrapan nuestra atención continuamente y nos ofrecen la posibilidad de escapar en un instante del aburrimiento o el malestar. Muchas de las aplicaciones que tienen más éxito están diseñadas para potenciar el ego; refuerzan nuestra sensación de separación y nuestro juicio de que todo está o bien a nuestro favor o bien en nuestra contra (emitimos estos juicios, por ejemplo, cuando nos fijamos en la cantidad de personas que dan un «me gusta» a lo que publicamos en las redes sociales).

Este capítulo ofrece maneras de experimentar una mayor conexión en un mundo saturado digitalmente, utilizando las técnicas del modelo pensar, actuar, ser que hemos explorado. Al limitar la expansión de la tecnología en nuestra vida, nos damos más oportunidades de estar verdaderamente presentes para nosotros mismos y los demás.

* * *

La doctora del servicio de Urgencias asomó la cabeza por la cortina que nos separaba de la sala de reconocimiento. «La tomografía de su hija se ve bien –dijo–. Solo estamos esperando los resultados de los análisis de sangre antes de darle el alta». Respiré aliviado. Ada había tenido unos dolores de estómago intensos esa noche, y el pediatra nos había recomendado que la llevásemos a Urgencias.

En ese momento, eran las once en punto. En circunstancias normales, ya haría mucho rato que tanto Ada como yo nos habríamos acostado. Por lo tanto, era muy tarde para los dos, y el dolor de Ada se había mitigado lo suficiente como para dejarla dormir. Cuando la doctora se fue, busqué mi teléfono para ocupar el tiempo y evitar el aburrimiento mientras no sucedía nada. Pero esa noche, por alguna razón, le hice caso a una voz interior que me dijo: «O podrías limitarte a estar aquí».

Así que guardé el teléfono y me senté a mirar a mi hija de siete años, que dormía plácidamente, aunque aún estaba pálida. De repente, me sentí increíblemente agradecido por ella, por su salud y por tener médicos disponibles las veinticuatro horas del día, todos los días del año. No me importó que ese episodio me fuera a costar mil doscientos dólares. No me importó estar despierto tan tarde.

Mi hija estaba a salvo, dormida en la cama del hospital, y todos los indicadores mostraban que estaba bien. Me sentí invadido por la gratitud: gratitud por tener a Ada, por ese hospital que estaba a cinco minutos de casa, por unos buenos médicos y enfermeras que brindaban un cuidado amoroso. También estaba agradecido por mi propia vida, dados los problemas de salud que había tenido en los últimos años. Lo que estaba sucediendo ahí, aunque pareciese «nada», en realidad era todo.

Ningún aspecto de esta experiencia me estaba esperando en el teléfono. Si lo hubiera sacado, no habría sido el fin del mundo de ninguna de las maneras, pero mi propio mundo se habría reducido de formas imprevisibles.

La próxima vez que estés esperando algo (por ejemplo, cuando estés haciendo cola en el supermercado), resiste el impulso de sacar el teléfono y ábrete a lo que está sucediendo. ¿A quién o qué ves? ¿Qué sientes en tu interior? Deja que la experiencia se desarrolle por sí sola en lugar de tratar de forzar un resultado en particular.

Fomenta tu propia paz

Como la mayoría de las personas, tengo una relación compleja con mi teléfono inteligente. Es difícil manejarse por el mundo tecnológico en el que vivimos sin uno de estos miniordenadores y es imposible negar la increíble utilidad que tienen muchas innovaciones digitales recientes. Al mismo tiempo, pagamos un precio por pasar demasiado tiempo con nuestras pantallas. Esto me quedó especialmente claro mientras estaba sentado en la sala de estar una noche, diseñando mi terapia cognitivo-conductual autoguiada.

Sabía que debía empezar con la activación conductual, que había sacado de la depresión profunda a muchos de mis pacientes. Este tratamiento, simple pero potente, consiste en realizar más actividades que encontremos gratificantes, ya sea porque nos resulten agradables o porque sean importantes para nosotros (o ambas cosas).

Estaba trabajando en el primer paso: hacer una relación de mis actividades diarias actuales y poner una puntuación a cada una según el grado de disfrute e importancia con que las asociaba. En el curso de esta actividad, mis ojos se posaron en mi iPhone, que estaba sobre la mesa de centro, delante de mí. Al agarrarlo, por puro hábito, para revisar mi correo electrónico, advertí la gran cantidad de tiempo que pasaba con él, entre las redes sociales, el correo electrónico, las noticias, los deportes, los pódcast, YouTube y los mensajes de texto. En cierto sentido, era genial; me ofrecía muchas comodidades y era una fuente de entretenimiento sin fin.

Pero al evaluar la actividad, tuve que preguntarme en qué grado me resultaba gratificante el tiempo que pasaba con el teléfono. Tuve que ser honesto: *no mucho*. La mayoría de los usos que le daba no me parecían importantes y ni siquiera me resultaban agradables. Sin embargo, me sentía atraído hacia él innumerables veces durante el día. Me vino a la mente un versículo del libro de Isaías: «¿Por qué gastan dinero en lo que no es pan y su salario en lo que no satisface? Escúchenme bien, y comerán lo que es bueno, y se deleitarán con manjares deliciosos».[1]

El tiempo que pasaba frente a la pantalla no era el más exquisito de los manjares precisamente. La mayoría de las veces, era el aburrimiento lo que me inducía a revisar el correo electrónico varias veces por hora o a entrar en las redes sociales. Los inconvenientes eran obvios: quería estar presente en mi vida, pero me veía atraído por la realidad alternativa de mi teléfono constantemente y me dedicaba a la familia menos de lo que querría. Y, sobre todo, sentía que mi mente no era mía. No me emocionaba la idea de cambiar mi relación con las herramientas tecnológicas, pero en el fondo sabía que debía hacerlo para crear la vida que deseaba.

Empieza a advertir con qué frecuencia miras tu teléfono u otras pantallas, especialmente cuando no tienes que hacerlo. Observa tus patrones al respecto con curiosidad, sin juzgarte. ¿Qué tipos de emociones están asociadas a la actividad de mirar pantallas en tu caso? ¿Hay ciertas situaciones o emociones que te lleven a agarrar el teléfono?

Dada la naturaleza deliberadamente adictiva de nuestros dispositivos, a muchos nos cuesta usarlos sin dejar que dominen nuestra vida. Si somos adictos a sustancias como el alcohol o la cocaína, evitarlas por completo tiene sentido, porque nuestra vida solo mejorará de resultas de ello. Pero para la mayoría de nosotros, la abstinencia no es una solución práctica al problema de la adicción a las pantallas. Como ocurre con los trastornos alimentarios, tenemos que encontrar la moderación.

El solo hecho de creer que «deberíamos» dedicar menos tiempo al teléfono tiende a promover más la culpa que cambios significativos. Si nos damos la orden de pasar menos tiempo con el teléfono, nuestro éxito al cumplirla dependerá de nuestra fuerza de voluntad, lo cual, como sabemos, no es una estrategia confiable, sobre todo si el premio por «obedecer» no nos compensa. Si estoy pensando en pasar más tiempo en Facebook, puedo dudar si recuerdo que el consumo excesivo de las redes sociales puede hacer que la vida sea menos satisfactoria.[2] Pero los costes a largo plazo son mucho menos convincentes que los beneficios a corto plazo. La posibilidad de estar menos satisfechos con la vida en el futuro nos parece tan remota como distante le parece la posibilidad de contraer cáncer de pulmón a una persona que fuma; esta reflexión no es rival para el placer inmediato que aportan las redes sociales o el hecho de encender un cigarrillo.

No había tenido mucho éxito con mis esfuerzos anteriores destinados a estar menos tiempo delante de una pantalla. Tal vez lo lograba temporalmente, pero mi determinación se iba desvaneciendo poco a poco y terminaba en el punto en el que había comenzado. Esta vez necesitaría una estrategia diferente, más poderosa que los trucos simples y la fuerza de voluntad a los que había acudido en el pasado. Tendría que recurrir a la totalidad del modelo pensar, actuar, ser: la cabeza, las manos y el corazón.

Ser: enamórate

Las emociones como la culpa y el miedo no son suficientes para ayudarnos a resistir el atractivo de nuestras pantallas. El amor, por otro lado, constituye una fuente de motivación sólida y duradera. El amor no lo encontramos rompiendo lazos con la tecnología, sino conectándonos con el mundo que nos rodea. Mis pacientes me han dado este mensaje una y otra vez: estar menos tiempo con las pantallas no tiene que ver con renunciar a algo, sino con encontrar algo mejor. Los beneficios de la presencia consciente suelen ser más sutiles que la dosis de dopamina que obtenemos de las pantallas, pero son potentes a su manera.

Por debajo de las voces exigentes del correo electrónico y las redes sociales, hay una llamada más suave que nos insta a permanecer cerca de nuestra experiencia. No es una voz que pretenda avergonzarnos ni reprocharnos nada. No nos amenaza con que nos ocurrirán cosas terribles si la ignoramos: «si agarras este teléfono, te deprimirás»; «¡no me puedo creer que estés revisando el correo electrónico de nuevo!». Lo que hace es abrir los brazos y decirnos: «Escúchame y come lo que es bueno».

He ignorado esta voz innumerables veces. «Claro que sí, en otro momento –respondo–. Ahora mismo, solo quiero ver otro vídeo cómico. ¡Este parece realmente divertido!». Pero cuando le hacemos caso a esta voz suave, la realidad nos da mucho más de lo que podríamos haber esperado, como descubrí esa noche en la sala de Urgencias.

Cualquier contacto directo con el mundo, desde vaciar el lavavajillas hasta sacar la basura, puede llevarnos a una experiencia expansiva. Como hemos visto en capítulos anteriores, solo necesitamos prestar más atención a lo que estamos haciendo. De todos modos, podemos encontrar una conexión inigualable cuando pasamos tiempo al aire libre.

SAL AL AIRE LIBRE

Las tardes de los fines de semana transcurren de manera predecible en nuestra casa. Después de la comida del mediodía, nuestros hijos juegan juntos, y al principio todo está bien. Pero poco a poco la armonía va degenerando en conflicto; hay insultos, gritos y sentimientos heridos. En algún momento, mi esposa y yo anunciamos que vamos a hacer una caminata en familia. «¡Noooooo!», responden los niños. Al menos están de acuerdo en algo.

Pero reunimos a la tropa y salimos, y en el momento en que ponemos un pie en el sendero, el ánimo de todos mejora. Nuestros hijos echan a correr y juegan juntos, y sus peleas anteriores no son más que un recuerdo lejano. Mi esposa y yo nos sentimos más tranquilos y centrados. Es como si toda la familia hubiera respirado hondo al unísono en el momento de entrar en el bosque.

Cada vez más estudios confirman lo que sabemos por experiencia directa: estar en entornos naturales eleva el ánimo de por sí.

El hecho de acceder más a espacios verdes está asociado con menos ansiedad y depresión.[3] Estos beneficios son aún más pronunciados si vivimos muy estresados,[4] ya que pasar tiempo en espacios verdes tiene efectos medibles en diversos parámetros fisiológicos: las hormonas del estrés presentan unos niveles más bajos, y también se reducen la frecuencia cardíaca y la presión arterial.[5]

El instinto me condujo a pasar tiempo en la naturaleza cuando estaba luchando contra mi enfermedad. Durante años había ido y venido del trabajo caminando por las calles, pero cambié de ruta para que el sendero natural de un colegio enmarcara mi jornada laboral. Sentía que reunía fuerzas para afrontar el día mientras caminaba por el sendero por la mañana; los altos álamos eran como viejos amigos que me proporcionaban estabilidad en una época caótica. Después, fuesen cuales fuesen los retos que hubiese tenido que afrontar, para mí era reconfortante regresar a casa pasando por el bosque.

Hoy, plantéate pasar un poco más de tiempo en el exterior. Encuentra cualquier excusa para estar al aire libre, aunque sea muy poco rato: puedes dar un paseo corto, comer fuera, abrir el correo en el porche. Dirige suavemente la atención al entorno y disfruta del cielo, la luz y las plantas. Observa cómo te hace sentir el hecho de conectar con el mundo natural.[6]

Mis pacientes me han hablado muchas veces de sus experiencias al aire libre, que a menudo les cuesta expresar con palabras, probablemente porque la conexión que encontramos en un entorno natural trasciende el lenguaje. A menudo relatan que experimentan una especie de sanación y revitalización en estos contextos. El lenguaje de la poesía parece ser el más adecuado para reflejar nuestra relación con el mundo natural; la poetisa Mary Oliver describió una conexión íntima entre nosotros mismos y el aire que respiramos:

> *Y oirás al aire mismo, como a un amado, susurrar:*
> *¡oh, déjame, por un tiempo más,*
> *entrar en tus bellos pulmones!*[7]

La ecóloga Robin Wall Kimmerer compara nuestra relación con la tierra con la de una madre y su hijo. No se trata solo de amar la naturaleza, sino que ocurre que, además, «la tierra nos devuelve este amor –escribió en *Una trenza de hierba sagrada*–. Nos ama con alubias y tomates, con mazorcas de maíz y zarzamoras y con el canto de los pájaros. Con una lluvia de regalos y un aguacero de lecciones. Nos provee y nos enseña a proveernos. Esto es lo que hacen las buenas madres».[8]

Como en el caso de cualquier relación a largo plazo, el amor es el primer paso en el compromiso de estar en nuestro mundo. Yo descubrí amor en mi huerto trasero y en las infinitas oportunidades de encontrarme con el mundo natural a través de mis sentidos: al arrodillarme en la tierra para cuidar de las plántulas, al estirarme para arrancar una mala hierba, al escuchar el canto de los pájaros a mi alrededor mientras trabajaba. Olía la tierra y saboreaba la vida en los guisantes y lechugas recién cosechados.

Estas experiencias están disponibles para todos nosotros, tengamos o no un huerto, cuando nos enamoramos del mundo que nos rodea. No tenemos que fabricar el amor, sino que emerge espontáneamente con la interrelación: al aceptar la realidad y practicar la presencia consciente (*ser*), el amor nos inspira a *pensar* y *actuar* de maneras que fortalecen y sostienen la relación; así, el ciclo pensar, actuar, ser queda conformado y se sostiene por sí mismo.

Pensar: comprende la atracción

Para la mayoría de nosotros, enfocar la atención en una pantalla se ha convertido en algo natural, y raramente cuestionamos las fuerzas que hay detrás de este hábito. Cuando entendemos la atracción que ejerce la tecnología todo el rato, podemos encontrar más formas de evitar sus intromisiones no deseadas.

RECONOCE LAS GRATIFICACIONES

El mayor problema de las aplicaciones adictivas es la gratificación inmediata que ofrecen o, más precisamente, que *podrían* ofrecer. Las herramientas que satisfacen nuestras necesidades puntuales, como la calculadora o el calendario, no son las que nos reclaman cuando intentamos vivir nuestra vida. No perdemos horas con la aplicación del tiempo atmosférico, no estamos llamando compulsivamente a la gente ni nos desplazamos una y otra vez por la relación de nuestras transacciones bancarias.

Las aplicaciones que nos atraen nos dan algo que ansiamos: una risa, noticias entretenidas o escandalosas, la aprobación de los demás. Pero la trampa es que solo nos lo brindan algunas veces. Cuando veo vídeos cómicos en YouTube, algunos son hilarantes, pero la mayoría no pasan de estar bien. A veces obtenemos los «me gusta» y las comparticiones que esperamos en las redes sociales y a veces no. A veces las noticias son jugosas, pero también las hay aburridas.

En términos conductistas, estamos ante un *programa de recompensa de razón variable*. Esto significa que una acción en particular solo conduce a la recompensa o gratificación algunas veces. Una máquina tragaperras es el arquetipo de la recompensa de razón variable en los seres humanos: nunca se sabe cuándo se va a ganar, y el siguiente accionamiento del pulsador podría proporcionarnos el bote. El esquema es el mismo cuando abrimos una aplicación, hacemos clic en un enlace de vídeo o leemos una publicación: tenemos que repetir el comportamiento un número desconocido de veces para obtener la gratificación.

Quizá el primer *post* de Instagram que leemos sea realmente inspirador, lo que nos hace sentir emocionados al abrir la aplicación. Pero luego tenemos que desplazarnos por otros treinta para encontrar otro que nos llame la atención y active esa emoción. A veces el correo electrónico que esperamos está en nuestra bandeja de entrada la primera vez que la revisamos, pero lo más habitual es que nos decepcionemos repetidamente antes de que llegue.

Observa qué es lo que te hace acudir a tu teléfono. ¿Qué gratificación espera tu cerebro? ¿La obtiene siempre o solo a veces? ¿Temes perderte algo si no abres ciertas aplicaciones?

Es realmente difícil detener un comportamiento cuando el cerebro sabe que la recompensa acabará por llegar, incluso si ese comportamiento nos está consumiendo. Esto era lo que experimentaba a menudo en relación con mi teléfono inteligente. Cuando todo lo que necesitaba era relajarme, seguía reclamando mi atención: «¡Vamos! –decía–. ¡Nos hemos divertido tanto juntos! Sé que has mirado el correo electrónico hace sesenta segundos, pero échale un vistazo de nuevo. Y, ya de paso, revisa los titulares de las noticias. ¡Tal vez haya algo que te interese!».

Quería negarme, pero rara vez lo hacía. Apenas me daba cuenta de que no era mi cerebro racional lo que me mantenía pegado al teléfono. Las regiones cerebrales cruciales para la recompensa emocional que perseguía se encontraban debajo del córtex, profundamente ocultas en el cerebro, por debajo del nivel del pensamiento consciente e intencionado.

El poder adictivo de la tecnología está arraigado en las mismas partes del cerebro[9] que reciben el impacto de las drogas adictivas como la cocaína; la comida, el sexo, las compras y el juego también tienen un impacto en estas partes. El elemento central es la gratificación, codificada a través del sistema dopamínico del cerebro. Las ratas adictas a la cocaína sometidas a un programa de recompensa de razón variable presionarán una palanca como locas hasta que su cerebro reciba una dosis; pueden obtener la dosis después de presionar cinco veces, o dos, o veinte, etc. El siguiente accionamiento siempre podría ser el que les dé el subidón que buscan.

Mi uso autodestructivo del teléfono estaba motivado por mi búsqueda inconsciente de las emociones reconfortantes que había experimentado en el pasado al utilizar esta herramienta. A menudo, la gratificación que encontramos es el alivio de la ansiedad. En la película *Adaptation (El ladrón de orquídeas)*, el guionista Charlie Kaufman (interpretado por Nicolas Cage) está sentado delante de su máquina de escribir mirando una página en blanco. Su ansiedad es palpable mientras le cuesta encontrar las palabras, y sus pensamientos, que podemos oír, se vuelven hacia su mecanismo de afrontamiento: la comida. Piensa que podría tomar un café, o tal vez un café y una magdalena. Intenta centrarse en la escritura, pero su ansiedad sigue empujándolo hacia la escapatoria.

Así como la ansiedad de Kaufman lo empujó a distraerse, nuestra ansiedad impulsa nuestra relación con las pantallas en mayor medida de lo que advertimos. Un artículo de revisión sobre la ansiedad y el uso del teléfono inteligente llega a la conclusión de que a menudo recurrimos al teléfono como «estrategia de evitación experiencial para eludir consecuencias emocionales aversivas».[10] En otras palabras: la ansiedad es incómoda, y el teléfono nos ofrece innumerables distracciones para aliviar el malestar. Pero ocurre que el alivio no dura mucho, por lo que tenemos que acudir a la distracción una y otra vez. Este tipo de evasión también nos impide buscar formas más efectivas de hacer frente a la ansiedad.

Visto en retrospectiva, era como si me hubiera convertido en una herramienta que mi teléfono inteligente estaba usando en lugar de ser yo quien estaba utilizando el teléfono. Mi atención no era mía, sino que era succionada por ese aparato. Y si bien era agradable obtener un alivio inmediato del aburrimiento, descubrí que mi tiempo libre ya no era libre. A menudo, cuando solo quería relajarme al final del día, instintivamente sacaba el teléfono; me preocupaba la posibilidad de perderme el disfrute que podría obtener con él. No había duda de que podría encontrar algo que me entretuviera si explorara la cantidad suficiente de aplicaciones. A menudo terminaba leyendo noticias que no me interesaban y solo aumentaban mi malestar, tanto mental como físico.

Un día me di cuenta de que fuese lo que fuese lo que hiciera con el teléfono, la escena nunca cambiaba realmente: en todos los casos estaba mirando una pantalla que me ofrecía una versión bidimensional del mundo y que por lo general entregaba menos de lo que prometía. Mientras mi mente se veía continuamente atraída hacia ese mundo digital, mi cuerpo y mi espíritu sabían que faltaba algo esencial y querían que estuviese presente en el mundo de tres dimensiones. Tenía que usar mis otros sentidos: escuchar los sonidos que había a mi alrededor, sentirme en contacto con la materia, leer un libro real. Sin embargo, a pesar de estar harto del teléfono, lo agarraba robóticamente, a menudo al escuchar las historias que me contaba la mente.

IDENTIFICA LAS HISTORIAS

Al igual que muchas de las personas a las que he tratado, Marc quería pasar menos tiempo delante de la pantalla. Tenía que utilizar mucho el teléfono inteligente en su empleo, pero aprovechaba para revisar su correo electrónico personal, las redes sociales y las noticias. No lo usaba durante horas seguidas, pero siempre lo tenía a mano e interactuaba con él varias veces cada hora.

Marc había intentado muchas veces poner límites a su uso del teléfono, pero siempre que lo tenía cerca, no podía resistirse a agarrarlo. Sobre todo quería estar más presente para su hijo de dos años, Max, y también para su esposa, quien estaba disgustada por el uso constante que hacía del teléfono.

Como primer paso dentro del tratamiento, Marc empezó por reconocer las historias mentales que lo mantenían atado al teléfono. Creía que dejar el teléfono en casa y pasar una hora en el parque con Max podría traer consecuencias negativas; pensaba que su jefa se enojaría si no pudiese comunicarse con él, o que se perdería la llamada de algún cliente, o que dejaría sin atender algún correo electrónico importante. Quizá estas historias fueran ciertas, pero empezó a considerar resultados alternativos. En realidad, casi nunca recibía llamadas urgentes cuando estaba en el parque y cuando se perdía una llamada importante mientras estaba en una reunión de trabajo, no era problemático que devolviese la llamada cuando volvía a estar disponible. A un nivel más profundo, Marc se dio cuenta de que estaba dispuesto a correr algunos riesgos menores si la consecuencia era una mayor conexión con Max.

Marc también vio el engaño implícito en la creencia de que podía llevar el teléfono consigo pero dejarlo en el bolsillo. Se dio cuenta de que si lo llevaba encima, lo consultaría. Abordar estos pensamientos y creencias fue esencial para él a la hora de encontrar un mayor equilibrio y cambiar su comportamiento.

Cambiar nuestra relación con las herramientas tecnológicas puede ser realmente difícil, incluso cuando estamos pagando un precio por pasar demasiado tiempo delante de las pantallas y anhelamos conectar más con el mundo y las personas que habitan en él. Algunos de los cambios más efectivos que podemos realizar atañen al comportamiento, pues el corazón y la mente pueden acceder a cultivar el estado de presencia, pero son las manos las que llevan el timón.

Actuar: átate al mástil

La idea de separarse de su teléfono inteligente le provocó a Marc más ansiedad de la que esperaba, ya que su mente empezó a concebir escenarios indeseables. Estar sin su teléfono sería una especie de terapia de exposición para él, ya que se enfrentaría deliberadamente a su miedo en aras de algo más importante.

Marc encontró la respuesta a las protestas temerosas de su mente al dejar el teléfono en casa durante los paseos en familia y cuando iba con Max al parque. A través de estos experimentos relativos al comportamiento, se dio cuenta de que no pasaba nada por no estar disponible a veces y que prácticamente cualquier cosa podía esperar una hora. La incomodidad inicial que sintió la primera vez que prescindió del teléfono se mezcló con la emoción. ¡Qué liberador era no tener nada que lo distrajera cada pocos minutos! Con una sola decisión, eliminó de un plumazo una cantidad innumerable de decisiones futuras en cuanto a si debía o no consultar el teléfono. De resultas de su mayor presencia, Marc vio que le era mucho más fácil conectar con Max y con su esposa.

Estos hallazgos cognitivos llevaron a Marc a *actuar* y a liberarse de su teléfono. Al no tener ya la atención atrapada en varias aplicaciones, su conciencia aumentó y pasó a estar más presente.

CONTROLA LA DISPONIBILIDAD

Cuando empecé a trabajar con la TCC para ayudarme a mí mismo, sabía que mi propia resolución de pasar menos tiempo con el teléfono no sería eficaz mientras este dispositivo y las aplicaciones que contenía estuvieran al alcance de mi mano. En el pasado había intentado abordar esta cuestión con el corazón y la cabeza, como cuando decidí guardar el teléfono durante la semana de vacaciones de verano que íbamos a pasar en familia. Había planeado consultarlo por las mañanas solamente, antes de que se levantara cualquier otro miembro de la familia, ¡sin excepciones! Pero el plan no salió bien, porque lo usé para otras cosas, como obtener indicaciones para llegar al zoológico o escuchar música en línea mientras hacía la cena. Con cada interacción que tenía con el teléfono, transgredía las reglas que me había impuesto. («Solo echaré un vistazo al correo electrónico», me decía, por ejemplo).

Al año siguiente, decidí dejar el teléfono y el ordenador en casa durante la semana que íbamos a pasar en la playa. Pensé que los echaría de menos, pero sucedió todo lo contrario. ¡Había olvidado qué era que no hubiese nada interponiéndose entre yo y el mundo! Cuando volvimos a casa, eliminé todas las aplicaciones que sabía que usaría compulsivamente. A veces me sería más cómodo poder acceder fácilmente a esas aplicaciones, pero los beneficios han sido mayores que los inconvenientes. La mayor parte del tiempo (casi siempre, de hecho) me siento más libre por no tener esa opción.

Cada uno de nosotros tenemos unas necesidades y unos deseos diferentes, y nos corresponde disponer nuestros propios límites en cuanto a las herramientas tecnológicas. Ninguno de estos límites es completamente infalible y, como he comprobado una y otra vez, se nos da muy bien encontrar soluciones alternativas. Pero el solo hecho de establecer una pequeña separación entre nosotros y la gratificación tecnológica puede darnos más opciones en la forma de invertir el tiempo.

Las estrategias más efectivas para cambiar nuestros hábitos suelen implicar acción, como reflejó Homero en su poema épico *La odisea* (por lo que parece, el problema de resistir las tentaciones viene de lejos). El personaje principal, Ulises, quería escuchar el canto de las sirenas, pero sabía que no podría resistir su llamada y dirigiría el barco hacia las rocas. Así que hizo que sus hombres se taparan los oídos y a continuación lo ataran al mástil, antes de llegar a la zona donde habitaban las sirenas. De esta manera, podría escuchar su canto pero no tendría la opción de obedecer el abrumador impulso de navegar hacia ellas.

Este es un principio muy potente. Nuestra motivación para cambiar un comportamiento *tiende a encontrarse en el punto más bajo cuando más la necesitamos*. Ulises tenía la fuerte motivación de no hacer naufragar su barco cuando estaba lejos de las sirenas, pero sabía que no podría resistirse a ellas cuando escuchara su canto. No cuesta nada decidir beber menos, renunciar al postre o levantarnos a las cinco y media para hacer ejercicio cuando no estamos frente a la opción de tomar esa última copa de vino, comer una tarrina de helado de mantequilla y nueces o cambiar la hora de la alarma para que suene a las siete.

Piensa en un cambio que quieras hacer en tu relación con las herramientas tecnológicas. ¿Qué sería el equivalente a atarte

al mástil en tu caso? Son buenas opciones todas aquellas que faciliten que tengas el nuevo comportamiento o dificulten que caigas en el comportamiento anterior.

Si establecemos compromisos difíciles de revertir, podremos llevar nuestra motivación elevada a los momentos en los que sabemos que nuestra motivación será menor. Sé que si me vienen ganas de echar un vistazo al correo electrónico en el teléfono, pasaré por alto la vocecita que dice «¿de verdad necesitas hacer esto ahora?». Pero me he atado al mástil. En este caso, esto ha consistido en sacar partido al principio de *actuar* de ponerme más difícil la ejecución de lo que no quiero hacer. No voy a molestarme en reinstalar una aplicación cada vez que tengo ganas de usarla; no merece el tiempo ni el esfuerzo.

LIMITA LAS NOTIFICACIONES

El hecho de tener bien definido el horario de las comidas impone un límite al picoteo. Imagina en qué medida comeríamos más si nuestra cocina nos enviara notificaciones todo el tiempo: «¿tienes hambre ahora?»; «¿quieres unas patatas fritas?»; «¿qué tal una manzana?»; «han pasado diez minutos; ¿te apetecerían unos frutos secos variados?». Muchas personas encuentran útil apagar las notificaciones no esenciales por una razón similar: para que su teléfono no esté reclamando su atención constantemente.

PÓNTELO FÁCIL

Cambiar nuestra relación con las herramientas tecnológicas no tiene por qué ser un combate de boxeo. Podemos ponérnoslo fácil con las ventajas estratégicas que nos proporciona el modelo pensar, actuar, ser. Al estar en el presente y acoger lo que sea que estemos experimentando, nos enamoramos de la vida sin poner filtros. Sencillamente, ya no queremos que una pantalla siga interponiéndose entre nosotros y lo que amamos. Con nuestra mente pensante, podemos comprender mejor la relación que tenemos con las herramientas tecnológicas y hacer planes para vivir en el mundo real. A través de nuestras acciones, establecemos compromisos efectivos para vivir más en el momento.

Reducir la sobreexposición a las herramientas tecnológicas nunca está fuera de nuestro alcance. Es algo tan sencillo como dejar de lado la pantalla, levantar la mirada y darnos cuenta de que hay todo un mundo ahí fuera: tu mundo y mi mundo, las tres dimensiones que nos rodean, el cielo encima de nosotros y el suelo debajo. Este mundo de muy alta definición, que contiene infinitos colores y está siempre presente, extendiéndose en todas las direcciones hasta donde alcanza la vista. Al *estar* en él, nos conectamos con nosotros mismos en todas nuestras dimensiones y despejamos el camino hacia la conciencia plena.

Estar disponibles para obtener más de la vida no siempre nos conduce a tener experiencias profundas de alegría o gratitud, de la misma manera que hacer un huerto en un lugar en el que no haya sombra no garantiza que el sol vaya a brillar. Si creemos que vamos a sentir paz o a tener experiencias trascendentes por el hecho de dejar de lado las pantallas, nos estamos predisponiendo a la frustración, porque a veces lo que trae la vida son experiencias que nos suscitan aburrimiento, decepción o irritación.

De todos modos, se abren infinitas posibilidades para nosotros cuando nos abrimos a recibir más de la vida. Cambios de comportamiento sutiles pueden conducir a cambios de calado en nuestra vida, incluso si estos cambios nos parecen insignificantes (¿qué importancia puede tener que leamos las noticias mientras estamos en la sala de Urgencias o que llevemos el teléfono encima cuando vamos al parque?). Pero, como hemos visto, estas elecciones cotidianas son como los pequeños movimientos de volante que hacemos al conducir: nos permiten no salirnos de la carretera. Cualquier cosa que hagamos la haremos mejor si aplicamos una mayor conciencia. La mente nos agradecerá el descanso mental. Las manos disfrutarán la oportunidad de ser útiles. Y el corazón se deleitará con la conexión con la realidad; para hacer una analogía, será como cuando nos ponemos a pleno sol y recibimos todo su calor.

Con esta manera de proceder, no tendremos la sensación de que nos falta algo. Al contrario: lo principal que experimentaremos de resultas de ello será gratitud. Estar llenos de agradecimiento en situaciones ordinarias o incluso difíciles es uno de los primeros frutos de la atención plena. En el próximo capítulo veremos cómo las prácticas del modelo pensar, actuar, ser fomentan la gratitud.

7

DA GRACIAS

Es probable que ya sepas que el hecho de estar agradecido es bueno para ti, pero a menudo es difícil conectar con la gratitud. En este capítulo verás que no se trata de intentar experimentar agradecimiento, sino que la gratitud surge cuando abrimos la conciencia a lo bueno que nos rodea. También examinaremos los patrones de pensamiento que impiden la gratitud y veremos acciones específicas con las que entrenar la atención para que perciba lo bueno que hay en nuestra vida. Asimismo, la gratitud hace que estemos más dispuestos a aceptar nuestra vida tal como es, lo cual fomenta la conciencia plena.

* * *

Tengo recuerdos muy claros de cantar el jubiloso himno *Count Your Blessings* [Cuenta tus bendiciones] innumerables veces en las iglesias a las que acudí en mi infancia. Incluso siendo niño, esta exaltación de la gratitud me parecía una respuesta demasiado optimista a la adversidad. Dudaba de que el autor del canto tuviera idea de lo difícil que era seguir sus exhortaciones. Traducido al castellano, el himno rezaba así:

¿Alguna vez te sientes cargado de preocupaciones?
¿Te parece pesada la cruz que debes llevar?
Cuenta tus muchas bendiciones; toda duda volará
y te pasarás los días cantando.

Sin embargo, por lo que he podido averiguar sobre el prolífico autor de himnos Johnson Oatman Jr., podría haber estado escribiendo para sí mismo. Según consta, Oatman tenía «mala salud» en 1893, cuatro años antes de escribir este cántico.[1] Me resulta reconfortante saber que no estaba animando desde las gradas del campo del sufrimiento, sino que conocía el dolor. Entonces, tal vez su himno no era una invitación superficial a la gratitud, sino una postura desafiante: «¡Al diablo con las circunstancias!; voy a dar gracias de todos modos».

En el himno no se está negando el dolor. Afirma que estamos «cargados de preocupaciones». Nuestra cruz es pesada. Como dice otro verso, estamos «desanimados, pensando que todo está perdido». En medio de este panorama, decidimos ver que el dolor no lo es todo y no tiene la última palabra. Mostrar esta gratitud desafiante es una de las mejores cosas que podemos hacer por nosotros mismos, sobre todo si nos sentimos deprimidos y desalentados y no estamos de humor para agradecer nada.[2] Los innumerables beneficios de la gratitud incluyen una mayor satisfacción con la vida,[3] un mejor estado de ánimo[4] y unas relaciones más sólidas.[5] Pero ¿cómo podemos encontrar la gratitud cuando nuestra vida parece lejos de estar bien y es más probable que nos sintamos amargados que agradecidos?

Experimenté amargura en los peores momentos de mi enfermedad, cuando no dejaba de pensar que eso no debería estar pasando. Estaba frustrado por no poder volver a tener la vida que suponía que debía tener. En una noche particularmente dolorosa, recibí un mensaje del filósofo estoico contemporáneo William Ferraiolo acerca de su último libro sobre el estoicismo. El libro contenía un pasaje que era justamente lo que necesitaba oír (leer, en este caso): «Has sufrido, sufrirás mucho más, y tu vida de sufrimiento culminará en tu muerte –decía–. Cuando puedas reunir verdadera gratitud por todo eso, habrás logrado el tipo de progreso que no es fácilmente reversible».[6]

Eran palabras duras, pero me brindaron mucho consuelo. Mis dificultades no eran una extraña aberración que se situase más allá de los límites de la vida ordinaria. Vivir es hacer frente al sufrimiento. En ese momento, el dolor era mi realidad, y podía elegir recibirlo en lugar de combatirlo. Podía optar por la aceptación consciente.

Estar agradecido presenta unos beneficios descomunales, pero muchos de nosotros vemos la gratitud como una obligación impregnada de culpa: la vemos como la cosa *bonita* que hacer, la cosa *buena*. Podemos experimentar la gratitud como otro comportamiento de carácter moral que se supone que debemos tener, como comer bien y usar hilo dental. La gratitud es lo que damos a cambio de un regalo. Por poner otro ejemplo, si no respondemos con agradecimiento, hemos salido de la tienda sin pagar por nuestra compra; en este caso, la gratitud completa la transacción.

Pero tratar la gratitud como una obligación contradice el propósito de esta. Es como obligar a un niño a murmurar un «gracias» que suena muy poco agradecido. No tenemos que fabricar los sentimientos de gratitud, como si tratáramos de exprimir la última gota de pasta dental de un tubo vacío. La gratitud está disponible independientemente de lo que esté sucediendo en nuestra vida, y podemos fomentarla a través de las simples prácticas del modelo pensar, actuar, ser. El punto de partida del agradecimiento es la atención.

Ser: desplaza la atención

Tal vez hayas visto un vídeo humorístico de Navidad[7] que se divulgó hace unos años. Un hombre está acostado en la cama en la escena inicial, envuelto en papel de regalo. Quita el papel que envuelve su cabeza y exclama «¡estoy vivo!», como si fuera el mejor regalo que haya abierto nunca. El vídeo nos va mostrando lo que vive el hombre al principio de la mañana. Cuando enciende las luces, exclama: «¡Cariño, la electricidad funciona!». A continuación, descubre que sale agua limpia por el grifo. Los regalos continúan: una ducha, unos zapatos, un desayuno, un maletín, un café..., ¡incluso un coche! No hay ningún sentimiento de obligación en la emocionante gratitud del hombre; solo pura felicidad.

El vídeo es divertido porque es muy diferente de la forma en que recibimos el día normalmente. A menudo pasamos por alto la gratitud porque la evolución nos ha programado para advertir lo que está mal en nuestra vida; somos como los reporteros que van a la caza de noticias negativas. Percibir los problemas es una habilidad maravillosa y un paso necesario para resolverlos. Tenemos que saber si estamos enfermos o si hay un problema en el trabajo o en una de nuestras relaciones. Pero la fracción de nuestra vida que no es perfecta empaña todo lo bueno rutinariamente, como cuando las noticias nocturnas cuentan una historia angustiosa tras otra. Puedo estar caminando por mi vecindario seguro un hermoso día e ignorar todo lo bueno que hay a mi alrededor y ver solo el problema que está en mi mente. Es fácil tener la impresión de que nada va bien en el propio mundo.

Esta impresión se ve reforzada por nuestra tendencia habitual a presionar la tecla «tara» de la balanza de la vida, con lo que el valor que se muestra para cada cosa buena que tenemos es cero. Pero el solo hecho de despertarnos por la mañana está lejos de tener valor cero; ¡disponemos de otro día! Y estamos acostados en una cama cálida, no en la calle. Vivimos en una casa. Tenemos un cuerpo. La gravedad nos pega al suelo cuando estamos de pie. Caminamos hacia el baño, ¡que está *dentro de nuestra casa*! Hay comida esperándonos en la cocina... Una verdadera tara comenzaría con la balanza vacía y pesaría el peso total de estos regalos.

Cuando era niño, mis hermanos y yo recibíamos la «charla de la gratitud» cada pocos meses. Estábamos viviendo nuestra vida de niños, pensando que las cosas iban bastante bien, hasta que nuestro padre decía: «Chicos, tengo que hablar de algo con vosotros». ¡Oh, rayos! La charla solía comenzar con un «no ha habido mucha gratitud por aquí últimamente». «¡Maldición! –pensaba yo–. ¡Quise recordar ser agradecido después de la última charla!».

Sentía mucha culpa en esos momentos, pero si me costaba estar agradecido no era porque mi sentido de la moral fuese defectuoso. Sencillamente, dejaba de prestar atención. No veía todo lo que mis padres hacían por mí y lo que me ofrecía la vida gratuitamente. Me llevó mucho tiempo darme cuenta de que la gratitud no es una emoción que tengamos que sacar a la fuerza. Como todo lo que ofrecemos de vuelta en esta vida, es un regalo que nos hacemos a nosotros mismos (¡por lo tanto, asegúrate de darte las gracias!), y comienza prestando atención.

Prueba a hacer esta sencilla meditación centrada en la gratitud y la respiración. Con cada respiración, piensa en algo bueno que tengas. Por ejemplo, inhala y exhala pensando «una casa confortable»; inhala y exhala pensando «pasas en mis cereales». Puedes incluir experiencias de todos los días, como el hecho de tener una nevera o calcetines que te mantienen los pies calientes, o sucesos puntuales, como

encontrarte con un amigo en el supermercado.[8] Puedes realizar esta práctica si tienes dificultades para conciliar el sueño. En lugar de lamentarte por estar despierto, aprovecha la oportunidad para recordar lo bueno, como el hecho de estar despierto en una cama caliente o de no vivir en una zona de guerra. (Pero ten cuidado de no convertir esta práctica en una herramienta para tratar de dormirte, pues sería fácil que tuviese el efecto contrario).

Al practicar la conciencia plena, podemos expandir esta más allá de las partes de nuestra vida que consideremos problemáticas y advertir todo lo que está funcionando. En lugar de sentirnos abrumados por lo que está mal, podemos sentirnos abrumados por todo lo que está bien. Este tipo de atención es especialmente útil cuando nos enfocamos en todas las personas que parecen más afortunadas que nosotros.

CAMBIA EL FOCO EN TUS COMPARACIONES

Cuando ya llevaba mucho tiempo enfermo, me preguntaba amargamente por qué estaba así cuando todas las personas de mi entorno parecían estar sanas. «¡Mira a todos estos papás activos jugando con sus hijos!», me quejaba. El hecho de centrarme en su salud y su vitalidad aparentes reforzaba mi sensación de que no estaba obteniendo lo que merecía, y empecé a pensar que estaba recibiendo un trato injusto.

A menudo caemos en estas comparaciones ascendentes cuando nos obsesionamos con la fortuna relativa de otras personas, lo cual hace que nos centremos aún más en nuestros problemas y privaciones. Pero nuestras molestias diarias e incluso nuestros problemas más grandes pueden perder importancia cuando recordamos lo mucho peor que podrían estar las cosas.

Rara vez tenemos que buscar muy lejos para encontrar a personas que gustosamente cambiarían su situación por la nuestra. Me di cuenta de que estaba ignorando todo lo que todavía estaba yendo bien en mi vida incluso en los peores momentos de mi enfermedad y las formas en que mi vida podría ser muchísimo peor. Muchas veces dejaba de revolcarme en la autocompasión cuando oía historias sobre las desgracias de otros, como un accidente cerebrovascular que le había quitado la capacidad de caminar o hablar a alguien o cuando me enteraba de que unos padres habían perdido a un hijo.

No se trata de que neguemos nuestras propias dificultades y mucho menos de que prohibamos a los demás quejarse de las suyas. A la mayoría de nosotros no nos gusta que nos digan «da gracias, las cosas podrían ser mucho peores». Pero cambiar el foco de nuestras comparaciones puede ayudarnos a mantener una perspectiva ecuánime sobre nuestros problemas. Sea lo que sea aquello por lo que estemos pasando, hay innumerables calamidades potenciales que *no* estamos soportando en un momento dado.

Incluso podemos aplicar con nosotros mismos la comparación descendente y recordar momentos en los que las cosas fueron peores. Ayer tuve náuseas durante la mayor parte del día. Cuando hoy me he dado cuenta, hacia el mediodía, de que no tenía náuseas en absoluto, he levantado los dos puños en el aire y he dicho un «¡sí!» triunfal, como si acabara de anotar una carrera en el béisbol. Objetivamente, mi estado físico era el mismo que un momento antes, pero el contraste mental con la experiencia de las náuseas me ha hecho sentir que encontrarme así constituía una gran victoria.

Todos hemos experimentado estos efectos de contraste: nos recuperamos de una infección estomacal y el hecho de sentirnos como siempre nos parece increíble. Entramos en casa después de estar temblando por el frío y el cálido hogar nos parece celestial. O recibimos con agrado el ruido que hacen nuestros hijos al discutir después de una extraña semana de silencio al haber estado gravemente afectado por un virus uno de ellos. Nuestra maquinaria mental se acostumbra rápidamente a las circunstancias y percibe los cambios relativos con mucha mayor facilidad que el estado habitual.

Tómate unos momentos para reflexionar sobre lo que está yendo bien en tu vida ahora mismo. Por ejemplo, ¿la mayoría de las partes de tu cuerpo funcionan correctamente? ¿Sabes dónde encontrarás tu próxima comida? También puedes pensar en todo aquello que podría estar yendo mal pero que no va mal en este momento, como tener un resfriado importante o estar atrapado en una discusión con tu pareja. No intentes forzar ningún sentimiento; solo dirige la atención con la mente abierta.[9]

No tenemos que esperar a recuperarnos de una enfermedad o a entrar en casa después de estar fuera en el frío para experimentar un contraste favorable. La mayoría de las veces, cuando nos encontramos en un estado neutro o ligeramente negativo, podemos hallar un poco de gratitud al recordar lo peor que han estado las cosas. Cuando me vienen a la mente los peores momentos de mi enfermedad, sacudo la cabeza asombrado por lo mucho mejor que me siento la mayoría de los días ahora.

ENCUENTRA LO BUENO

Cuando mi esposa y yo estábamos en Francia en nuestro tercer año de universidad, teníamos que cargar con la compra hasta la residencia, ya que no teníamos coche. A menudo me sentía molesto cuando las asas de las pesadas bolsas de plástico se me clavaban en las manos mientras caminábamos. Pero aunque el dolor era desagradable, también indicaba algo muy bueno: que teníamos comida en abundancia.

Muchas veces, nuestras decepciones o frustraciones cotidianas nos dan la oportunidad de estar agradecidos. Cuando se retrasa nuestro vuelo a un destino divertido, la sensación es molesta, pero puedo darme cuenta de lo privilegiados que somos por poder irnos de vacaciones. No me hace ilusión que nuestro lavavajillas se estropee y haya que reemplazarlo, pero gracias a Dios podemos permitirnos uno nuevo. Tener que parar a echar gasolina es irritante cuando voy con prisa, pero tengo dinero para la gasolina e incluso puedo pagar en el mismo surtidor. Que un brote de norovirus afecte a toda la familia es realmente molesto, pero pone de relieve el hecho de que no estoy solo.

Hace años, una paciente mía, Julie, tuvo una experiencia dramática de este tipo de gratitud. Unos meses después de que naciera su segunda hija, llevaron a Julie al hospital porque le costaba respirar. Los médicos descubrieron que su embarazo le había provocado una grave afección cardíaca que requería una intervención quirúrgica inmediata; de lo contrario, moriría. Julie me dijo que su relación con la vida cambió profundamente después de la operación, que fue un éxito. Estaba agradecida por todo, incluso por los dolorosos procedimientos médicos a los que tuvo que someterse en su proceso de recuperación. El dolor significaba, para ella, que seguía viva y tenía más tiempo para pasar con su marido y sus dos niñas. Cada mañana, cuando se despertaba, se recordaba a sí misma que era un regalo abrir los ojos.

Piensa en una dificultad reciente que hayas tenido que afrontar. Sin negar lo mal que lo has pasado, ¿ha sido el indicador de algo positivo el problema? Por ejemplo, el trabajo estresante pone de relieve que tienes un empleo para pagar tus facturas; ir a Urgencias significa que tienes acceso a atención médica las veinticuatro horas. Mantente atento a otros problemas que revelen que hay cosas buenas en tu vida.

El monje benedictino David Steindl-Rast señaló que podemos estar agradecidos por la oportunidad de abordar problemas en nuestra vida: la enfermedad de nuestro hijo, la devastación ambiental, un techo con goteras, una relación rota. «No podemos alegrarnos por esas cosas en sí mismas –escribió–, pero podemos estar agradecidos por la oportunidad de hacer algo al respecto».[10]

Al igual que con las comparaciones descendentes, ten cuidado de no usar esta práctica para negar la dificultad o el malestar que tú u otras personas podáis estar experimentando. La conciencia plena no aleja nada, sino que expande los límites de la atención para que podamos relacionarnos con nuestros problemas de otra manera. No mostramos gratitud frente al sufrimiento para negarlo, sino para trascenderlo.

A medida que practicamos la expansión de la atención y vamos percibiendo más lo que está bien, podemos recibir incluso nuestros problemas con gratitud, por lo que nos enseñan y porque nos obligan a crecer de alguna manera.

DESCUBRE LOS REGALOS

Actualmente, cuando lloro en la ducha o en el sofá, ello se debe más a menudo a la gratitud que a la autocompasión. Me siento muy aliviado por tener una salud mental y física mejor que la que tenía cuando me encontraba en el punto más bajo. De todos modos, no puedo negar que mi enfermedad prolongada fue un regalo en muchos sentidos. Tardé mucho tiempo en reconocerlo; durante años, solo vi mis problemas de salud como una maldición que debía deshacer. Pero con el tiempo llegué a ver lo bueno que habían traído a mi vida.

Mis dificultades me llevaron a sentir una compasión más profunda por los demás y me ayudaron a entender su sufrimiento. Algunas de mis intervenciones más significativas como terapeuta surgieron de esos tiempos oscuros. Pasé a estar más dispuesto a aceptar mis límites y a dejar que otras personas vieran mis debilidades. Descubrí un amor más profundo por parte de mi esposa y mis hijos, cuya devoción vivificante durante mi enfermedad aún me hace llorar. Y si no hubiera llegado al final de mí mismo (como narré en el capítulo uno), no sabría lo que hay al otro lado.

Es difícil encontrar algo bueno en el sufrimiento. A veces todavía me doy lástima a mí mismo y hay días complicados en los que soy presa de la desesperación. Pero no cambiaría por la salud las valiosas lecciones que me ha enseñado la enfermedad, aunque tuviera la opción. Incluso he temido, a veces, que si me recuperara totalmente abandonaría las verdades espirituales que he conocido, como el hombre que promete dedicar su vida a Dios si puede encontrar un lugar donde aparcar para asistir a una reunión muy importante y luego, cuando aparece dicho espacio, dice: «Olvídalo; ¡encontré uno!».

No soy la única persona que ha hallado la gratitud sobre la base del crecimiento derivado de afrontar dificultades. Muchos de mis pacientes han tenido epifanías similares al salir de un problema difícil. Antonis, por ejemplo, me explicó que había aceptado profundamente la dolorosa depresión por la que había pasado porque lo había convertido en la persona que era ahora. Hay pocas cosas más empoderadoras que ver cómo el dolor nos ha transformado en alguien nuevo a partir de los pedazos rotos de lo que había sido nuestra vida.

Este tipo de conciencia y esta forma de *ser* (de existir) puede promover cambios en nuestro modo de pensar, lo que nos permite sustituir algunos de nuestros supuestos fundamentales en torno a la vida y lo que nos debe.

Pensar: examina tus creencias

Hay una manera fácil de predecir cuánta gratitud experimentaremos. Solo debemos sumar todo lo bueno que tenemos en nuestra vida y, a continuación, restar aquello a lo que creemos que tenemos derecho. El resultado corresponderá, casi exactamente, a la cantidad de agradecimiento que albergamos.

CUESTIONA TUS EXPECTATIVAS

Muchas veces no reconocemos nuestras suposiciones sobre lo que merecemos porque dichas suposiciones reflejan las creencias centrales inconscientes que albergamos sobre la existencia en este plano: la vida debería ser indolora. No deberíamos enfermar. Nuestro bienestar físico no debería verse interrumpido nunca. Las personas deberían ser amables. Estas suposiciones hacen que nos sintamos engañados e insatisfechos cuando aparecen las inevitables decepciones. Si la vida no cumple con nuestras expectativas, lo más seguro es que se ha producido un error.

Cuando era niño, mi padre solía responder a nuestras quejas con frases como «¿quieres algo justo?; lo justo es un tazón de arroz al día». En esa etapa de mi vida, no entendía a qué se refería. Seguí dando por sentado que el mundo debía ajustarse a mis expectativas en cuanto a lo que me correspondía. Pero una de las revelaciones más liberadoras que he tenido es que *la vida no me debe nada*. Ni la esperanza de vida promedio. Ni el bienestar físico. Ni días sin estrés. Ni la buena salud. Ni elogios o agradecimiento por todo lo que hago.

Cuando me di cuenta de que el trato era este, me quedé atónito. «Pero seguro que la vida me debe... *algo*, ¿no?», me pregunté. ¿Un mínimo de años? ¿Ver cómo mis hijos llegan a la edad adulta? ¿Evitar ciertos tipos de dolor? Pero no. En serio, amigo: no me debe nada. Ni siquiera un día sin problemas.

Tuve que reaprender esta lección durante mi enfermedad. En mi mente, solo había una respuesta aceptable a mis oraciones de petición de alivio: el final de mi sufrimiento. Interpretaba mis dificultades constantes como una falta de consideración e indiferencia. Pasaron muchos meses antes de que reconociera los regalos asociados a mi enfermedad y mi depresión: estaba rodeado de un apoyo amoroso por parte de mi familia y se me daban fuerzas, una y otra vez, para hacer frente a cada desafío.

Aunque pueda ser paradójico, es reconfortante darse cuenta de que los propios problemas no deseados no son causados por un fallo en el universo. Todo lo que tenemos, incluida la vida misma, es un regalo. «La vida nos es dada; cada momento nos es dado», escribió David Steindl-Rast en *Music of Silence* [Música del silencio]. Puede parecer muy obvio, pero la mayoría de nosotros lo olvidamos la mayor parte del tiempo. Y añade Steindl-Rast: «La única respuesta apropiada es la gratitud».[11]

CUESTIONA LA HISTORIA

Una de las historias mentales más comunes que obstaculizan la gratitud es la de que «esto no debería estar pasándome a mí», como si las cargas de la vida no estuvieran en el lugar apropiado cuando caen sobre nuestros propios hombros. ¿Una enfermedad? No me corresponde tenerla. ¿Un contratiempo? Definitivamente, no tendría por qué presentarse. ¿Una desilusión? No cabe duda de que ha habido un error. Para nosotros, cargar con una adversidad que pensamos que no nos corresponde es como recoger la ropa sucia que otra persona ha dejado en el suelo. «¡Yo no debería tener este problema!», protestamos.

Durante años, estuve convencido de que mi enfermedad había sido enviada a la dirección equivocada. Había cuidado de mi salud, había comido bien, había hecho ejercicio, había pasado tiempo con la familia y los amigos. No tenía sentido que me hubiera convertido en ese individuo cansado, silencioso y hosco. Pero mi insistencia en que eso no debería estar sucediéndome a mí no hizo más que empeorar las cosas. Mi carga pasó a parecerme mucho más ligera cuando acepté que me correspondía llevarla.

Podemos utilizar técnicas cognitivas para examinar los pensamientos que impiden la gratitud, como el pensamiento polarizado de que nada estaba yendo bien durante el curso de mi enfermedad. Me enfocaba en lo que estaba mal, exclusivamente, e ignoraba todo lo que estaba bien, como un visitante del Louvre que solo advirtiera que el inodoro está taponado. Cuando me pregunté si mi creencia era definitivamente cierta, me di cuenta de que esto no era así, en absoluto. ¡Podía respirar! Y eso no era nada. También podía estar de pie, y podía caminar, a pesar del cansancio. El problema que tenía con la voz hacía que me resultara difícil expresarles a mis hijos lo mucho que los quería con palabras, pero podía abrazarlos.

El solo hecho de enfocarte en la respiración, sin traer nada más a la mente, puede ser una práctica de gratitud. Después de todo, la respiración es lo que te mantiene vivo. Sostén esta comprensión en un espacio de conciencia carente de palabras mientras das gracias por esta respiración... y por esta respiración... y por esta otra respiración...

Contamos con muchas maneras de recordarnos lo que tenemos, desde el aire que llena nuestros pulmones hasta las personas que llenan nuestra vida. Con la práctica, podemos entrenar a la mente para que reconozca el regalo de la vida en todas sus manifestaciones, más allá del pequeño ámbito de nuestras expectativas. Podemos elegir dirigir la atención al noventa y cinco por ciento de nuestra vida que funciona bien en lugar de dirigirla al cinco por ciento que presenta algún problema.

Actuar: practica la gratitud

Aunque la gratitud no se puede forzar, el modelo pensar, actuar, ser ofrece muchas prácticas que propician esta experiencia.

ESCRIBE LO POSITIVO

Mi sensación general al final de cada día durante el tiempo en que estuve deprimido era que esa jornada había sido dura. Como era de esperar, mi atención se dirigía hacia lo negativo más que hacia lo positivo. Pero incluso en los días que sentía que habían sido una lucha constante habían ocurrido muchas cosas buenas: me había duchado con agua caliente. Había disfrutado de buenos alimentos en cada comida. Mi familia seguía queriéndome.

Escribir al final del día aquello que ha ido bien durante la jornada es una forma muy efectiva de dirigir la atención hacia lo que hay de bueno en nuestra vida. Muchos estudios han mostrado que esta práctica tan simple puede suscitar gratitud.[12] Este tipo de registro también puede ayudarnos a estar más atentos durante el día a lo que está funcionando bien; es el antídoto a la creencia de que nada está resultando como queríamos.

Como parte de mi propia terapia cognitivo-conductual, tenía un cuaderno al lado de la cama y escribía en él al menos tres cosas buenas que habían sucedido durante el día, justo antes de acostarme. Si realizas esta práctica, es mejor que anotes situaciones concretas que no que registres conceptos demasiado generales; por ejemplo, yo no escribía nunca «mis hijos» y ya está, sino que escribía, pongamos por caso, «jugar a la pelota con mis hijos después de cenar». Ten cuidado de no caer en la repetición mecánica y escribir cosas como «aire, agua, comida; eso es todo, buenas noches».

Recomiendo utilizar un cuaderno nuevo para esta práctica. En el pasado había usado pedazos de papel o notas adhesivas, pero sentí que era más apropiado escribir en un soporte que tuviese esta finalidad exclusivamente. El hecho de ver cómo se van llenando páginas puede ofrecer un recordatorio impresionante de todo lo bueno que hay en la vida. Como con cualquier práctica de gratitud, concéntrate solo en los elementos que estás enumerando en lugar de tratar de sentir agradecimiento. El hecho de evaluar si está «funcionando» la técnica te sacará de la experiencia, probablemente.

DI «GRACIAS»

Una de las formas más efectivas de practicar la gratitud es también una de las más obvias: decir «gracias» a alguien. Estar alertas frente a las oportunidades de expresar nuestra gratitud nos prepara para advertir cosas buenas que de otro modo podríamos pasar por alto. Los estudios al respecto muestran que incluso el solo hecho de escribir sobre las personas hacia las que experimentamos agradecimiento aumenta nuestro bienestar, pero el mayor beneficio proviene de expresar nuestra gratitud a los demás.[13]

Podemos practicar en casa, donde tendemos a «pulsar la tecla de tara» en relación con aquellos con quienes vivimos, igual que hacemos con el resto de nuestras experiencias diarias. En las relaciones cercanas, es extremadamente beneficioso mostrar al otro que reparamos en él y que lo valoramos y apreciamos. También podemos llevar la práctica a personas que no pertenecen a nuestro hogar y agradecer servicios que a menudo damos por sentados, como el cuidado del pescadero a la hora de seleccionar nuestros mariscos y el servicio de nuestro cartero llueva o truene.

En general, cuanto más específico sea el agradecimiento, mejor. Las declaraciones generales del tipo «gracias por todo» pueden sonar insípidas y formales. Por lo general, preferimos que nos digan algo como «me encanta el cuidado que pones en colocar las bayas en la tarta» que no que nos digan «gracias por hacer el postre». Ser preciso muestra un mayor grado de atención a las acciones de la otra persona.

La base de la gratitud no son los detalles concretos de nuestra situación, sino que es nuestra disposición interna a encontrar la alegría. Sean cuales sean nuestras circunstancias (ya seamos ricos o pobres, estemos enfermos o sanos), para encontrar el agradecimiento basta con que nos prometamos estar presentes en el curso de nuestras experiencias.

ÁBRETE A LA VIDA

Hay muchas formas de fomentar la gratitud, y todas tienen un elemento en común: el estado de presencia. En un nivel elemental, la disposición a abrirnos a lo que sea que ocurra en nuestra vida es la esencia de la gratitud. Esta apertura consiste en aceptar todo lo que nos ofrece la vida, desde los momentos más brillantes hasta los más oscuros. Recibimos la creación tal como es.

Esta disposición esencial es una práctica espiritual, un acto de adoración. El hecho de abrirnos a la totalidad de la realidad nos conecta con la constancia de nuestro espíritu, con el testigo inmutable y siempre presente de las experiencias. Nuestro espíritu no está emitiendo juicios sobre nuestra situación, ni de tipo «positivo» ni «negativo». No está determinando si algo es bueno o malo para nosotros, si va a nuestro favor o en nuestra contra, si es agradable o aborrecible. Esta sintonización espiritual fomenta la gratitud, que a su vez nutre a nuestro espíritu.

La gratitud está implícita en nuestra disposición a permanecer en el mundo real. Fue la gratitud lo que descubrí esa noche que estuve en la sala de Urgencias con mi hija cuando planté cara a mi tendencia habitual a distraerme con el teléfono. La experiencia de insustancialidad mientras yo estaba ahí esperando y Ada dormía se transformó en una experiencia de plenitud, solamente al tomar conciencia de que estaba allí y de que, gracias a Dios, todo estaba bien.

La gratitud da lugar a más gratitud cuando reconocemos que es un regalo. Estamos agradecidos por sentir gratitud. Escribió David Steindl-Rast: «Cuando estamos agradecidos por lo que se nos da, por más difícil que sea, por más que no lo hayamos invitado, el agradecimiento mismo nos hace felices».[14] Desde este punto de vista, no podemos experimentar culpa por no sentir gratitud, ya que la persona que más pierde somos nosotros mismos. El acto de dar gracias se cuenta entre las innumerables cosas buenas de la vida.

Existe una satisfacción que no depende de nuestras circunstancias, puesto que se encuentra en un nivel más profundo. Como escribió el apóstol Pablo a los filipenses, «he aprendido a vivir en todas y cada una de las circunstancias, tanto a quedar saciado como a pasar hambre, a tener de sobra como a sufrir escasez».[15] La gratitud es la clave. «Den gracias a Dios en toda situación», señaló Pablo en otro lugar.[16] Santiago fue aún más lejos cuando escribió: «Hermanos míos, considérense muy dichosos cuando tengan que enfrentarse con diversas pruebas, pues ya saben que la prueba de su fe produce constancia».[17]

Quizá tengamos momentos o días en los que digamos «¡al diablo con la gratitud!; esto es demasiado duro». A veces las cosas son muy difíciles y no podemos aliviar su crudeza dando gracias. A veces queremos llorar por lo injusto de la situación..., pero también podemos estar presentes con esta experiencia, en cualquier caso. Sencillamente, ahora estamos experimentando eso. Estar agradecidos no significa que nunca nos sintamos tristes por nuestra situación y que nunca deseemos ver aliviado nuestro sufrimiento; la gratitud y la autocompasión son perfectamente compatibles. No podemos usar la gratitud a modo de tarjeta de «salir gratis del dolor»* y sortear así el impacto de nuestras tribulaciones. A veces tenemos que perdernos en nuestro sufrimiento antes de poder encontrarnos a nosotros mismos.

Quizá parte de la gratitud que encontramos proviene de saber que el universo incluso hace espacio para nuestra frustración y nuestros berrinches de autocompasión. Acoge nuestras oraciones egoístas y nuestra amarga honestidad, probablemente más de lo

* N. del T.: En alusión a la tarjeta del Monopoly que permite salir de la cárcel sin pagar.

que acoge la deslucida gratitud que pronunciamos con los dientes apretados.

Yo mismo tengo días en los que la gratitud me parece algo muy lejano, ciertamente. Sé que tengo la opción de estar agradecido, pero elijo quejarme y suspirar por lo que está yendo mal. Estoy aprendiendo a no sentirme culpable por estos episodios; incluso en los textos sagrados aparece este tipo de actitud derrotista. El mismo libro de la Biblia que proclama: «Oh Señor, por siempre cantaré la grandeza de tu amor»[18] también implora: «¿Hasta cuándo, Señor, me seguirás olvidando? ¿Hasta cuándo esconderás de mí tu rostro?».[19]

Entonces, si te sientes «agobiado por una carga de preocupación»,[20] como escribió Johnson Oatman Jr., no te preocupes por intentar sentir agradecimiento. Comienza por aceptar la carga como propia. La gratitud empieza cuando aceptamos lo que hay. Permanece con la experiencia y sé consciente de lo que tienes: el dolor, la dificultad, los medios para responder y crecer. Cuando entramos voluntariamente en cada situación en la que nos encontramos, podemos descubrir una alegría y una satisfacción que trascienden las circunstancias.

La gratitud basada en el hecho de *ser*, en estado de presencia, alterará de un modo fundamental lo que *pensamos* sobre la vida y nos conducirá a *actuar* de maneras que fomenten la atención plena y el agradecimiento. Este tipo de gratitud también nos ayuda mucho a encontrar el descanso que necesitamos para el cuerpo y la mente. El descanso es el tema del próximo capítulo.

8

ENCUENTRA EL DESCANSO

Descansar es fundamental para reconectarnos con nosotros mismos y encontrar la paz y la conexión. En este capítulo descubrirás por qué la confianza consciente es esencial para el descanso y de qué maneras te proporcionará alivio el mindfulness, incluso mientras estés trabajando. También verás cuáles son los tipos de pensamientos que a menudo nos lo ponen difícil para encontrar el verdadero descanso y cómo contrarrestarlos. Como veremos, incluso puedes descansar de querer que la vida sea diferente de como es, lo que posibilita una aceptación consciente y una conexión con tu experiencia cada vez mayores.

* * *

En los primeros años de mi práctica privada, tenía medianamente en cuenta la importancia del autocuidado y la gestión del estrés, siempre con un asterisco en mente (*si el tiempo lo permite). Era una etapa intensa de mi vida, con tres hijos pequeños, un trabajo como profesor a jornada completa en un colegio local y una práctica privada en proceso de crecimiento. Y aunque ayudaba a mis pacientes a lidiar con un estrés abrumador, rara vez me permitía el tiempo que necesitaba para gestionar el mío.

Cuando me quedé sin horas en los días laborables, comencé a atender a pacientes los sábados y por videoconferencia desde casa hasta entrada la noche. Me resistía a tomarme tiempo libre, incluso estando enfermo. Pensaba que tal vez estaba trabajando demasiado, pero me parecía casi imposible reducir las horas. No podía soportar la idea de rechazar a personas que necesitaban el tipo de tratamiento que ofrecía. También temía por la seguridad económica de mi familia, ya que mi empleo como profesor era temporal e iba a terminar pronto. Mi preocupación era que tal vez no conseguiría trabajar las horas suficientes como terapeuta. En caso de ser así, me preocupaba la posibilidad de que no pudiésemos hacer frente a la hipoteca y el seguro médico.

Las largas horas de trabajo y el estrés constante no tardaron en comenzar a pasarme factura. Estaba más irritable en casa, hasta el punto de que mi hijo,* que tenía cinco años por aquel entonces, me llamaba *mad dad* ('papá enojado') a menudo. Los compromisos familiares se convirtieron en intrusiones no deseadas, pues me quitaban un tiempo de trabajo al que sentía que no podía renunciar. Empecé a beber más para relajarme al final del día. Ya no tenía el entusiasmo que me había llevado a querer ser terapeuta hacía unos años, y el alivio que sentía cuando llegaba el fin de semana se veía eclipsado por la perspectiva de regresar al trabajo el lunes. Incluso una semana de vacaciones se me hacía demasiado corta. Y, sin embargo, persistí. «Debería ser capaz de hacer esto –insistía en silencio–. Solo tengo que gestionar mejor el estrés». Pero mi

* N. del T.: Podría tratarse de una de las dos hijas del autor (Ada o Faye, a la que encontraremos en el capítulo diez) o de su hijo varón (Lucas, mencionado en el capítulo cuatro); no es posible discernir el género.

«debería» no cambió la realidad de mi agotamiento por estrés y desgaste.

Tuve que vivir una situación en la que estuve a punto de morir para tomar conciencia del alto precio que estaba pagando por no gestionar mi estrés. Una tarde, mientras iba en bicicleta a casa desde mi consultorio, miré a la derecha y vi que un coche se saltaba el semáforo en rojo. Frené justo a tiempo y el auto pasó a toda velocidad delante de mí. Me sentí mareado al darme cuenta de que podría haber muerto. Un segundo después, pensé: «Al menos todo esto habría terminado». Ese pensamiento sobrecogedor me hizo darme cuenta de que una parte de mí daría la bienvenida a la muerte como el punto final de toda la tensión que estaba experimentando.

¿Cómo podemos reducir el estrés y encontrar formas efectivas de descansar en medio del ajetreo diario? Esta pregunta me condujo a los cambios importantes que implementé en los años siguientes y finalmente me ayudó a descubrir todo el ámbito de descanso que está disponible para todos nosotros.

Reconoce el estrés

Cuando vi de reojo que ese auto no iba a detenerse, mi sistema nervioso simpático preparó mi cuerpo para la acción a fin de que pudiera evitar el peligro. Las glándulas suprarrenales bombearon adrenalina al torrente sanguíneo, el corazón pasó a latir más rápido, la respiración se aceleró; estos y muchos otros cambios me ayudaron a evitar la embestida del coche.

Momentos después, mi cuerpo también activó el eje hipotalámico-hipofisario-adrenal (HPA, por sus siglas en inglés), que hace que las glándulas suprarrenales liberen un conjunto diferente de hormonas, como el cortisol, que mantienen el cuerpo en un estado activado. Probablemente estés familiarizado con la sensación asociada al cortisol elevado, que se presenta durante los períodos de especial estrés, como la semana de los exámenes finales o una etapa difícil en el trabajo. Nos resulta realmente difícil relajarnos cuando estamos vibrando en esta frecuencia más alta.

Mientras pedaleaba hacia casa, pude sentir los efectos persistentes de la adrenalina mientras mi corazón latía con fuerza y mis piernas se sentían débiles. Estaba más atento de lo habitual y prestaba especial atención a los cruces, para asegurarme de que el camino estaba despejado antes de continuar. Cuando llegué a casa, mi sistema nervioso parasimpático había tomado el control con lo que se llama la *respuesta de descanso y digestión*, que contrarresta los efectos del sistema simpático. La tensión adicional había abandonado mi cuerpo y mi mente, y me sentía relativamente tranquilo de nuevo.

Nuestro sistema nervioso está muy bien diseñado para manejar episodios breves de estrés. Frente a una amenaza, nuestro cerebro activa una respuesta en todo el cuerpo para mantenernos a salvo; nos prepara para luchar contra un enemigo, huir o quedarnos inmóviles. Tener una fuerte reacción de estrés en situaciones en las que la vida está en peligro es muy bueno; esta respuesta se activa para protegernos de una amenaza importante y se calma una vez que el peligro ha pasado.

Pero para muchos de nosotros, el estrés que experimentamos no es una experiencia muy poco frecuente y fugaz, sino que nos sentimos tensos todo el tiempo, como si estuviéramos en una semana de exámenes finales interminable. Muchos de los peligros que tememos ni siquiera son reales, sino que sentimos estrés por cosas aterradoras que *imaginamos*, como perder el tren o el trabajo. El hecho de correr apresuradamente de un compromiso a otro incrementa nuestro estrés, ya que fomenta una sensación incesante de urgencia. Esta presión constante y esta percepción persistente de amenaza no deja de activar el sistema nervioso simpático y el eje hipotalámico-hipofisario-adrenal. Con el tiempo, el flujo constante de hormonas del estrés impone un alto precio a la mente y al cuerpo, a la vez que nuestra abarrotada vida podría parecernos extrañamente vacía.

Cualquier cosa que exija una respuesta por tu parte puede ser una fuente de estrés. ¿Cuáles son las principales causas de estrés en tu vida? Examina cómo el estrés está afectando a tu cuerpo, tu mente y tal vez, incluso, tu salud. ¿Necesitas contar con formas más efectivas de gestionarlo?

Las repercusiones de mi estrés no manejado me afectaron durante años y contribuyeron a mi enfermedad crónica. El mal dormir suele ser un primer signo de gran estrés. Otros indicadores son la tensión física, la ansiedad, la irritabilidad, los problemas digestivos, el abuso del alcohol y la depresión; experimenté todo ello en mi situación de estrés permanente. A continuación suele presentarse la enfermedad física, como ocurrió en mi caso.

Tardé mucho tiempo en reconocer el papel que había tenido el estrés en mi salud física. En la peor etapa de mi enfermedad, a menudo sentía que todo mi cuerpo zumbaba, como si contuviese una alarma que alguien hubiese olvidado apagar. Levantaba constantemente los hombros y encogía el cuerpo en cierto grado, como si estuviera preparándome para recibir un impacto. Esta tensión física alimentaba una sensación de malestar de fondo. Siempre estaba en guardia; cualquier cosa me sobresaltaba y mi sistema nervioso recibía como golpes los gritos alegres de mis hijos.

Cuando me di cuenta de lo estresado que estaba, acudí a varios recursos que tienen fama de mitigar la tensión: masajes mensuales, unas vacaciones con la familia, la meditación diaria... Pero el alivio no duraba mucho. A veces, estas actividades incluso potenciaban mi estrés. Cuando estábamos una semana en la playa, por ejemplo, no paraba de evaluar mi grado de estrés: «¿Estoy relajado ahora?..., ¿y ahora?». Cada vez que realizaba este tipo de comprobación, mi ansiedad aumentaba un poco, ya que las vacaciones me parecían mi «única oportunidad importante para relajarme» antes de regresar a la dinámica vital habitual, en la que estaba sometido a una presión implacable. Intercambiaba el estrés por el trabajo por la preocupación por el estrés.

El alivio respecto del estrés puede eludirnos incluso si el cuerpo, la mente y el alma necesitan desesperadamente dicho alivio. Las técnicas habituales de gestión del estrés, como los ejercicios de relajación, pueden ser útiles, pero a muchos de nosotros no nos bastan. El tiempo libre también es fundamental en el alivio del estrés, como examinaremos más adelante en este capítulo, y a la mayoría de nosotros nos beneficiaría tener más. Pero como he comprobado en mis pacientes y en mí mismo, podemos experimentar estrés sea lo que sea lo que estemos haciendo. El verdadero descanso tiene menos que ver con hacer o no hacer y más con ser.

Ser: suelta

Hace años, trabajé para un jefe difícil que no paraba de exigir a los empleados que demostraran su valía. Esa época fue agotadora, ya que es difícil sentirse en paz cuando te están diciendo todo el rato que no estás haciendo lo suficiente. Supuso un gran alivio para mí dejar ese empleo y el estrés diario que conllevaba. Pero me di cuenta de que era perfectamente capaz de generar mi propio estrés, desde dentro.

La mayoría de nosotros cargamos con el peso constante de temer que no estaremos a la altura, aunque no tengamos un jefe dominante. Albergamos una voz sutil, que tal vez no percibamos, que critica casi todo lo que hacemos. He detectado el juicio de esta voz incluso en el transcurso de actividades que me encantan, como cocinar: «¿Estás seguro de que estás exprimiendo suficiente agua de las patatas ralladas?», susurra mientras estoy haciendo *latkes*.* Cada tarea puede poner a prueba la autoestima y ofrecer una oportunidad de fallar y decepcionar a alguien: al jefe, a los hijos, a los padres, a la pareja, a Dios, a nuestro yo superior. Bajo una carga tan pesada, no es de extrañar que nos sintamos estresados todo el tiempo.

Piensa en cualquier sentimiento de insuficiencia con el que puedas estar cargando. ¿Con qué frecuencia sientes que no estás a la altura? ¿Qué pensamientos autocríticos tiendes a tener? Examina cómo contribuyen a tu estrés diario estos patrones mentales.

No importa cuánto tiempo libre nos tomemos si no dejamos atrás el miedo a no dar la talla. He llevado el estrés conmigo de vacaciones, al preocuparme por la posibilidad de que todo se desmoronara en mi ausencia y al temer todo el trabajo que me aguardaba a mi regreso. No confiaba en poder soltar; ¡siempre podía llamar un paciente para una emergencia! Estaba seguro de que las cosas se torcerían si no les dedicaba una atención continua y si me desvinculaba emocionalmente de ellas aunque fuese por un breve período. Mi esfuerzo por asegurarme de que todo funcionara debía ser constante.

* N. del T.: Los *latkes* son unas tortitas fritas hechas a base de patatas y cebolla. Es una guarnición típica de la gastronomía judía.

Mi práctica de meditación tampoco me aportaba mucho alivio cuando la abordaba como otro elemento de mi lista de tareas por hacer y como otro examen que podía aprobar o suspender. Finalmente, me di cuenta de que la confianza consciente es la esencia del descanso. Comencé a confiar en que podía dejar de esforzarme por evitar el fracaso o por ser más de lo que era y que tenía permitido relajarme en la aceptación de la persona que ya era. Esta era la comprensión clave que me había faltado mientras el estrés iba haciendo mella en mí.

Mi paciente Alex encontró esta modalidad más profunda de descanso. Como tantos padres y madres que trabajan, sentía que estaba fallando tanto en el trabajo como en casa y que todos estaban decepcionados con ella. Tenía insomnio y la mirada de persona cansada pero incapaz de relajarse que había visto en muchos de mis pacientes. Me habló con aire melancólico de su fantasía de alejarse de su empleo, al que tenía que dedicar largas horas y en el que estaba sometida a mucha presión, para pasar a tener una vida sencilla en la que pudiese compartir más tiempo con su pareja y sus dos hijos pequeños. Anhelaba el descanso que su mente y su cuerpo necesitaban y esperaba que el mindfulness pudiera ayudarla.

Alex trabajó conmigo durante varias semanas, en las que practicó la presencia y la aceptación conscientes, tanto a través de la meditación como en sus actividades diarias. Aprendió a enfocarse en lo que estaba haciendo cuando su mente se desviaba hacia un futuro incierto y a aceptarse a sí misma y aceptar su situación, lo cual incluía sus limitaciones humanas.

Me impresionaron los cambios que vi en ella cuando me la encontré un par de años después de nuestra última sesión. Había seguido con las prácticas de la meditación y la atención plena en el día a día en las que la había iniciado, y transmitía una ligereza que no había percibido ni siquiera en las últimas sesiones de nuestro trabajo conjunto. Incluso había coordinado una formación en mindfulness en su lugar de trabajo y estaba compartiendo las prácticas con su esposa. Juntas estaban encontrando una mayor armonía en su matrimonio. Alex aún experimentaba las tensiones asociadas a su empleo, pero ya no estaba obsesionada con la posibilidad de fracasar.

Los elementos fundamentales de la atención plena que hemos explorado pueden facilitar el descanso.

Mientras nos enfocamos en lo que tenemos justo delante, soltamos las amenazas futuras que crea nuestra mente.

Cuando aceptamos la realidad, dejamos la agotadora lucha por hacer que las cosas vayan como queremos.

A partir de esta base sólida, podemos separarnos de los pensamientos y emociones difíciles y observarlos desde una perspectiva más alejada. Incluso podemos separarnos del estrés y reconocer que aunque lo estemos *experimentando* hay un observador en nuestro interior que está perfectamente en paz.

Experimenté la misma sensación de ligereza que había conseguido Alex cuando por fin dejé caer el peso mental y emocional con el que había estado cargando. Llevaba tanto tiempo conmigo que pensé que formaba parte de mí. Me di cuenta de que no tenía que ser tan duro conmigo mismo y de que ni la productividad ni el éxito constituían la base de mi valía. El alivio que encontré estaba más cerca de lo que pensaba. No dependía de unas vacaciones ni de que respirase de una determinada manera. Está disponible a cada momento, incluso cuando estamos activos.

NO TE ESFUERCES MÁS DE LO NECESARIO

Mi extraordinaria instructora de voz, Diane Gaary, me ha animado muchas veces a que me plantee si puedo «hacer menos». No se refiere a que me tome tiempo libre, sino a que fluya más con lo que sea que esté haciendo, ya sea hablar, caminar, escribir o cualquier otra cosa. Con la presencia consciente, esta fluidez siempre está disponible. Podemos aprender a aplicar solo la cantidad de esfuerzo necesaria a lo que estemos haciendo, sin pasarnos.

Presenciar esta fluidez en acción puede ser fascinante: la muñeca relajada de un violinista, el estilo fluido de un nadador olímpico, el discurrir tranquilo de un arroyo claro... El esfuerzo está completamente enfocado en la tarea en cuestión y no en tratar de forzar un resultado. El gavilán que volaba en círculos al otro lado de la ventana de mi despacho hace años me cautivó al encarnar la fluidez que a mí me faltaba. Lo mejor que tiene este tipo de descanso es que podemos encontrarlo en lo que sea que estemos haciendo: en el trabajo, de vacaciones, cuando estamos haciendo una pausa en el curso de nuestra actividad... Estoy haciendo menos ahora, mientras escribo esto, que hace un momento; ha bastado con que me diese cuenta de que era posible.

Tal vez incluso en este momento, mientras lees, podrías hacer un poco menos. Suelta algo que no necesites: una tensión física innecesaria, un esfuerzo excesivo, una preocupación de fondo, una sensación de fracaso subyacente. Permítete sentir la ligereza derivada de no forzar tanto.

Establecer la conciencia plena y la fluidez es esencial para encontrar el verdadero descanso. Si no nos basamos en el *ser*, nuestros esfuerzos por relajarnos pueden parecer ciertamente un esfuerzo y aportarnos muy poca relajación, como si la gestión del estrés fuese otra cosa más que tenemos que lograr. La atención plena nos ayuda a dejar de centrarnos en objetivos y a sintonizar con el momento, sin más. Al ser más conscientes del presente, podemos reconocer la firma del estrés: pensamientos frenéticos, tensión estomacal, la mandíbula apretada, un tipo de energía que nos recorre. Frente a esto, podemos elegir unos pensamientos y unas acciones que nos permitan soltar estrés y encontrar alivio.

Pensar: deja que tu mente apoye el descanso

Las historias que nos contamos a nosotros mismos suelen hacer que no nos permitamos descansar. Muchas de estas historias provienen de unas creencias centrales implícitas que nos son tan familiares que nos parecen verdades fundamentales. En todos estos pensamientos subyace la idea de que de alguna manera tenemos que compensar una carencia.

IDENTIFICA LA HISTORIA

La historia de Alex era «tengo que hacerlo todo»; le parecía irresponsable descansar cuando había tanto por hacer. Mi historia era «no puedo permitirme dejar de esforzarme». Tenía el pie en el acelerador todo el rato, debido al miedo a quedarme sin tiempo: temía llegar al final del día, del mes o de mi vida, y darme cuenta, con pesar, de que no había hecho lo suficiente.

Si te cuesta obtener el descanso que necesitas, empieza por escuchar la historia que te cuentas. Estas son algunas historias habituales:

- **El descanso es para los débiles (o para los perezosos, o para los desvergonzados).**
- **Necesito permiso para descansar.**
- **Más descanso significa menos productividad.**
- **No merezco tomarme un descanso.**
- **No estoy haciendo lo suficiente.**
- **Si no estoy estresado, es que no estoy trabajando lo suficiente.**
- **Tengo que hacer feliz a todo el mundo.**

Elige un punto de partida diferente (el supuesto de que *eres* suficiente, mientras confías en que tendrás todo lo que necesitas) para transformar tu relación con el descanso. Este cambio mental también puede mitigar la sensación de que no tienes suficiente tiempo.

HAZTE AMIGO DEL TIEMPO

Nuestra relación con el tiempo es fundamental en nuestra experiencia del estrés. Hace años, mi esposa y yo trabajábamos en un campamento de verano donde el personal se turnaba para lavar los platos de decenas de campistas. Algunos de estos empleados parecían desesperados por terminar el trabajo cuando era su turno; tiraban cosas y gritaban a los compañeros que fueran más rápido mientras fregaban ollas y sartenes y cargaban el lavavajillas. El mensaje subyacente de que eso estaba llevando demasiado tiempo daba lugar a una sensación frenética de estrés en la cocina.

La sensación implacable de que todo requiere demasiado tiempo era uno de mis talones de Aquiles. Era agotador sentir que siempre estaba bajo la presión del tiempo, fuese lo que fuese aquello con lo que estuviese ocupado: hacer la colada, cocinar, hacer ejercicio, escribir... Incluso establecer la temperatura del horno era un problema, ya que cada vez que presionaba el botón la temperatura subía cinco grados. Si tenía que ajustar la temperatura a 230 °C, ¡sentía que estaba allí parado durante una eternidad! Hasta que un día me pregunté cuánto tiempo tardaba en realidad en llegar a esos grados. ¿La respuesta? Siete segundos. Tuve que reírme. ¿Lo había estado pasando mal por siete segundos? ¡Seguro que mi bienestar bien valía ese tiempo, y mucho más!

Muchos de nosotros sentimos una presión constante por ir más rápido, como si el tiempo fuera nuestro enemigo. Todo requiere demasiado tiempo cuando tenemos prisa por terminar una tarea para pasar a la siguiente. Cuando insistimos en que algo está prolongándose demasiado, estamos luchando contra el tiempo, y esta batalla es imposible de ganar. Desear que las actividades nos ocupen menos tiempo no acelerará su curso y no nos permitirá disfrutarlas.

Elige una actividad del día de hoy y dedícale todo el tiempo que requiera. No tengas prisa por pasar a lo siguiente. Recuérdate todas las veces que necesites que el reloj no es tu enemigo y enfócate en la tarea todo el tiempo que sea necesario.

También podemos tener cuidado con el error común de creer que podemos meter «una cosa más» en un lapso de tiempo demasiado corto, como cuando decidimos introducir una carga de ropa en la lavadora antes de salir para acudir a una cita. El estrés adicional que se genera no suele compensar la pequeña ganancia que obtenemos en cuanto a productividad.

Cuando nos contamos historias mejores, estamos en una mejor posición para planificar comportamientos que nos permitan descansar.

Actuar: descansa de hacer

El estrés a menudo se refuerza a sí mismo. La sensación de amenaza desencadena el reflejo de *hacer más*, incluso cuando lo que necesitamos realmente es hacer una pausa. Es como tener un termostato defectuoso que en lugar de apagar la calefacción cuando la habitación está caliente, la potencia. El resultado es un ciclo desenfrenado de ajetreo y estrés.

Cuando estaba abrumado por el trabajo y otros compromisos, no podía contrarrestar el exceso de estrés, por más que aplicase técnicas de relajación o que adoptase un pensamiento saludable. Estaba abriendo las ventanas para enfriar el ambiente cuando lo que tenía que hacer era bajar la calefacción. Aunque es cierto que podemos estar presentes y encontrar la fluidez con cualquier tarea, a partir de un punto el exceso de actividad impide el descanso.

No somos máquinas que podamos trabajar sin cesar sin perder el equilibrio. «Nuestras actividades generan algo así como una fuerza centrífuga –escribió David Steindl-Rast en *La gratitud, corazón de la plegaria*–. Tienen tendencia a alejarnos de nuestro centro y a llevarnos a preocupaciones periféricas. Y cuanto más rápido sea el giro de nuestra ronda de actividades diaria, más fuerte será el arrastre».[1] Nos es más fácil estar presentes cuando no estamos girando sin parar.

Para curarme del exceso de estrés, para mí fue fundamental gozar de períodos de inactividad que les permitían relajarse a mi mente y mi cuerpo, y que le proporcionaban descanso a mi sistema nervioso sobrecargado. Así como el estrés exige más actividad, el descanso conduce a más descanso. En estas pausas, podía encontrar el espacio mental y emocional que me llevaba de vuelta a mi centro y me ayudaba a ver más allá de mis suposiciones sobre la necesidad de hacer más.

VETE DE VACACIONES

Una de las formas más obvias de tomarse un descanso es irse de vacaciones. Hay estudios que han confirmado los numerosos beneficios que presentan las vacaciones para la salud y el bienestar: más energía, un estado de ánimo más alegre y optimista, una sensación de mejor salud y un alivio de la tensión y la fatiga.[2] Pero estos beneficios tienden a durar poco, como es probable que sepas por propia experiencia; prácticamente todos los beneficios físicos y emocionales de las vacaciones desaparecen en el plazo de una o dos semanas después de regresar a casa.[3]

Estos hallazgos no significan que los beneficios de las vacaciones sean insignificantes. Uno de los mejores efectos de cambiar de escenario es que nos damos espacio para ver nuestra vida desde otra perspectiva, como cuando el hecho de alejarnos de una montaña nos permite verla con mayor claridad. Podemos darnos cuenta de que la forma en que estamos viviendo no es buena para nosotros y elegir implementar cambios al regresar, unos cambios de mucho mayor alcance que los efectos directos de desconectar por un tiempo. Por ejemplo, fue en el contexto de unas vacaciones cuando tomé conciencia de los cambios que quería hacer en cuanto al tiempo que pasaba delante de una pantalla, en los que me detengo en el capítulo seis.

Pero no podemos hacer depender nuestra paz mental de unas pocas semanas de vacaciones al año. Incluso cuatro semanas al año, que es más tiempo del que nos tomamos la mayoría de nosotros, nos deja con cuarenta y ocho semanas en las que sentirnos agobiados y estresados. En mi caso, una semana de vacaciones cada verano no fue suficiente para detener el avance del agotamiento por estrés y la enfermedad. Las propias vacaciones pueden ser agotadoras, y a menudo tenemos mucho trabajo pendiente por hacer después de haber estado fuera. Está claro que necesitamos contar con formas de abordar el estrés que no dependan de las vacaciones, que se presentan con poca frecuencia.

DESCANSA CADA DÍA

Durante una larga temporada me estuvo sorprendiendo el escaso tiempo libre que tenía cada día. No era que planease estar en todo momento ocupado, pero incluso cuando quería trabajar menos, mis horas siempre se llenaban. Finalmente me di cuenta de que no bastaba con que tuviese la esperanza de descansar. Tenía que dedicar lapsos de tiempo específicos a no hacer nada o mis días seguirían llenándose de actividad, igual que las malas hierbas se expanden por un huerto.

Por fin acepté que tenía que *planear* estar menos ocupado, de la misma manera que planeo mantener a raya las malas hierbas de mi huerto, y comprometerme a proteger esos lapsos de inactividad. Mi plan con respecto a pensar, actuar y ser pasó a incluir tiempo para mi cuidado personal a diario: tiempo para leer un libro por placer, sentarme en el jardín, hablar con mis hijos, no hacer nada. Estos períodos de calma y relajación fomentaron en mí un estado de presencia mitigador del estrés.

Comienza a planificar tus días como si te importara la persona para la que estás realizando la planificación. Examina cuidadosamente lo que tenías previsto hacer mañana y observa si esto incluye alguna actividad estresante de la que puedas prescindir. Por ejemplo, ¿te has comprometido a hacer algo de lo que podrías liberarte? Observa también si has programado una pausa entre las actividades y si has reservado tiempo para cuestiones esenciales como son dormir y hacer ejercicio. No tienes por qué revolucionar tu distribución del tiempo de una vez; proponte introducir una mejora mañana que te haga sentir más entusiasmado frente al día que te espera.[4]

Desde un espacio más tranquilo y centrado, podemos reconectar con la parte espiritual que es fácil que dejemos de lado cuando estamos sometidos a mucho estrés. La estrategia más efectiva consiste en incorporar actividades relajantes a nuestra rutina, como salir a caminar cada mañana o almorzar con un amigo los viernes. De esta manera, no tenemos que decidir cada vez si realizar estas actividades o no. En mi proceso de recuperación incluí sesiones de yoga cortas para encuadrar la jornada, una antes de desayunar y otra antes de irme a dormir.

Los descansos reparadores pueden ser breves; el hecho de tomarse quince minutos para caminar o hacer ejercicios de relajación a la hora del almuerzo en los días laborables reduce significativamente el estrés y la fatiga, no solo en el momento, sino también al final del día.[5] Muchas veces he logrado un reinicio mental a la hora del almuerzo al tomarme cinco minutos para salir a caminar y revisar el buzón. Si efectuamos una pequeña inversión en nuestro bienestar al mediodía, podemos sentirnos con más energía y más relajados al final de la jornada. Es importante señalar que tenemos que hacer cosas que nos satisfagan durante estos descansos de la hora del almuerzo para cosechar beneficios; no se trata de hacer una pausa en el trabajo solamente.

DESCANSA DE LA FORMA ADECUADA PARA TI

Más de una persona con la que he trabajado tenía dificultades para encontrar un tiempo de inactividad reparador. David, por ejemplo, llegaba a casa exhausto del trabajo y la facultad y se pasaba la mayor parte de la tarde-noche viendo vídeos de YouTube. Esto lo relajaba de alguna manera, pero se sentía igual de vacío en el momento de acostarse que en el momento de llegar a casa. Al final, se dio cuenta de que anhelaba conectar con otros seres humanos.

Cuando te sientas demasiado estresado por todo lo que tienes que hacer, prueba a aplicar el procedimiento siguiente. Empieza por el componente *ser*: haz una pausa y conecta contigo mismo; encuentra tu centro haciendo una respiración lenta. Sigue con el componente *pensar*: pregúntate cuál es tu historia; por ejemplo, «no puedo hacerlo todo» o «no puedo permitirme tomarme descansos». ¿Se corresponden bien con la realidad tus pensamientos o hay alguna alternativa más realista? Y termina con el componente *actuar*: examina qué descanso puedes ofrecerte, como un paseo de cinco minutos alrededor de la manzana o una ducha relajante. Si te resulta imposible descansar de inmediato, ¿puedes planear hacerlo pronto y esperar con ilusión ese momento?

Encontramos el verdadero descanso al darles al cuerpo, la mente y el alma lo que precisan. A veces necesitamos descansar leyendo acostados todo el fin de semana o haciendo una siesta. En otras ocasiones el cuerpo tiene hambre de ejercicio y necesitamos salir y moverlo. A veces descansar significa estar solos o lo contrario: David descubrió que le hacía falta descansar de la soledad reuniéndose con amigos después del trabajo, lo cual encontró mucho más satisfactorio que su antigua rutina; la conciencia plena lo ayudó a escuchar lo que realmente necesitaba y a responder en consecuencia.

Cuidar nuestros pensamientos y actos nos puede ayudar mucho a reducir el estrés y a fomentar experiencias cada vez más profundas de descanso; incluso podemos descansar de querer siempre más.

DESCANSA DEL DESEO

Estamos muy condicionados a pensar en maneras de mejorar nuestra situación encontrando un poco de placer o alejando el malestar: instintivamente tomamos algo para comer, zapeamos, exploramos las redes sociales...; hacemos cualquier cosa que nos sirva para apartar la vaga sensación de insatisfacción que sentimos la mayor parte del tiempo. Pero el deseo constante de que las cosas sean mejores hace que estemos en conflicto con la realidad e imposibilita la paz. Incluso el anhelo de deshacernos del estrés puede ser un estado de ausencia de descanso que dé lugar a un tipo de estrés.

A menudo no somos conscientes de que esta dinámica genera estrés, porque nos hemos habituado totalmente a ella. Un ejemplo evidente de esto era mi relación con el alcohol, al que acudí durante años para tratar de mejorar mi vida: para relajarme, para hacer que me resultara más fácil socializar, para acompañar la experiencia de ver espectáculos deportivos. Pero el deseo compulsivo que estaba detrás de mi consumo de alcohol siempre conllevaba un grado de estrés, ya que el bienestar que perseguía era una sensación esquiva.

El descanso que anhelamos no depende de mejorar lo que está sucediendo. Se encuentra en descansar de la creencia de que necesitamos algo más de lo que ya tenemos. El monje trapense Thomas Merton dijo de este descanso que está «más allá de todo deseo», que ofrece «una plenitud cuyos límites se extienden hasta el infinito».[6] Podemos dejar de acudir a aquello a lo que estamos apegados, descansar en este mismo momento y librarnos de cualquier expectativa de que las cosas deberían ser diferentes o mejores. El descanso se encuentra en esta aceptación.

La aceptación consciente fue lo que ayudó a mi paciente Alex a soltar su carga. Con el tiempo llegó a ver que había estado en guerra consigo misma. A través de la conciencia plena aprendió a hacer las paces con la persona que era y con la incertidumbre caótica de su existencia diaria. *Este* era el hogar que anhelaba, un hogar en el que se sentía realmente bienvenida, en paz y reconectada con su núcleo espiritual. Al conectar con su ser interior, encontró el descanso en la misma vida que estaba llevando.

Nuestro espíritu habita en la absoluta simplicidad del momento presente; ahí es donde se halla siempre, y en ningún otro lugar. Encontrar la conexión espiritual nos ayuda a equilibrar el hacer y el no hacer y a cuestionar los pensamientos que fomentan nuestro estrés. ¿Qué podría impulsarnos a esforzarnos constantemente por más si ya no necesitamos huir de nuestros miedos ni demostrar nuestra valía? Encontramos el descanso al saber que ya tenemos todo lo que necesitamos.

El descanso es la piedra angular de nuestro bienestar y nuestro cuidado personal. Nos permite conectarnos con nosotros mismos tal como somos y sentirnos en casa a cada momento. Y, como veremos en el próximo capítulo, es esencial para que tengamos una relación amorosa con nuestro cuerpo.

9

AMA TU CUERPO

Tu relación con tu cuerpo es una parte fundamental de la conexión contigo mismo. Sabemos que cuidar de nuestro cuerpo es una buena idea y, sin embargo, a menudo nos cuesta trabajo dormir lo suficiente, hacer ejercicio con constancia y comer de manera saludable. Este capítulo te muestra cómo el modelo pensar, actuar, ser te proporciona herramientas para materializar tus intenciones en estas áreas. Al ofrecerle a tu cuerpo un cuidado amoroso y conexión, puedes sentirte más a gusto en tu hogar físico.

* * *

Mi salud empezó a venirse abajo cuando me faltaba poco para cumplir los cuarenta años. Primero aparecieron la laringitis recurrente y el cansancio vocal, que traté con diez o quince pastillas para la tos al día. Supuse que mi cuerpo se estaba mostrando desagradable sin ninguna necesidad y nunca consideré que tal vez estaba tratando de decirme algo importante.

El mensaje no tardó en sonar más fuerte e incisivo. «No me vendría mal un poco de ayuda», anunció mi cuerpo cuando dejé de tener la resistencia que hasta entonces me había permitido recorrer ciertas distancias en mis carreras matutinas. Lo atribuí al cambio de decenio y al inevitable declive que viene con la edad. Hasta que, de pronto, mi cuerpo estaba gritando: «¡Tenemos un problema!». Dejé de dormir bien. Mi memoria dejó de ser fiable. Me sentía confundido. No podía hacer más de un minuto o dos de ejercicio antes de que me invadiera una fatiga aplastante. Antes subía las escaleras del metro de dos en dos, y ahora las estaba subiendo lentamente de una en una, mientras sentía un peso doloroso en los muslos; cuando llegaba arriba, me detenía para tomar aire. Al mismo tiempo, cada vez me costaba más hablar.

No entendía lo que estaba sucediendo. Mi cuerpo había hecho todo lo que le había pedido durante los primeros decenios de mi vida, desde correr y andar en bicicleta hasta afrontar largas jornadas de trabajo y dormir poco. Solo le prestaba una atención especial cuando se presentaba un problema temporal, como un resfriado o un tirón de espalda. Pero al irse intensificando mi enfermedad a lo largo de los cuatro años siguientes, maldije a mi cuerpo, con el sentimiento de que me había traicionado.

Con el tiempo me di cuenta de que era yo quien había traicionado a mi cuerpo, al tratarlo como algo muy secundario y dar por sentado que satisfaría siempre mis necesidades. Había exigido que cuidara de mí a pesar de que lo estaba descuidando... Al maldecirlo, era como si estuviera maldiciendo un huerto del que nunca me ocupaba y que se esforzaba por sobrevivir.

A través de mi enfermedad, aprendí que todo lo que valoramos, desde nuestro trabajo hasta nuestras experiencias sensoriales y nuestras relaciones más importantes, depende de que cuidemos el cuerpo que se nos ha confiado. Ahora bien, ¿cómo podemos tratarlo como se merece?

La presencia consciente es esencial para el cuidado del cuerpo. Cuando tenemos la mente en el pasado o en el futuro, perdemos la conexión con nuestro yo físico, que solo se encuentra aquí y ahora. El hecho de apresurarnos para acometer pronto lo siguiente hace que estemos en conflicto con nuestro cuerpo, ya que si creemos que debemos estar *ahí* pero nuestro cuerpo está *aquí*, tenemos un problema. En cambio, el hecho de estar presentes nos conecta con la realidad física y nos permite fomentar una relación íntima y amorosa con él. Si cuidamos el cuerpo, fomentamos la conciencia plena, y viceversa; así, fortalecemos nuestra conexión con el presente, como muestra la figura 5.

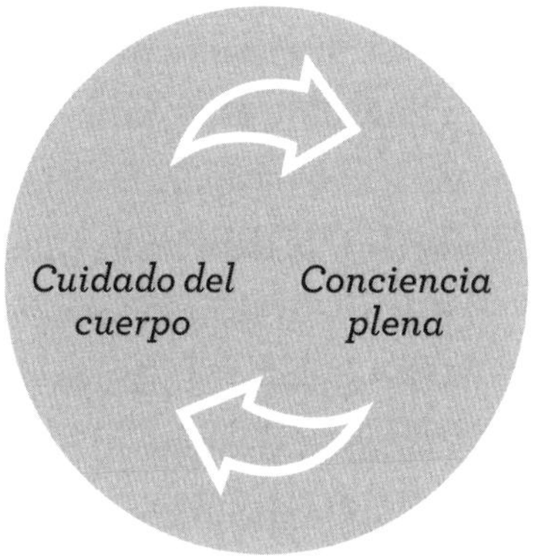

Figura 5

Vamos a explorar tres formas principales de cuidar el cuerpo y conectar con él: dormir, moverse y comer.

Duerme bien

El sueño es el primer pilar del autocuidado. Durante mucho tiempo, satisfice lo mínimo posible la necesidad de dormir de mi cuerpo; lamentaba esas horas aparentemente inútiles. Pero aunque el sueño es un estado de no hacer, el tiempo que le dedicamos no es un tiempo perdido.

Aprendí el verdadero valor del sueño al sufrir insomnio crónico durante varios años. Me resultaba fácil conciliar el sueño, pero no permanecer dormido. Me despertaba a las dos o las tres de la madrugada la mayoría de las noches y a menudo me levantaba para empezar el día en lugar de dar vueltas en la cama. Era una existencia solitaria estar despierto y activo mientras mi entorno dormía. Pasé innumerables días confundido y desconectado, esperando volver a la cama pero temiendo otra noche de insomnio.

Pocas cosas son más importantes para nuestro bienestar que dormir bien. Innumerables procesos dependen de ello: la memoria, la concentración, el nivel de energía, la función inmunitaria, la reparación de tejidos, la regulación hormonal... Dormir bien ayuda a prevenir la ansiedad, la depresión y los problemas con el alcohol,[1] y puede hacer que seamos trabajadores más productivos, conductores más seguros[2] y mejores parejas.[3] Los problemas de sueño crónicos son frustrantes y desmoralizadores, y pueden hacernos sentir como una sombra de nosotros mismos.

¿Cómo podemos experimentar un sueño que no solo sea reparador sino que, además, nutra nuestra alma? Los principios del modelo pensar, actuar, ser que están en la base de la terapia cognitivo-conductual (TCC) para el insomnio nos proporcionan exactamente lo que necesitamos para entrar en el sagrado espacio del sueño. Lo primero que hay que hacer es *no* hacer.

SER: SUELTA

El sueño es una invitación nocturna a la presencia consciente, ya que se sitúa entre el día que acaba de pasar y el día que está por venir, es decir, entre el recuerdo y la fantasía. Durante unas pocas horas, no tenemos nada que hacer aparte de dormir y no tenemos necesidad de estar en ningún lugar distinto de aquel en el que estamos. El sueño requiere que hagamos una sola cosa, aunque es más apropiado decir que requiere que no hagamos nada, ya que es una de las pocas actividades en las que un mayor esfuerzo produce peores resultados.

En lugar de *intentar* quedarnos dormidos, en consonancia con la falsa idea de que el sueño está bajo nuestro control, dejémonos caer en él. Nuestra única tarea es rendirnos. Quedarse dormido es una forma de soltar y un acto de fe. Como escribió el sacerdote franciscano Richard Rohr citando a Ángeles Arrien, «cada noche practicamos el soltar cuando nos entregamos al sueño y al lugar misterioso de los sueños, confiando en que volveremos».[4] La confianza es esencial para que acuda el sueño, ya que cualquier sensación de amenaza nos mantendrá despiertos. También confiamos en que podemos dejar de pensar y hacer y descansar en un estado de ser.

Las investigaciones muestran que hay pocas cosas más valiosas que la aceptación consciente para evitar la frustración cuando el sueño se ve interrumpido por el insomnio.[5] En parte, esta aceptación consiste en acoger la incertidumbre confiando en que el sueño acabará por llegar si les ofrecemos a la mente y el cuerpo las condiciones adecuadas. No es sorprendente que esté durmiendo mejor desde que comencé a llevar la atención plena a la cama conmigo. Cuando acepto lo que sucede cada noche, puedo dejar ir las exigencias y expectativas que alejan el buen sueño.

Es más fácil aceptar la incertidumbre sobre el sueño cuando lo abordamos con «mente de principiante», es decir, como si fuera la primera vez que vamos a relacionarnos con él (expuse este enfoque en el ejercicio de la pasa, en el capítulo cinco). En lugar de suponer que sabemos muy bien cómo irá la noche, podemos abrirnos a lo que sea que vaya a ocurrir. A veces dormiremos mal; otras noches, nos quedaremos dormidos con facilidad y tendremos un sueño profundo.

PENSAR: MANEJA LA MENTE

Al principio de su tratamiento para el insomnio, Janine me dijo, lamentándose, que le gustaría tener un interruptor de apagado para la mente. Durante el día ya le resultaba lo bastante difícil dejar de lado los pensamientos angustiantes sobre problemas reales y potenciales; por la noche, aún le era más difícil detener la preocupación constante, al no contar con distracciones que interrumpieran sus temores.

A menudo, los pensamientos difíciles que pasaban por la mente de Janine tenían que ver con el sueño en sí; le contaban historias sobre lo terrible que sería la noche y sobre los sufrimientos que la aguardaban al día siguiente. «¡Actualmente no puedo dormir más de cuatro horas! –pensaba–. Mañana no voy a servir para nada».

Si intentaba discutir con estos pensamientos atemorizantes o hacerlos desaparecer, solo se hacían más fuertes. Durante el tratamiento, aprendió a practicar el descentramiento respecto de ellos, por lo que pasó a verlos como parloteo mental en lugar de hechos. Con el tiempo, pudo observar estas historias desde cierta distancia, sin perderse en ellas. «Tal vez digan la verdad, pero tal vez no», se decía. Por ejemplo, se dio cuenta de que aunque una noche de mal dormir era muy frustrante, el día siguiente nunca era tan desastroso como había temido.

Lleva a cabo la práctica de cuestionar las historias que te cuenta la mente por la noche. Empieza por advertir que los

pensamientos que está generando tu mente podrían no contar la verdad. A continuación, examina si hay alguna alternativa que tenga más probabilidades de corresponderse con la realidad o que pueda ser más precisa. Pero en lugar de intentar forzarte a creer estas alternativas, empieza a creerte menos lo que te diga el parloteo mental.

Cuando comencé a mejorar del insomnio, a menudo tenía pensamientos invasivos cuando me despertaba dentro de las primeras horas de la madrugada: «¿Y si permanezco despierto el resto de la noche?». Pero en lugar de luchar contra esa posibilidad, me resultó útil abrirme a ella: «Podría ser, y tendré que lidiar con esto si sucede». Aceptar lo desconocido hace que nos sea más fácil dormir más, ya que no estamos tratando de entrar por la fuerza en el inconsciente.

ACTUAR: PREPARA EL TIEMPO Y EL ESPACIO

Los principios conductuales nos ayudan a armonizar nuestros actos con los dos principales factores corporales que fomentan el sueño: el reloj biológico y el deseo de dormir.

Los procesos relacionados con el sueño como son la liberación de hormonas y la regulación de la temperatura siguen un ciclo de unas veinticuatro horas conocido como *ritmo circadiano*. Por ejemplo, el nivel de melatonina, que le indica al cuerpo que es hora de acostarse, aumenta poco después de la puesta de sol y disminuye cuando se acerca la mañana. Dormimos mejor durante la fase del ciclo que el cuerpo asocia con el sueño.

El otro factor crucial, el hambre de sueño, es como nuestro apetito por la comida: cuanto más tiempo pasamos sin dormir, más anhelamos hacerlo. Es más probable que tengamos un sueño reparador si tenemos hambre de dormir; esto nos ayudará a disfrutar de una «comida de sueño» completa y saciante. Dormirás mejor cuando tu hambre de sueño y tu ritmo circadiano estén en sintonía, es decir, cuando hayas estado despierto el tiempo suficiente como para estar listo para dormir y cuando tu reloj biológico indique que es hora de acostarte.

PROGRAMA EL TIEMPO QUE VAS A ESTAR EN LA CAMA

El principio más importante para armonizar los dos factores corporales que fomentan el sueño es seguir un horario que responda a las necesidades de sueño del cuerpo. Acostarte y levantarte siempre a la misma hora es crucial para establecer un ritmo circadiano firme que haga que el tiempo que permanezcas en la cama esté sincronizado con los procesos fisiológicos del sueño. También necesitas pasar la cantidad adecuada de tiempo en la cama.

Antes de tener insomnio, me privaba del sueño rutinariamente, como hacemos muchos de nosotros, y acudía a la cafeína para combatir la fatiga durante el día. En la actualidad, normalmente estoy unas siete horas en la cama, desde las diez de la noche hasta las cinco de la mañana, porque tiendo a dormir entre seis horas y media y siete horas cada noche.

Es importante destacar que estar demasiado tiempo en la cama puede ser igual de perjudicial que estar demasiado poco. Si estamos en la cama durante más tiempo del que somos capaces de dormir, estaremos más rato ahí frustrados sin pegar ojo, lo cual puede hacer que la cama pase a ser un espacio en el que experimentamos ansiedad en vez de ser un lugar de descanso. Busca el punto óptimo en el que descanses lo suficiente y duermas la mayor parte del tiempo que estés en la cama.

PREPARA EL CUERPO Y LA HABITACIÓN

El buen sueño comienza de hecho con nuestras actividades diurnas. Podemos preparar el cuerpo para dormir haciendo ejercicio durante el día; los estudios al respecto muestran que tanto el ejercicio aeróbico[6] como el levantamiento de pesas[7] pueden mejorar el sueño nocturno. Algunas personas encuentran que hacer ejercicio en las últimas horas de la tarde no favorece su sueño, pero varios estudios han hallado que es más beneficioso hacer ejercicio más cerca de la hora de acostarse.[8] Como siempre, lo mejor es prestar atención a lo que nos dice nuestro cuerpo.

Dormiremos mejor si evitamos tomar alcohol para conciliar el sueño; el alcohol afecta a la calidad del sueño y hace que nos despertemos más veces. Una cena abundante poco antes de acostarnos también puede alterar la calidad del descanso, al igual que la cafeína. En el caso de algunas personas, incluso una taza de café o té por la mañana puede afectar su sueño nocturno.

También podemos hacer que nuestro dormitorio sea propicio para el sueño manteniéndolo oscuro, silencioso y fresco; además, favorecerá el sueño tener un colchón y una almohada cómodos y elegir unas sábanas y mantas agradables.[9] Es mejor reservar el dormitorio para las actividades que tienen que ver con dormir, para que nuestro cerebro asocie este espacio con el sueño. Con este fin, conviene que dejemos el trabajo y los dispositivos digitales en otro lugar.

RELÁJATE

Antes revisaba el correo electrónico del trabajo justo antes de acostarme, lo que a menudo llenaba mi mente de pensamientos ansiosos sobre posibles problemas. Las noticias de tipo político, las películas intensas o los libros emocionantes también pueden acelerar la mente cuando queremos relajarnos. Dormiremos mejor si las actividades del final de la tarde y la noche están en armonía con lo que hace el cuerpo para prepararse para dormir. Esta preparación empieza mucho antes de que pongamos la cabeza en la almohada. Las tareas que estimulan poco la energía ayudan a que las ondas cerebrales adopten patrones menos activos, coherentes con el adormecimiento.

Entre otras cosas, para mí fue clave seguir una rutina de relajación por la noche para mitigar el insomnio. En la actualidad, suelo realizar actividades expresamente calmantes dentro de la hora previa al momento de acostarme, tales como darme una ducha o un baño, leer algo que me resulte agradable y hacer unos minutos de yoga para dormir. De esta manera preparo el cerebro y el resto del cuerpo para el sueño y voy pasando suavemente de la actividad a la ausencia de actividad.

Reflexiona sobre lo que haces durante la media hora o la hora antes de acostarte. ¿Tienden a agitarte o te ayudan a avanzar hacia el sueño estas actividades?

Aunque una rutina relajante puede ser muy beneficiosa, a menudo es difícil soltar durante la hora previa al momento de acostarse todo el estrés que se ha acumulado a lo largo del día. Normalmente, yo empezaba a acumular estrés ya de buena mañana, debido al impacto físico de mi enfermedad y a la preocupación constante sobre cómo iba a ir la jornada. Habitualmente, aún me encontraba en un estado de hiperactivación cuando me iba a la cama, independientemente de la cantidad de yoga o de ejercicios de respiración que hubiera hecho poco antes. Como escribió Saundra Dalton-Smith en *Sacred Rest* [Descanso sagrado], «el sueño de buena calidad se filtra desde una vida en la que estamos descansando bien».[10] Cuando aprendemos a reconocer el estrés que albergamos en la mente y el cuerpo (este tema se trata en el capítulo ocho), podemos practicar el alivio de la tensión a lo largo del día, lo que hace que nos sea más fácil dormir bien por la noche.

Al igual que la mayoría de las personas que acudían a mí para tratar el insomnio, Janine encontró alivio gracias a los sencillos principios del modelo pensar, actuar, ser. Pronto pudo conciliar el sueño en menos tiempo y dormir más profundamente. Terminó durmiendo más a la vez que pasaba *menos* tiempo en la cama; el hecho de estar menos tiempo despierta estando en la cama hizo que esta pasara a ser un lugar de descanso para ella en vez de ser un espacio de frustración. Cuando empezó a dormir mejor, todo cambió. Pasó a sentirse no solo menos exhausta, sino también más optimista. De igual modo, su ansiedad disminuyó y recuperó el sentido del humor.

Durante muchos años, tuve una visión unidimensional del sueño: era bueno o malo, y mi única intención al abordarlo era tratar de mejorarlo. Me llevó tiempo reconocer que el sueño no es solo un medio de descanso mental y físico, sino también un ritual diario de limpieza y renovación y la base del estado de presencia en la vida de vigilia. Si preparamos la mente, el cuerpo y el alma, podemos descubrir los aspectos mejores y más misteriosos de nuestra inmersión nocturna en la inconsciencia. Por medio de la conciencia plena, el sueño se convierte en una práctica espiritual profunda.*

* N. del A.: Le estoy agradecido a Rebecca Stoltzfus, presidenta del Goshen College, por ayudarme a tomar conciencia del carácter sagrado del sueño.

DIVINO SUEÑO

En *Las variedades de la experiencia religiosa*, William James citó la experiencia de sueño de *madame* Guyon:[11] «A veces mi sueño no es muy bueno, es una especie de medio sueño; pero mi alma parece estar lo suficientemente despierta como para conocer a Dios, aunque apenas es capaz de conocer ninguna otra cosa». Al parecer, para *madame* Guyon el sueño abría un portal hacia lo divino.

El sueño ocupa un lugar destacado en muchas tradiciones espirituales. Las escrituras hebreas presentan muchos casos de sueños inspirados por la divinidad, como cuando José predijo siete años de abundancia y siete años de hambre a partir de los sueños del faraón.[12] Los primeros escritos cristianos también hacen referencia a directrices divinas recibidas durante el sueño, como cuando los magos* recibieron la advertencia de no regresar al rey Herodes después de darle a Jesús sus regalos.[13] En los Salmos se viene a decir que el sueño es un regalo de Dios:[14] «En vano madrugan ustedes, y se acuestan muy tarde, para comer un pan de fatigas, porque Dios concede el sueño a sus amados».**

En el hinduismo también hay referencias al sueño: «La felicidad del sueño profundo es mayor que cualquier otro tipo de felicidad o placer nacidos del contacto sensorial», escribió swami Krishnananda.[15] Hay escritos del sufismo, que es una modalidad de misticismo islámico, que expresan puntos de vista similares sobre el sueño.[16] Buda estableció una conexión entre el sueño y la

* N. del T.: El autor se refiere a los sacerdotes eruditos que pasaron a ser conocidos como los tres Reyes Magos.

** N. del T.: Hay versiones de este salmo, en castellano, que expresan la idea de que Dios colma a sus amados (o a sus elegidos) mientras duermen, sentido que parece más coherente con la primera mitad de la declaración. (Se expresa este sentido, por ejemplo, en la Biblia de las Américas y en la versión de la Biblia conocida como Dios Habla Hoy).

iluminación cuando dijo que «el iluminado [...] siempre duerme feliz»;[17] otros escritos budistas muestran que algunos sueños pueden ser proféticos.[18]

En las tradiciones místicas judías se dice que el alma abandona el cuerpo durante el sueño y recibe «revelaciones que no pueden tener lugar [...] cuando la persona está despierta».[19] Muchos de nosotros hemos experimentado algún tipo de revelación en el sueño, como cuando nos hemos despertado con la respuesta a un problema que no habíamos podido resolver en el estado de vigilia. Yo sentí que mi sueño en el que moría y encontraba el amor perfecto entre las estrellas revelaba algo verdadero sobre la naturaleza de la realidad. La toma de conciencia de que nuestro yo durmiente puede saber cosas que nuestro yo despierto desconoce es impactante.

El sueño ofrece una oportunidad nocturna de entrar en el ámbito de la conciencia espiritual. Al cuidar nuestro sueño, estamos fomentando nuestra conexión con las partes más profundas de nosotros mismos. Esta conexión no solo puede ayudarnos a experimentar todo lo bueno que ofrece el sueño, sino que también puede enriquecer nuestra vida de vigilia.

Ejecuta un ritual que marque el comienzo de tu período de sueño, al igual que los practicantes de artes marciales se inclinan cada vez que cruzan el umbral de su espacio de práctica. Por ejemplo, haz tres respiraciones lentas mientras te acomodas en la cama y sueltas todo lo que no tiene que ver con el sueño. Al regresar al ámbito de la vigilia por la mañana, tómate un minuto para anclar la conciencia en el cuerpo y empezar el día desde un firme estado de presencia.

Un sueño reparador prepara el terreno para la actividad diaria, que debe incluir el ejercicio regular, la siguiente forma de cuidar el cuerpo que debemos tener en cuenta y que vamos a abordar.

Muévete según lo que necesite tu cuerpo

Charles llegó a mi consultorio de terapia agotado y deprimido después de llevar años sufriendo estrés y afrontando largas jornadas de trabajo. Algo que incluyó la activación conductual que planificamos juntos fue que volviese a correr, actividad que le encantaba pero que había abandonado a causa de su horario laboral. Unos meses después de la última sesión que tuvimos, Charles me envió una carta en la que me decía que le seguía yendo bien. Aunque se aseguró de hacerme saber que mi intervención le había sido útil, afirmó que lo que más le había sanado había sido volver a correr. Varios pacientes me han dicho que su mejor terapia fue una actividad física como correr, nadar o montar en bicicleta.

Está demostrado que el ejercicio físico tiene efectos contra la depresión,[20] pero en el caso de Charles hizo algo más que aliviar sus síntomas. Para él, correr era una expresión auténtica de su dimensión física; su cuerpo anhelaba moverse. Volvió a sentir que era él mismo cuando se conectó no solo con su cuerpo, sino con la totalidad de su ser: la cabeza, los pies y el corazón. Charles había redescubierto una alegría infantil con el movimiento.

A los niños les encanta moverse, pero en algún momento, movernos deja de producirnos alegría de manera natural. La actividad física pasa a ser algo obligatorio y reglamentado. Sospecho que dejé parte de mi amor por correr en la pista de tartán mientras corría la milla obligatoria para la clase de educación física de séptimo grado.* Mi cuerpo era solo una herramienta con la que alcanzar un objetivo mientras daba cuatro vueltas centrado en el reloj, sin alegría.

En cualquier caso, estamos hechos para movernos. Nuestros antepasados no podían evitar el movimiento físico, ya que su supervivencia dependía de la caza y la recolección de alimentos. En la actualidad, es habitual que pasemos la mayor parte de las horas de vigilia sentados. Es posible que ni siquiera nos demos cuenta de nuestro grado de sedentarismo. Antes de enfermar, pensaba que llevaba un estilo de vida activo, pues hacía un poco de ejercicio por la mañana y andaba en bicicleta durante cinco minutos para ir y volver del trabajo. No tenía en cuenta las diez horas que pasaba sentado en la consulta más las horas que estaba sentado en casa... El hecho de estar sentado se convirtió en un hábito tan arraigado en mí que ni siquiera quería levantarme para poner agua en mi vaso o buscar un libro en mi estantería.

Mi cuerpo se fue debilitando y se fue volviendo rígido por la falta de actividad, por lo que dejó de sentarme bien moverme y me volví propenso a sufrir lesiones. Mis caderas estaban siempre tensas, por lo que me resultaba incómodo caminar, y mi espalda solía tensarse cuando me ponía de pie después de llevar un tiempo sentado. No sentía que tuviese cuarenta años, sino muchos más. Estos dolores y molestias socavaron incluso en mayor medida mi motivación para moverme, lo cual hizo que mi estilo de vida se volviese aún más sedentario.

Abandoné el ejercicio matutino en las primeras etapas de mi enfermedad, cuando se instaló el agotamiento, y poco a poco fui dejando de montar en bicicleta y de levantar pesas también. La falta de movimiento hizo que cada vez estuviese más deprimido y

* N. del T.: El séptimo grado estadounidense equivale al primer año de la ESO.

frustrado con mi cuerpo. Para ser honesto, envidiaba las carreras de Charles. No es ningún secreto que el ejercicio da lugar a beneficios físicos y también puede mitigar la ansiedad[21] y aliviar la depresión.[22] Además, la actividad física apoya otros aspectos del estilo de vida saludable, como una mejor alimentación[23] y un sueño más reparador.[24] A pesar de todo ello, a menudo nos cuesta mover el cuerpo.

¿Cómo podemos redescubrir la alegría asociada al hecho de mover el cuerpo todos los días? Los principios del modelo pensar, actuar, ser pueden ser útiles a este respecto. Lo primero que hay que atender es el componente *ser*: si conectamos con el cuerpo en el presente, dicha conexión hará que seamos más propensos a hacer el trabajo de cuidar este templo de la mente y el espíritu.

SER: CONECTA CON EL CUERPO EN MOVIMIENTO

En el pasado, mis sesiones de ejercicio eran como azotar a un caballo para que corriese por una pista; mi cuerpo estaba allí para servirme, pero sin ningunas ganas de colaborar. El ejercicio que debía ser parte del tratamiento que había dispuesto para mí tendría que basarse en una estrecha colaboración entre yo y mi cuerpo.

El hecho de sintonizar con mi cuerpo me ayudó a darme cuenta de qué era lo que me pedía. No estaba en condiciones de afrontar ejercicios de intervalos de alta intensidad ni clases de *spinning*. Hice del caminar y el yoga mis modalidades de ejercicio principales, junto con sesiones cortas de entrenamiento de fuerza. Cuando había tenido una noche especialmente mala en lo que al sueño se refiere, reducía la intensidad del ejercicio para amoldarlo a mi nivel de energía, en lugar de exigirle a mi cuerpo que funcionara como si estuviera descansado.

Durante este período, encontré alegría en el movimiento consciente, con la práctica del yoga sobre todo. Antes no sabía que podía ser tan agradable percibir el cuerpo mientras se mueve y respira. Cualquier conexión consciente con el cuerpo en movimiento puede ser sorprendente, desde los movimientos involuntarios de la respiración hasta la destreza de las manos al abrirse y cerrarse (pruébalo ahora mismo si quieres). El hecho de ver cómo se mueven otras personas también puede ser una fuente de alegría. Muchas veces me he quedado hipnotizado, en las sesiones de terapia, por los gestos que hacen los pacientes con las manos mientras hablan. El movimiento humano es poético de por sí.

Desde una base de presencia y atención conscientes, podemos ocuparnos de los pensamientos que podrían interferir en el ejercicio.

PENSAR: RETIRA LOS OBSTÁCULOS MENTALES

El obstáculo para el movimiento suele encontrarse en nuestra propia mente. Cuando he caído en períodos de inactividad, he detectado que mi mente comete muchos errores de pensamiento clásicos. El mayor de ellos es la falacia «lo haré más tarde». Sabía perfectamente que si no hacía ejercicio por la mañana había un noventa y nueve por ciento de probabilidades de que no lo hiciera ese día. Pero si tenía prisa por empezar a trabajar, podía engañarme a mí mismo con la creencia de que más tarde tendría el tiempo y las ganas.

Tampoco es muy efectivo tratar de basar el ejercicio en el «debería». En realidad, el «debería» podría reducir nuestra motivación, porque genera resistencia. Cuando alguien, incluidos nosotros mismos, nos dice que deberíamos hacer algo, una parte de nosotros se rebela contra lo que parece una obligación onerosa. Es más útil que nos centremos en la razón por la que *queremos* movernos,[25] como el placer que podríamos experimentar al hacerlo.

También me he engañado a mí mismo con el razonamiento de base emocional. Si no tengo ganas de moverme, tiendo a pensar que no debería hacerlo. Pero nuestras emociones muchas veces son consecuencia de nuestras acciones, por lo que cuando empezamos a realizar actividad física, la motivación suele aparecer. El razonamiento emocional a menudo se ve agravado por la predicción del futuro; esto ocurre cuando me digo a mí mismo que voy a sufrir mientras hago ejercicio. Esta predicción se basa generalmente en cómo me siento al comienzo de la sesión de ejercicio, como cuando pienso que voy a sentir frío todo el tiempo que esté en la piscina. En realidad, el golpe de frío inicial no tarda en dar paso al placer que supone para mí deslizarme por el agua.

También hay que tener cuidado con el pensamiento del tipo o todo o nada, que dice que si no se puede hacer la sesión de ejercicio completa, es mejor no empezar. En lo que al ejercicio se refiere, casi siempre es mejor hacer un poco que abstenerse totalmente.

Cuando te cueste hacer ejercicio, examina si las historias que te cuenta la mente se están interponiendo. ¿Están tus pensamientos minando tu motivación? Empieza a sustituir los pensamientos que no te ayudan por otros más realistas; por ejemplo, contrarresta el pensamiento del tipo o todo o nada recordándote que incluso un poco de movimiento es beneficioso.

Al cuestionar los pensamientos poco útiles, estarás allanando el camino para la acción.

ACTUAR: HAZ QUE SEA DIVERTIDO Y FÁCIL

Todavía recuerdo el mejor ejercicio que hice en el verano de 1999: dos horas de baile folclórico cuando estaba trabajando en un campamento en Maine. Me divertí tanto que ni siquiera advertí que era una actividad muy exigente. Por desgracia, a menudo tenemos la experiencia opuesta con el ejercicio: sentimos todo el dolor y nada de alegría. ¡Es realmente difícil comprometerse mucho tiempo con algo que parece una especie de castigo!

Por otro lado, si el tipo de movimiento nos resulta agradable, podemos tener más la sensación de estar bailando que de estar haciendo ejercicio. En el diseño de un estilo de vida más activo, podemos preguntarnos qué tipo de movimiento nos haría sonreír y nos ayudaría a sentirnos vivos. El ejercicio es igual de bueno cuando no es un castigo, y es mucho más probable que nos apeguemos a él si nos gusta.

Busca actividades que te aporten una gratificación relativamente inmediata en lugar de promesas como «una vida más larga» o «un corazón más fuerte». Las recompensas son mucho menos inspiradoras cuando están más allá de nuestro horizonte mental. Pueden ser ejemplos de gratificaciones inmediatas hacer ejercicio con otras personas o practicar un tipo de movimiento que sea adecuado para el propio cuerpo. Siempre odié correr, pero rara vez tuve que convencerme de montar en mi bicicleta.

Lo mejor es implementar cambios graduales en la rutina de ejercicio. Nos atraen los retos de treinta días y los cambios drásticos, pero estas estrategias no suelen dar lugar a cambios duraderos. Una vez que hemos dejado de lado el ejercicio un día, es fácil que nos desmoralicemos y abandonemos totalmente. Entonces, en lugar de planear hacer ejercicio los siete días de la semana, por ejemplo, podemos proponernos hacer ejercicio dos días a la semana.

Este planteamiento también es mejor para el cuerpo, ya que le dará tiempo para adaptarse a lo que le exigiremos, y así será mucho menos probable que podamos lastimarnos.

La implementación gradual puede consistir, entre otras cosas, en dividir los planes de ejercicio en partes más pequeñas y comprometernos con avanzar paso a paso. Si vamos a correr por la mañana, podríamos dejar a punto las zapatillas y los pantalones cortos la noche anterior; de esta manera, no desgastaremos nuestra motivación por la mañana con el esfuerzo de tratar de encontrarlos. Y además de reducir el coste de mover el cuerpo, podemos aumentar el coste de abandonar el ejercicio por medio de la rendición de cuentas: sé que me habría saltado muchas más sesiones de *jogging* si no me hubiera estado esperando un compañero de carreras; este fue el mástil al que me agarré.

VUELVE A ENAMORARTE DEL MOVIMIENTO

Tu cuerpo quiere moverse de todas las maneras posibles: estirándose, caminando, agachándose, levantando peso... Es más fácil que empieces a moverte si te enamoras de la actividad física y buscas maneras de moverte y no de evitar hacerlo.

> **Encuentra pequeñas formas de usar el cuerpo a lo largo del día que no tengan que ver con el ejercicio, como levantarte más a menudo para rellenar tu vaso o tu botella de agua. Haz del movimiento la opción predeterminada; es decir, no te muevas a partir de la idea de que hacerlo es bueno para tu cuerpo, previene la demencia y mejora tu estado de ánimo y tu sueño. Muévete por el simple placer de moverte, dejando que tu cuerpo haga lo que sabe hacer de forma natural.**

Si te resulta difícil hacer ejercicio, vuelve a conectarte con tu cuerpo. Atiende primero a esta relación primaria. Cuando asentamos la conciencia en el cuerpo, el movimiento se convierte en meditación en acción. Nos sentimos agradecidos por la materia inspirada que conforma nuestro ser físico; incluso nos suscita un respeto reverencial. Cada movimiento se convierte en un acto de alabanza.

Siéntate cómodamente, dejando que las manos descansen en tu regazo. Al inhalar, extiende los brazos hacia los lados, con las palmas hacia abajo. Presta atención a las sensaciones del movimiento. Exhala y junta las palmas delante de tu corazón. Inhala y extiende los brazos de nuevo y a continuación exhala y deja que las manos descansen en tu regazo. Haz la secuencia dos veces más mientras sigues armonizándote con el cuerpo y la respiración.[26]

El movimiento y la alimentación están íntimamente conectados, ya que lo que comemos se convierte en energía y acción. Cada día nos ofrece múltiples oportunidades de amar nuestro cuerpo a través de lo que ponemos en nuestra boca.

Come para apoyar la vida

Cuando trabajaba a jornada completa como terapeuta, rara vez hacía una pausa adecuada para la comida del mediodía. Lamentaba el tiempo que me llevaba comer, como si esta actividad interfiriese en lo que *debería* estar haciendo. La mayor parte de los días tomaba el almuerzo en mi escritorio mientras escribía notas o respondía correos electrónicos. Si estaba especialmente apurado entre sesiones, tenía que elegir entre tomar un refrigerio o ir un momento al baño. Muchas veces, la solución por la que optaba consistía en meter un puñado de frutos secos en mi boca y masticarlos mientras iba al baño. Este comportamiento, además de suponer una falta de respeto hacia mí mismo, es claramente desagradable. Comer me parecía algo puramente utilitario; no sentía ninguna conexión con la comida que me permitía tener experiencias en este mundo.

La mayoría de las veces, tratamos el acto de comer como una actividad sin importancia; apenas nos damos cuenta de lo que estamos poniendo en nuestra boca. Además, muchos de nosotros caemos en la sobreingesta y comemos demasiados alimentos poco saludables. Es posible que estemos insatisfechos con nuestros hábitos nutricionales, pero que nos cueste establecer unos cambios duraderos.

¿Cómo podemos comer de una manera que nutra la mente, el cuerpo y el alma? Cuando estamos presentes en nuestras comidas, comer puede ser un acto de celebración de la propia vida marcado por la alegría.

SER: ALIMENTA LA CONEXIÓN

La lechuga no suele emocionarme, así que me tomó por sorpresa cuando una sola hoja me hizo llorar en una cena festiva, hace años. Había comido miles de ensaladas en mi vida, pero ninguna como las verduras tiernas que nuestra anfitriona acababa de recoger del huerto. Me ofreció una muestra antes de la cena, y sentí como si estuviera probando la vida misma.

Nuestros alimentos no tienen por qué estar recién sacados del huerto para que podamos conectar con ellos; con cualquier comida tenemos la oportunidad de celebrar nuestra existencia a través de lo que nos mantiene vivos. No hace falta mucho para restablecer la conexión con el propio cuerpo y la propia experiencia. Basta con que hagamos una o dos respiraciones lentas antes de empezar a comer y reconozcamos que estamos a punto de alimentar nuestro cuerpo.

Cuando te sientes a comer, haz tres respiraciones lentas y relajantes. Durante la primera respiración, centra la atención en tu cuerpo y toma nota de cualquier sensación que percibas. Durante la segunda respiración, toma conciencia del entorno, incluidas las personas con las que vas a comer. Durante la tercera respiración, mira los alimentos que estás a punto de tomar; observa los colores, texturas y aromas.

Es más fácil que estemos presentes si nos sentamos en una mesa destinada a comer, dejamos de lado cualquier otra actividad y comemos con otras personas si es posible. El acto de compartir la comida nos conecta con los demás; después de todo, la palabra *compañero* proviene de las raíces latinas que significan 'con' y 'pan'. Compartir el pan pone de relieve el hecho de que quienes estamos comiendo juntos tenemos en común que somos seres humanos. El hecho de estar presentes y relajados también permite una buena digestión, razón por la cual el sistema nervioso parasimpático, que es el que nos apacigua, es denominado el sistema «del descanso y la digestión».

Con la presencia consciente, tomamos mayor conciencia de cómo nuestras elecciones alimentarias afectan a la forma en que nos sentimos. Hace años, disfruté del mejor sándwich italiano que había probado. Una hora después aproximadamente, mientras intentaba trabajar, sentía como si me hubieran drogado. Ni siquiera podía mantener los ojos abiertos. Había tenido experiencias similares muchas veces después de comer *bagels* gigantes o montones de pasta, pero esa fue la primera vez que asocié ese estado con la gran cantidad de carbohidratos refinados que acababa de comer. En principio, no tendría que haber sido difícil ver la relación entre ciertos carbohidratos y mi letargo posprandial, pero no la reconocí hasta que tuve treinta y muchos años.

En el campo de la salud mental también se ha tardado en reconocer que la nutrición es un factor clave para el bienestar. Solo en los últimos años les estoy preguntando a mis pacientes sobre su estilo de alimentación; antes no lo hacía, porque suponía que esta cuestión no era muy relevante para los problemas en los que íbamos a trabajar. Pero cada vez más estudios han mostrado que nuestro bienestar mental y emocional está estrechamente relacionado con los alimentos que ingerimos.*

No faltan opciones alimentarias entre las que elegir y no hay un consenso claro sobre lo que necesita el cuerpo humano. En cualquier caso, la mayoría de las dietas coinciden en una premisa básica: las opciones más nutritivas no se alejan de la forma original en que viene el alimento; así ocurre, por ejemplo, con las verduras, las frutas, los frutos secos, las legumbres y el pescado. Y prácticamente todas las dietas están de acuerdo también en que los alimentos muy refinados, como el azúcar y la harina blanca, no le ofrecen al cuerpo lo que necesita.

Mi crisis de salud me obligó a mejorar mi forma de alimentarme, y estas mejoras han sido muy relevantes en mi proceso de curación. Me di cuenta de que mi relación con la comida estaba muy marcada por la ansiedad y de que solía comer en exceso en

* N. del A.: El ensayo SMILES y otros estudios de investigación han mostrado que las mejoras en la alimentación pueden aliviar la depresión y la ansiedad y que los suplementos de vitaminas y minerales pueden potenciar la recuperación respecto de eventos traumáticos.[27]

un intento de satisfacer un deseo persistente de más. Lo que elegí para mí es lo que les recomiendo a mis pacientes cuando hablamos de alimentación: *escucha a tu cuerpo* y presta más atención a cómo te afecta lo que comes y lo que bebes.

PENSAR: PRESTA ATENCIÓN A LO QUE COMES

La mente a menudo nos lleva a comer cosas que estamos tratando de evitar, pero también puede ser una aliada poderosa a la hora de mejorar la propia dieta. En nuestro trabajo conjunto, Jim descubrió que ciertos pensamientos indulgentes lo impulsaban a comer entrada la noche. «Has sido un buen chico durante todo el día –le decía su mente–; ¡mereces darte un capricho!». Cuando identificó estos pensamientos, Jim se dio cuenta de que no eran más que historias impulsadas por su antojo de alimentos que no eran buenos para él. Le resultó útil decirse a sí mismo que merecía sentirse bien después de las comidas.

También podemos advertir los pensamientos que nos dicen que comamos más de lo que necesitamos. Yo creía, como muchas personas, que comer lo suficiente en una comida significaba estar *completamente lleno*. Pero esta creencia a menudo me llevaba a sentirme incómodamente atiborrado poco después de haber comido. Es más útil que nos preguntemos si aún tenemos hambre.* Esta reformulación tan simple me ha ayudado a escuchar las necesidades de mi cuerpo y a evitar comer hasta el punto de sentirme incómodo.

* N. del A.: Mi comprensión de muchos de los temas relacionados con la nutrición que abordo en este capítulo se ha visto enriquecida gracias a conversaciones con mi amiga y colega psicóloga Aria Campbell-Danesh.

ACTUAR: TRABAJA CONTIGO MISMO

Los principios conductuales también pueden ayudarnos a comer bien. Hace unos años, comía un tazón o dos de cereales poco antes de acostarme, lo que me provocaba indigestión y me hacía dormir mal. Cuando decidí acabar con este hábito nocturno, encontré un truco muy sencillo: cepillarme los dientes y usar el hilo dental inmediatamente después de haber cenado. Como no querría tener que repetir mi rutina de cuidado dental más tarde si volvía a comer, ahí terminó la costumbre de tomar ese bocado.

Este pequeño hábito sustitutorio se basa en un principio muy importante relativo a la acción: *haz que te resulte más difícil hacer lo que no quieres hacer*. E, inversamente, también podemos reducir el tiempo y la energía necesarios para acceder a los alimentos que queremos comer más; algo que podemos hacer a este respecto es, por ejemplo, preparar refrigerios saludables de antemano. También podemos buscar formas más deliciosas de preparar los alimentos que queremos comer en mayor medida. Por ejemplo, antes –durante mis primeros treinta y cinco años de vida– apenas toleraba las coles de Bruselas. Finalmente, las probé asadas al horno con ajo,[28] y mi vida no ha vuelto a ser la misma desde entonces.

Al igual que con el ejercicio, tendemos a implementar cambios radicales, del tipo o todo o nada, en nuestra alimentación. Sin embargo, es fácil que pasemos de *todo* a *nada* cuando rompemos nuestras propias reglas, como cuando comemos un tazón de helado que nos hemos prohibido y a continuación pensamos que nos podríamos terminar toda la tarrina. Los cambios alimentarios radicales también hacen que seamos más propensos a anhelar los alimentos que echamos de menos, lo cual nos impide disfrutar bien lo que estamos comiendo. Como exploramos anteriormente con el ejemplo de mi amigo que *no corría*, es casi imposible que gocemos con una actividad que se define por lo que no estamos haciendo.

Por lo tanto, introduce cambios graduales si quieres mejorar tu dieta. Puedes empezar haciendo que una de tus comidas semanales sea más saludable; por ejemplo, podrías incluir en mayor medida tus verduras favoritas en el almuerzo de los miércoles. Las mejoras graduales también te ayudarán a experimentar los beneficios de lo que estás añadiendo a tu plato sin lamentar demasiado aquello de lo que estás prescindiendo.

Practica el cuidado de tu cuerpo haciendo que tu próximo almuerzo sea un poco mejor de lo habitual. Imagina que lo estás preparando para una persona a la que amas. Intenta incluir toques agradables, como una servilleta de tela y cubiertos de metal. Date suficiente tiempo para comer sin prisas y saborea la experiencia de una comida preparada por alguien que se preocupa por ti.[29]

Tendemos a abordar la comida de una manera diferente cuando partimos de una relación consciente con nuestro cuerpo, como si estuviéramos alimentando a un niño al que queremos. Reconocemos que no estamos llenando el estómago solamente, sino también alimentando los pensamientos y los actos que nos hacen ser quienes somos. Esta conexión desde el corazón guía nuestra cabeza y nuestras manos hacia prácticas de pensamiento y acción que son esenciales para que nuestros actos sean coherentes con nuestras intenciones. Las elecciones alimentarias que efectuemos a partir de ahí satisfarán verdaderamente nuestra mente, nuestro cuerpo y nuestra alma.

Un abrazo total

Conectar con el cuerpo es como reencontrarse con un viejo amigo. Una sola respiración con conciencia del cuerpo nos invita a regresar al fluir constante de la conciencia plena. Esta conexión tan simple puede llevarnos a algo más profundo de lo que imaginamos. El hecho de conectar con nosotros mismos en mente y cuerpo en el aquí y ahora abre la puerta a la conexión espiritual.

A medida que pasamos tiempo cultivando la relación con nuestro cuerpo, se nos hace más fácil amarlo; no solo lo cuidamos, sino que lo aceptamos tal y como es exactamente. Amar tu cuerpo de esta manera tal vez te parezca una idea extraña; quizá nunca te ha gustado su aspecto o te cuesta aceptar los cambios motivados por la edad. Yo ciertamente no tengo el cuerpo, ni el pelo, que tenía a los diecisiete años.

Tal vez estás frustrado por las limitaciones de tu cuerpo, como lo estuve yo durante mi enfermedad. Pero nuestro cuerpo necesita nuestro cuidado y nuestra aceptación más que nunca cuando lo está pasando mal. No podemos obligarnos a sentir amor por nuestro propio cuerpo; como ocurre en cualquier relación, el amor surge al pasar tiempo juntos y prestar atención. Acoger el cuerpo que tenemos y trabajar con él es una práctica diaria de mindfulness.

Tómate unos momentos para sentir la vitalidad de tu cuerpo: la fuerza y la energía que corren por ti, incluso si tu salud no es buena. Toma conciencia de lo que tu cuerpo hace por ti todos los días, empezando por el hecho de que respira una y otra vez. Piensa también en las dificultades que ha superado y en aquellas con las que está lidiando en este momento, si es el caso.

No me había dado cuenta del gran amigo que había sido mi cuerpo para mí durante toda mi vida. Me había dado todo lo que tenía. Incluso las alarmas que hacía sonar eran para mi beneficio, como los detectores de humo que se activan en medio de la noche. Mi cuerpo y yo estábamos juntos frente a la enfermedad, y empecé a agradecerle que me hubiese despertado.

Sigo lidiando con muchas incógnitas en lo que a mi salud se refiere. En el momento de escribir estas líneas, aún tengo que hacer frente a problemas de salud la mayoría de los días. Pero estoy mucho mejor desde que me comprometí a amar el cuerpo que tengo. He ido recuperando la fuerza y la resistencia, lo que me permite seguir el ritmo de mi esposa y mis hijos en los paseos familiares. También duermo mucho mejor. Y he redescubierto mi sentido del humor (el poco que tengo). A través de mi recuperación, he llegado a experimentar un aprecio por mi cuerpo que antes no sentía, ni siquiera cuando tenía cabello, abdominales y una energía inagotable.

El cuerpo quiere que nos relacionemos con él y nos devuelve nuestro amor cuando lo cuidamos bien. Atender sus necesidades también nos ayuda a dar lo mejor de nosotros en todo lo que nos importa, incluidas nuestras relaciones, que constituyen el tema del próximo capítulo.

10

AMA A LOS DEMÁS

Gozar de unas relaciones sólidas y saludables es crucial para sentirnos en casa en nuestro mundo. En este capítulo veremos cómo la conciencia plena facilita la conexión no solo con nosotros mismos sino también con los demás. Asimismo, veremos cómo cambiar creencias habituales que pueden interrumpir la conexión y acciones cotidianas que pueden fortalecer las relaciones. También descubrirás cómo estar en paz contigo mismo a pesar de los problemas que puedas tener en tus relaciones.

* * *

A Tina le sorprendió lo triste que se sintió cuando vio a su padre sosteniendo a su sobrina recién nacida. Llevaba varias semanas trabajando con Tina, principalmente con la ansiedad con la que había luchado durante la mayor parte de sus dieciocho años.

—¿Qué fue lo que te resultó difícil cuando viste a tu padre con el bebé? —le pregunté.

—Es solo que sé que a mí nunca me sostuvo así —respondió.

El dolor que impregnaba sus palabras me impactó profundamente. El padre de Tina había estado ausente durante la mayor parte de su infancia, y ella no tenía recuerdos de haber sentido su afecto.

La dolorosa experiencia de ver a su padre expresar el amor que ella había anhelado había abierto una puerta en su interior que no sabía que estaba ahí. Al otro lado había una sensación enorme de pérdida y, comprensiblemente, se alejó de ella. Tenía la sensación de que la profundidad de su tristeza podía tragársela.

Aunque no hacía mucho que había empezado la práctica terapéutica, sabía que tenía la responsabilidad de acompañar a Tina a esos lugares oscuros y dolorosos, es decir, caminar con ella hacia las habitaciones que estaban cerradas con llave. Cuando reconocí que su profunda sensación de pérdida era legítima y real, Tina estuvo dispuesta a adentrarse en esos lugares aterradores y sentir la tristeza no reconocida que había albergado durante tanto tiempo. En las conversaciones que mantuvimos posteriormente, descubrió que gran parte de su ansiedad provenía de la creencia central de que no era digna de amor. Esta comprensión la ayudó a comenzar a cuestionar el miedo al abandono que nutría su ansiedad y dañaba sus relaciones.

La calidad de nuestras relaciones es el principal factor determinante de nuestro bienestar mental y emocional, para mejor o para peor. De una forma u otra, las relaciones han sido un tema central para todas las personas con las que he trabajado en terapia. Algunas han acudido específicamente para trabajar en su matrimonio o en sus relaciones del ámbito laboral. Otras estaban sanando de una infancia abusiva o un divorcio doloroso. No es raro que una persona acabe por acudir a terapia cuando su ansiedad o su depresión está interfiriendo en sus relaciones; por ejemplo, cuando está contribuyendo a los conflictos que tiene con su pareja.

Lo mejor y lo peor

Como terapeuta, he presenciado lo peor que podemos hacernos el uno al otro. Traté a un hombre cuya madre le había roto los dos brazos en arrebatos de ira cuando tenía dos años. He trabajado con hombres y mujeres que se sentían más solos con su pareja que cuando estaban solos. He atendido a pacientes que lidiaban con problemas de salud, como yo, pero que encontraban más enojo que comprensión en sus seres queridos más cercanos. Y he tratado a personas como Tina, a las que la ausencia de uno de los padres les dejó una herida. Las relaciones más cercanas nos moldean a todos nosotros.

Al mismo tiempo, he visto lo mejor que podemos ofrecernos unos a otros. Muchas de las personas a las que he tratado que tenían pensamientos suicidas me han dicho que una relación cercana las ayudó a mantenerse con vida. Yo mismo me sentí atraído de nuevo hacia la vida una y otra vez a través de la conexión con mi esposa. Cuando no podía ver que aportara nada bueno a la familia, Marcia me recordaba que seguía trabajando y haciendo de padre lo mejor que podía y que nuestros hijos sentían que los quería. Cuando creía que era un caso perdido, ella me aseguraba que no era un fracasado. No creía mucho lo que me decía, pero sabía que *ella* lo creía, y eso era suficiente.

No me puedo imaginar lo que habría sido para mí acostarme solo cada noche presa del miedo, la aflicción y la confusión. Muy posiblemente me habría hundido cada vez más en la depresión y me habría perdido en sus profundidades. Durante ese período, no necesité mucha imaginación para entender por qué el padre de mi padre se había quitado la vida siendo solamente un poco mayor de lo que era yo. Sin la fuerza que nos brinda la relación que tenemos con las personas a las que amamos y que nos aman, la desesperación puede arrastrarnos irreversiblemente. Mantener la esperanza por alguien que la ha perdido puede salvar su vida.

La misma relación es muchas veces tanto la fuente de un gran consuelo como la causa de un dolor profundo. Las relaciones son ineludiblemente complejas; dos personas que traen todos sus prejuicios, heridas y defensas deben encontrar de alguna manera la conexión y la comprensión. ¿Cómo podemos experimentar más armonía e intimidad en nuestras relaciones? El camino hacia lo mejor que ofrecen las relaciones te resultará familiar, pues se basa en todo lo que hemos visto hasta ahora sobre el modelo pensar, actuar, ser. El núcleo de las relaciones fuertes es simple y obvio: estar presente con la otra persona.

Ser: comparte la presencia

Estar completamente presentes es la base de nuestras relaciones, como lo es la tierra para una semilla. Más que cualquier palabra o acción específica, es una presencia abierta y acogedora lo que forja la conexión y, también, lo que enriquece las prácticas de *pensar* y *actuar* que exploraremos más adelante. Comunicamos que estamos completamente presentes con la actitud de prestar atención.

OFRECE TU ATENCIÓN

Veo a mis hijos muchas veces al día, pero hace poco tuve una experiencia en la que realmente los *vi*. Advertí los distintos tonos de color de sus ojos, la forma característica que tiene de moverse cada uno de ellos, las peculiaridades que los hacen ser quienes son. El cariño y el amor que sentí por ellos en ese momento me partieron el corazón.

Todos sabemos la diferencia entre estar en la misma habitación con alguien y realmente *estar* con esa persona. Cuando estamos completamente presentes reconocemos, sin expresarlo verbalmente, que estamos ahí juntos, que nos vemos el uno al otro. Siempre está disponible una mayor conexión cuando nos adentramos deliberadamente en la experiencia de estar presentes.

Conectamos con nuestros hijos al prestarles toda nuestra atención, aunque sea durante unos momentos solamente. Podemos conectar con nuestros amigos al enfocarnos por completo en ellos y ver más allá de lo que normalmente vemos, es decir, cuando los miramos y luego los volvemos a mirar con la mente abierta. Incluso podemos conectar con personas a las que acabamos de conocer si nos tomamos tiempo para verlas. Por ejemplo, yo conecté con un desconocido, que estaba delante de mí en la cola del supermercado, cuando le pregunté qué iba a hacer con todos esos tomates. De repente estábamos en el mundo del otro, compartiendo una comprensión que hizo que no nos sintiésemos unos desconocidos.

No tenemos que incorporar nada extra o manifiestamente «espiritual» para encontrar una conexión profunda con otra persona. El espíritu emerge en nuestras relaciones a través de nuestras palabras y acciones cotidianas cuando nuestra atención está en el presente. Vamos más allá de las mentes y los cuerpos al estar completamente presentes con nuestro cuerpo y nuestra mente. Cuando habitamos totalmente el aquí y ahora que compartimos con otra persona, encontramos una conexión que trasciende ese aquí y ahora: conectamos con el otro más allá del espacio y el tiempo.

PRACTICA LA ACEPTACIÓN

Estar plenamente presente con otra persona incluye aceptar su forma de ser. Por supuesto, nos resulta fácil aceptar lo que nos gusta de alguien, pero nos es mucho más difícil aceptar lo que no nos gusta. No tengo problemas para aceptar la obediencia alegre de mis hijos, pero me cuesta aceptar sus actos de rebeldía ocasionales. No se trata solo de que me guste más que se muestren amigables, sino que tengo el sentimiento de que los momentos difíciles no deberían producirse.

Aceptar a los demás tal como son parece algo simple, pero muchas veces nos cuesta. Durante mucho tiempo, tuve dificultades para aceptar que un jefe para el que trabajaba tenía una personalidad complicada. Lo sabía intelectualmente porque todas las personas que habían trabajado para él me habían advertido. Sin embargo, una parte de mí creía que ese individuo dejaría de ser problemático si yo acertara a decir o hacer «lo correcto».

Un día, casi al borde de la desesperación, me seguía preguntando por qué era un hombre tan difícil. Y por fin me di cuenta: *porque tiene una personalidad difícil*. La larga lista de empleados que habían huido de su organización lo atestiguaba. Experimenté un gran alivio con esta aceptación. Ya no tenía que seguir luchando contra la realidad o tratando de encontrar la manera perfecta de responder a mi jefe para que fuese una persona razonable.

Es especialmente importante que aclare lo que quiero decir con *aceptación* en el contexto de las relaciones: se trata de *reconocer que una persona es como es*. Esto no significa que debamos permitir que abuse de nosotros o que aceptemos comportamientos tóxicos en nuestra vida. Al contrario: el hecho de aceptar que mi jefe era difícil fue, en parte, lo que me llevó a encontrar otro trabajo. La verdadera aceptación conduce a la acción apropiada y nos ayuda a liberarnos de las relaciones dañinas.

¿Tienes dificultades para aceptar una relación difícil en tu vida? Imagina lo que sería aceptar que esta persona es difícil de tratar, sin más; imagina lo que sería dejar de creer que cambiará o debería cambiar. ¿Cómo podría afectar a tu interacción con ella este tipo de reconocimiento?

Sea lo que sea lo que estemos experimentando con otra persona, poner el acento en la aceptación conducirá a unos resultados mejores. Aceptar a los demás nos salva de una frustración innecesaria, porque ya no tenemos que seguir con la misión imposible de hacer que cambien. Y ser aceptados de verdad (que nos conozcan con todos nuestros defectos y nos acojan tal como somos) tiene un efecto igual de profundo. Pero lo habitual es que solo se dé una de estas dos circunstancias: o somos aceptados sin que se nos conozca realmente (lo cual suele ocurrir en el entorno laboral) o nos conocen pero no nos aceptan de verdad (lo cual ocurre, por ejemplo, si tenemos un padre que nos rechaza o una pareja crítica con nosotros). Ser conocidos y también aceptados puede ayudarnos a abandonar nuestra actitud defensiva y a acogernos más plenamente a nosotros mismos.

También podemos practicar la aceptación en todas nuestras interacciones. La clave es decir *sí* a lo que está sucediendo a cada momento. Esto no significa que debamos acceder a cada solicitud o que bajemos la guardia imprudentemente. Pero cuando estamos tratando de hacer que la realidad se doblegue a nuestra voluntad, nos damos cuenta. En lugar de desear que termine una conversación difícil o de forzar a alguien a ver las cosas desde nuestro punto de vista, elegimos permanecer abiertos.

Este tipo de aceptación requiere que soltemos el apego a nuestros objetivos en favor de la interacción. Si estamos pendientes de nuestro objetivo, la mente procederá en modo evaluador: no dejará de comparar nuestra fantasía de lo que queremos que suceda con la experiencia real. No podemos participar plenamente en la dinámica de dar y recibir de una relación si estamos demasiado aferrados al resultado que deseamos.

Es difícil practicar la aceptación si estamos esperando que los demás hagan lo que queremos. Por ejemplo, muchas veces me he apresurado a decirle a alguno de mis hijos que debía seguir las reglas, sin preguntarle por qué no quería hacerlo. A menudo había una buena razón para ello, como cuando nuestra hija pequeña, Faye, se negaba a irse a dormir porque estaba terminando una tarjeta para mi cumpleaños. Estar abiertos a estas situaciones inesperadas hará que tengamos menos problemas en nuestras relaciones.

Encontrar la aceptación puede ser extremadamente difícil cuando nuestro ego está enfrentado al de otra persona. La buena noticia es que tenemos infinitas oportunidades de practicar la aceptación de que los demás no estén de acuerdo con nosotros y de que malinterpreten nuestras palabras o nuestros actos.

Podemos aceptar que quizá recibamos un trato injusto y que los demás pueden creer cosas que no tienen sentido para nosotros. Incluso podemos aceptar que nuestras relaciones no siempre serán como nos gustaría que fueran. En este sentido, tal vez querríamos tener una relación estrecha o estar conectados con una persona, o tener una conversación significativa con alguien, pero tenemos que rendirnos a la evidencia de que no podrá ser; en estos casos, la aceptación implica desapegarnos de estos deseos o pretensiones. Aplicando la conciencia plena, podemos dar un paso atrás y observar nuestras reacciones ante una relación tensa, en lugar de dejar que el conflicto determine totalmente nuestros pensamientos y emociones. Con la aceptación, disfrutaremos de mejores relaciones; tendremos que lidiar con menos conflictos internos y externos.

La simplicidad de la conexión consciente es un punto de partida sólido para abordar los muchos obstáculos que se interponen en la presencia compartida. El pensamiento y la acción conscientes pueden brindar un impulso adicional para eliminar estos obstáculos y encontrarnos con la otra persona.

Pensar: revisa tus suposiciones

Estoy agradecido por haber descubierto la terapia cognitivo-conductual en una etapa relativamente temprana de mi matrimonio, hace más de veinte años, cuando estaba cursando mi programa de máster. Una de las primeras cosas que me atrajeron de esta modalidad terapéutica fue que me di cuenta de que los pensamientos que tenía sobre Marcia podían afectar a nuestra relación. Una noche, poco después de haber aprendido los rudimentos de la terapia cognitiva, empezamos a discutir mientras estábamos preparando una *pizza* congelada para la cena (no recuerdo el tema de la discusión).

En medio de nuestra riña, me di cuenta de que estaba tratando mis suposiciones sobre las intenciones de Marcia como si fueran hechos. Mi forma de verla y lo que estaba sintiendo hacia ella se basaban completamente en mis creencias, que podían ser falsas. En ese momento, me impactó darme cuenta de que la misma persona me parecía completamente diferente en función de lo que estuviera pensando sobre ella. Los pensamientos negativos me hacían verla bajo la peor luz posible: poco amorosa, nada razonable e injusta. Cuando mis pensamientos eran más positivos, me parecía una persona generosa, cálida y amable.

El filtro de mis pensamientos afectaba a lo que sentía por Marcia, y estos pensamientos y emociones influían mucho en la calidad de nuestras interacciones. Los pensamientos positivos llevaban a buenos sentimientos y unas interacciones armoniosas, mientras que los pensamientos negativos conducían a emociones negativas y al conflicto. El primer tipo de pensamientos desembocaban en la conexión y la intimidad, mientras que los segundos llevaban a la ira y el resentimiento.

Cuando una persona a la que estoy tratando tiene dificultades con alguien cercano, a menudo examinamos juntos sus suposiciones. En una ocasión, una paciente mía de catorce años me dijo que su madre, que era ama de casa en un hogar con cinco hijos, no hacía nada en todo el día; no fue difícil averiguar que, de hecho, trabajaba más horas que cualquier otro miembro de la familia. En otra ocasión, un hombre cuya pareja dejaba sus propias cosas tiradas en el suelo estaba convencido de que ella quería que él las recogiese; cuestionamos esta creencia, y resultó que todo lo que ocurría es que ella no era consciente de su dejadez.

La próxima vez que estés molesto con un amigo o un familiar, escribe lo que estás pensando sobre esta persona. A continuación, examina cada uno de estos pensamientos con detenimiento. ¿Es cierto al cien por cien? ¿Cuenta toda la historia? Observa cómo estos pensamientos afectan a lo que estás sintiendo por ese ser querido. Finalmente, considera por lo menos una forma alternativa de pensar sobre la situación que podría corresponderse mejor con la realidad.

Las suposiciones que hacemos en el campo de las relaciones suelen ser un tipo de *distorsión cognitiva* o error de pensamiento.

Con la *generalización excesiva*, podríamos pensar que nuestra pareja *siempre* se muestra crítica o que *nunca* le gustan los regalos que le hacemos. Las acciones y emociones que derivarán de ahí se basarán en una forma errónea de ver las cosas, ya que la verdad suele tener más tonos de gris.

Con la *catastrofización*, pensamos que un amigo nunca nos perdonará por un simple error, uno que fácilmente pasaríamos por alto si los roles estuvieran invertidos.

Con la *personalización*, suponemos por ejemplo que un conductor agresivo trató de hacernos daño, cuando tal vez todo lo que ocurrió fue que tenía prisa.

El *razonamiento emocional* podría llevarnos a interpretar el mundo a través del filtro de los celos y a creer falsamente que nuestra pareja nos está siendo infiel. Como advertí esa noche mientras estaba preparando una *pizza* con Marcia, mis emociones a menudo condicionaban lo que pensaba de ella, por lo que esos pensamientos no se correspondían necesariamente con la realidad.

Y con la *falsa responsabilidad* pensamos que la felicidad de nuestros hijos depende enteramente de nosotros.

El componente *pensar* (del modelo pensar, actuar, ser) nos ayuda a detectar y cuestionar cada una de estas suposiciones defectuosas.

Algo que hace la mente a menudo, y que constituye un error mental, consiste en determinar qué deberían estar haciendo los demás a partir de nuestros deseos al respecto.

TEN CUIDADO CON LOS «DEBERÍA»

Deberían ser más amables conmigo.
Deberían respetarme.
Deberían admitir que tengo razón.

Me di cuenta de que estaba imponiendo mis «debería» a la gente en las instalaciones del metro de Washington D. C., hace años. No tenía paciencia con el ritmo tranquilo de los turistas cuando me estaba apresurando para tomar un tren para ir a trabajar o a estudiar. «Deberían apartarse de mi camino», pensaba con los dientes apretados. Cuando no tenía prisa, lanzaba un «debería» muy distinto a quienes me adelantaban apresurados: «Deberían calmarse; ¿dónde está el fuego?». Cualquiera que fuera el modo en el que estaba en ese momento era el patrón de referencia, y el resto del mundo debía obedecer mis deseos.

En la TCC, tratamos el «debería» como un error de pensamiento, porque no está en sintonía con la realidad. Cuando decimos que alguien «debería» hacer algo, de algún modo estamos diciendo que conocemos la ley del universo y que alguien la está violando. Pero ¿cómo podría mi preferencia dictar lo que deberían hacer las personas que están a mi alrededor? Lo que era cierto era mi deseo: *deseaba* que los turistas fueran más rápido o que se apartaran a un lado en la escalera mecánica. *Deseaba* que los pasajeros apurados no me hicieran sentir que entorpecía su avance. En ambos casos tenía la oportunidad de soltar la tensión innecesaria aceptando que mis deseos no siempre se iban a cumplir y que nadie estaba violando las reglas.

Los «debería» tampoco son muy efectivos para cambiar el comportamiento de las otras personas. El tono moralizante de los «debería» activa las defensas y la resistencia de los demás, lo cual hace que estén menos dispuestos a «obedecer». Los «debería» también alientan las discusiones: «deberías sacar la basura» es algo discutible; la otra persona puede argumentar que *no debería* hacerlo. En cambio, un mensaje como «significaría mucho para mí si sacaras la basura» es más difícil de discutir: la otra persona puede rechazar la solicitud, obviamente, pero probablemente no insistirá en que *no* significaría mucho para ti que sacara la basura.

Presta atención a los momentos en que usas el «debería» con alguna persona que forma parte de tu vida. ¿Cómo afectan tus «debería» a lo que sientes por esta persona y a tu forma de tratarla? ¿Se te ocurre alguna manera más constructiva de replantear tus declaraciones basadas en el «debería»?

También podemos cuestionar nuestros «debería» en dificultades que tengamos en nuestras relaciones. Algunas de las peores peleas son las que pensamos que *no deberían estar sucediendo*. En realidad, las relaciones son difíciles a veces y es probable que experimentemos decepciones y conflictos, incluso si pensamos que es ridículo estar discutiendo por algo insignificante. En lugar de luchar contra el hecho de que se producen estas peleas, podemos dirigir la energía hacia la aceptación de que a veces tenemos discusiones por cuestiones triviales y, a continuación, podemos enfocarnos en superar estos desencuentros con la mayor serenidad posible.

NO DES POR SUPUESTO QUE LEES LAS MENTES

«Está pensando que tengo un aspecto patético», pensé una tarde mientras saludaba a Marcia a través de la ventana de la cocina. Me sentía débil y agotado mientras caminaba de regreso después de llevar la basura a la acera, y supuse que mi aspecto coincidía con lo que sentía. Las suposiciones automáticas como la mía son habituales en las relaciones, y a menudo no nos damos cuenta de que son construcciones propias. A la mente se le da bien ocultar sus invenciones a simple vista, sobre todo cuando nos parece que se corresponden muy bien con la realidad, como en mi caso.

Sin embargo, me había acostumbrado a cuestionar mis suposiciones como parte de mi TCC autodirigida, así que en esa ocasión mi mente se percató del pensamiento y lo puso en duda: «¿Cree realmente mi esposa que tengo un aspecto patético?». Tenía la oportunidad perfecta de comprobar si lo que había pensado era verdad: podía preguntarle si había pensado que tenía un aspecto patético cuando me vio a través de la ventana.

Marcia me miró como pensando que mi ocurrencia era ridícula: «No, Seth –dijo–. No me habría pasado por la cabeza algo así». Nunca podemos estar seguros al cien por cien de que alguien nos está diciendo la verdad, pero la creí. Mis suposiciones sobre lo que ella estaba pensando no tenían nada que ver con ella y tenían todo que ver, en cambio, con cómo me veía a mí mismo. Cuando cuestioné mi creencia y descubrí que estaba equivocada, me liberé del peso innecesario de la crítica que había imaginado.

Cuando creemos que estamos leyendo la mente de otra persona, a menudo estamos leyendo la nuestra y proyectando en el otro lo que vemos en ella. Si no podemos preguntarle a la otra persona lo que ha pasado por su mente, siempre podemos cuestionar nuestros pensamientos automáticos negativos al respecto. En ocasiones podríamos tener razón (a veces, un miembro de la pareja piensa que el otro es patético), pero a menudo estaremos equivocados y sufriremos innecesariamente.

No puedo contar la cantidad de veces que he atrapado a mi mente contando mentiras habituales que podrían haberme alejado de Marcia, como «no le importo» o «piensa que soy idiota». Hay muchos menos problemas en nuestra relación cuando no supongo cuáles son sus motivaciones, lo que está pensando o lo que «debería» estar haciendo. Puedo superar las mentiras y medias verdades de la mente que confunden mi pensamiento y enturbian las aguas de nuestra relación.

Sin embargo, la expresión más completa del modelo pensar, actuar, ser no se basa en convencernos de que las personas son amables o están pensando cosas agradables sobre nosotros. El mindfulness amplía el alcance de la terapia cognitiva, como hemos explorado en capítulos anteriores, y nos ofrece ecuanimidad incluso cuando nuestras suposiciones negativas se corresponden con la realidad o nuestras relaciones no van bien.

RESPONSABILÍZATE DE TU PROPIA FELICIDAD

Aun cuando las relaciones son tremendamente importantes, no tenemos que poner en manos de otros nuestra felicidad, es decir, darles todo el poder en lo que a nuestro bienestar se refiere. Solo nosotros somos responsables de nuestra propia felicidad. No tenemos que permitir que un conductor agresivo arruine nuestra mañana: ¿por qué deberíamos asumir lo que no es nuestro? Podemos dejar que los problemas de los demás sean de ellos. No tenemos por qué permitir que sus falsas creencias sobre nosotros alteren nuestro equilibrio; el contenido de su mente no puede cambiar lo que sabemos que es verdadero acerca de nosotros mismos.

También podemos acoger las creencias de los demás de una manera más ligera cuando no coinciden con las nuestras. Muchos de los conflictos que experimentamos provienen de nuestra creencia no examinada de que no podemos estar bien si los demás creen ciertas cosas, como cuando no están de acuerdo con nosotros en alguna cuestión de tipo político o en cuanto a quién fue el causante de una pelea. Pero nuestra paz mental no tiene por qué depender de hacer que alguien vea las cosas a nuestra manera. Con una mayor conciencia, podemos reconocer cuándo estamos entregando nuestra felicidad a otra persona y podemos elegir recuperarla.

Experimenta con proteger tu paz mental independientemente de lo que hagan otras personas. Por ejemplo, niégate a sacrificar tu bienestar cuando alguien diga algo que no te gusta. Cuestiona cualquier pensamiento automático que te diga que no puedes estar bien a causa de las acciones o las palabras de otra persona.

Los errores de pensamiento no solo cambian la forma en que vemos al otro, sino que también pueden impedir una conexión amorosa y espiritual. Por lo tanto, cuidar nuestra mente es un trabajo espiritual, porque nos acerca a la verdad, y las semillas de amor presentes en nuestras relaciones crecen bajo la luz de la verdad. Las habilidades cognitivas no terminarían con todos los problemas de comunicación aunque las relaciones sin fricciones fueran posibles, pero comprender cómo funciona la mente, especialmente en medio de un conflicto, puede ser un salvavidas.

Por supuesto, no amamos a los demás solo con nuestra cabeza; también tenemos que usar las manos. La conciencia plena y un pensamiento más acertado pueden inspirarnos acciones que fortalezcan nuestra conexión con los demás.

Actuar: vive tu amor

Las claves para la conexión no son complicadas. Solo tenemos que aportar todo nuestro ser a la interacción, es decir, dirigir nuestra atención hacia la otra persona con la intención de estar completamente presentes. La presencia consciente nos une.

Comunicar nuestra presencia es algo muy simple, pero hay muchas cosas que pueden interponerse. Las distracciones externas son más fáciles de eliminar, como cuando guardamos el teléfono o lo que estamos leyendo y miramos directamente a la persona. Pero las distracciones internas pueden seguir acaparando nuestra atención: «¿qué debería hacer para cenar?», «aún tengo pendiente responder ese correo electrónico», «¿y si estoy enfermando?».

La comunicación consciente es meditación en acción. Establecemos la intención de enfocarnos en lo que está pasando entre la otra persona y nosotros; nuestra atención se va a otra parte; advertimos que nuestra atención se ha desviado y volvemos a enfocarnos en la interacción. Y el ciclo continúa, como muestra la figura 6.

Amar a los demás

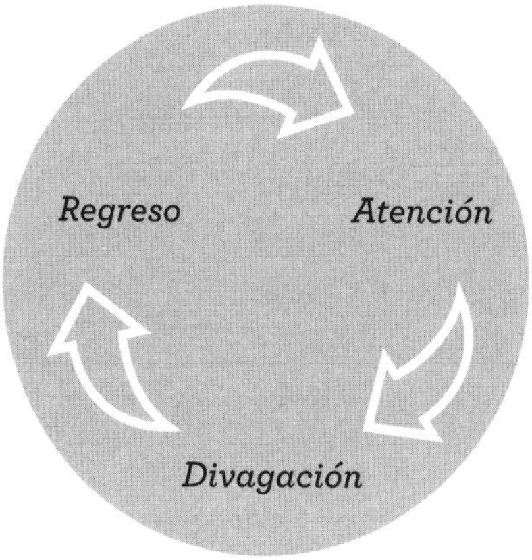

Figura 6

En cualquier interacción, podemos estar presentes tanto con la otra persona como con nosotros mismos. Podemos prestar atención a lo que está diciendo nuestra pareja, por ejemplo, y advertir su expresión facial y su lenguaje corporal. También podemos ser conscientes de las reacciones emocionales que nos suscita la conversación: ¿estamos nerviosos? ¿Enojados? ¿A gusto? ¿Cómo está respondiendo nuestro cuerpo? Podemos tratar de seguir abiertos a lo que está sucediendo, aunque podamos tener la tentación de cerrarnos.

SINTONIZA CON LOS DEMÁS

Tuve la suerte de que me atendiesen muchos médicos excelentes en el transcurso de mi enfermedad, pero quiero destacar la visita que hice a una endocrinóloga. La doctora Violeta Popii entró en la sala de reconocimiento, se sentó y dijo: «Cuénteme su historia». A continuación escuchó atentamente; me invitó a decirle todo lo que quisiera. Aunque la exploración y el análisis de sangre que vinieron después no revelaron ninguna explicación clínica para mis síntomas, me sentí mejor después de la visita, por el solo hecho de que había sido escuchado.

Ser escuchado realmente por alguien constituye una experiencia sanadora. Escuchar y hablar para que haya una comprensión mutua requiere aportar la totalidad del propio ser: tenemos que aportar la mente, que debe estar abierta a escuchar lo que está diciendo la otra persona. Tenemos que aportar el cuerpo, que ofrece la materia prima para la comunicación. Y tenemos que aportar toda nuestra presencia.

En *Missing Each Other* [Sin encontrarnos], Edward Brodkin y Ashley Pallathra ponen al dalái lama como modelo de la verdadera atención: «En cada interacción social, se implica con las personas dándoles su completa y total atención. [...] Entrar en conversación con él es una experiencia única en la que te sientes totalmente visto y escuchado».[1] Ofrecerle toda nuestra atención a otra persona le manda un mensaje implícito potente, independientemente de las palabras que digamos: *tú importas*. Esta presencia es posible sea cual sea la cantidad de tiempo que pasemos con los demás: incluso alguien tan ocupado como el dalái lama puede darse enteramente en cada encuentro breve.

Gran parte del poder de la psicoterapia radica en disponer de un tiempo específico, libre de interrupciones y distracciones, para sintonizar con la otra persona. Me siento realmente inmerso en la experiencia del otro durante las sesiones de terapia más fructíferas, como la que tuve con Tina, que he descrito anteriormente. Los pacientes me revelan su mundo interior, con palabras y más allá de las palabras, y respondo desde un lugar al que solo tengo acceso cuando se está dando esta conexión tan intensa. Estamos totalmente en sincronía en lo que es un intercambio fácil; casi parece que los dos nos encontramos bajo un hechizo. Esta misma presencia sintonizada es posible en cualquier relación.

Es fácil dejar de ver a las personas a las que conocemos bien. La próxima vez que estés sentado con alguien a quien aprecias, observa realmente a esta persona. Repara en sus ojos, su cabello y la forma en que se mueve y habla. No tienes que intentar sentir algo específico o profundo; solo observa.[2]

Con la presencia consciente, podemos comunicar que no solo estamos físicamente presentes con la otra persona, sino que, además, estamos disponibles para ella.

PERMANECE DISPONIBLE

Desafortunadamente, al principio solía mandar el mensaje opuesto a lo que acabo de expresar cuando comencé a trabajar desde casa después de cerrar mi despacho y pasar a dedicarme al trabajo de tipo clínico a tiempo parcial. Durante los primeros meses, trabajé principalmente en los espacios comunes de la casa cuando no estaba en una sesión de vídeo con un paciente. Cuando algún miembro de la familia me hacía una pregunta, expresaba mi indisponibilidad con mi forma de responder: por lo general, daba la respuesta más corta posible, sin levantar la mirada. Estaba presente pero no disponible. No pasó mucho tiempo antes de que me diera cuenta de que el hecho de estar físicamente presente pero mental y emocionalmente ausente incrementaba la sensación de desconexión en quienes me rodeaban.

Es especialmente difícil no sentirse rechazado cuando se experimenta el distanciamiento en persona, aunque la falta de atención no sea personal. La presencia no disponible es una de las principales trampas en las que caemos en el uso del teléfono inteligente; el hecho de estar atentos a la pantalla habiendo otras personas alrededor les transmite el mensaje de que son menos importantes que nuestro teléfono, sin que nos demos cuenta. Estas personas pueden saber, racionalmente, que no las estamos ignorando a propósito, pero en el nivel inconsciente no es nada agradable que te ignoren.

Lo ideal es que la presencia física y la disponibilidad vayan a una. Cuando no queramos que nos interrumpan, reduzcamos al mínimo esta posibilidad; por ejemplo, cerrando la puerta de nuestro espacio de trabajo. Dejé de trabajar en el comedor y en la sala de estar para reducir la cantidad de veces en que mi esposa y mis hijos experimentasen directamente mi indisponibilidad. Por otro lado, cuando estemos físicamente presentes, tratemos de permanecer abiertos a las personas de nuestro entorno. Si alguien nos interrumpe en un momento inoportuno, cuando estemos haciendo la cena por ejemplo, podemos expresar nuestra indisponibilidad con la mayor compasión y conexión posible (esto es algo en lo que voy mejorando poco a poco).

Es relativamente poco frecuente sentir que alguien está verdaderamente disponible, por lo que los esfuerzos que hagas en este sentido probablemente serán percibidos y apreciados. Y como ocurre con cualquier regalo que ofrecemos, nuestra atención es también un regalo para nosotros mismos. La presencia total es gratificante en sí misma, y lo es doblemente cuando otras personas se benefician de ella.

Cuando estés absorto en tus propios problemas, intenta redirigir la atención hacia alguien que te importe y que necesite amor o ánimo. Para empezar, regresa a tu centro con una respiración lenta y enraizadora. A continuación, pregúntate qué podría necesitar esta persona: una llamada telefónica, un masaje de pies rápido, un bote de sopa... Finalmente, muéstrale apoyo ofreciéndole lo que puedas, lo cual también podría ayudarte a sentirte mejor. Incluso si no es el caso, tu acto te recordará que también puedes ser útil cuando no te sientes en tu mejor momento.[3]

El hecho de estar presente va más allá del cuidado del otro y la conexión. Amamos aquello a lo que prestamos atención. Estar presente es amar, y el amor es la manifestación más genuina de nuestra verdadera identidad. La expresión completa de las relaciones va más allá de una reunión de mentes o de que los cuerpos de dos o más personas estén en la misma habitación: es una comunión de almas.

SÉ QUIEN REALMENTE ERES

La verdadera conexión es sanadora de por sí, y significó todo para mí cuando estaba en los puntos más bajos de mi enfermedad. Cuando los médicos y otros profesionales se tomaron tiempo para atender mis preocupaciones, no solo me sentí escuchado. Me sentí amado. Usemos o no la palabra *amor*, esto es lo que buscamos de los demás, sobre todo cuando estamos sufriendo. No queremos un apoyo eminentemente técnico; queremos creer que le importamos a la otra persona y que será más feliz cuando nuestra vida haya mejorado.

La expresión del amor no requiere encontrar las palabras adecuadas; en ocasiones, no es necesaria ninguna palabra en absoluto. Algunas tardes en que me sentía desesperanzado, Marcia tocaba el piano y yo escuchaba tumbado bocarriba en la alfombra de la sala de estar, sintiendo las vibraciones de la música a través del suelo. Las ondas sonoras llevaban una energía que estaba más allá de lo que mis oídos o el resto de mi cuerpo podían detectar. Sentía amor en cada nota mientras mis lágrimas daban salida a la frustración y la tristeza acumuladas.

Incluso en medio de mis dificultades físicas y emocionales, esos momentos de conexión profunda me parecían perfectamente adecuados, y por una buena razón: lo más auténtico para nosotros es compartir el vínculo del amor y la conexión. El alma que tenemos dentro cada uno es afín a la de las otras personas por su propia naturaleza, ya que todas las almas surgen de la misma fuente y resuenan entre sí.

Cuando nos reconocemos en otro, nuestras victorias y derrotas personales ya no nos parecen tan personales. Podemos ver que todos estamos viviendo el mismo drama más o menos. El amor es un resultado inevitable de la conexión. No estoy hablando del amor romántico que anhela el apego, sino del amor espiritual, que sabe que ya estamos unidos. Ross Gay reflejó esta base fundamental de amor y conexión en su *The Book of Delights* [Libro de delicias]: «El cuidado es nuestra tendencia natural y siempre es una mentira lo que nos convence de actuar de otra manera o creer lo contrario. Siempre».[4]

Esta mentira es evidente en la presión del ego que nos separa de alguien que no está de acuerdo con nosotros. Es difícil que percibamos que la persona con la que estamos en desacuerdo y nosotros venimos de la misma fuente y estamos recibiendo el mismo sostén. Probablemente nos agarraremos a nuestras creencias elegidas y tendremos un gran deseo de defender lo que creemos que es verdad. Pero paradójicamente, en nuestro esfuerzo por proteger nuestra verdad, seguramente nos alejaremos de la verdad relativa a quiénes somos, incluso si lo que estamos diciendo se corresponde con los hechos. Como escribió Jared Byas en su excelente libro *El amor es más importante*, «la verdad sin amor no es verdadera».[5]

Somos más auténticos cuando damos y recibimos amor. Vemos este amor en el constante cuidado que Ross Gay observó incluso entre extraños: dejar que otro conductor pase antes que nosotros, ceder nuestro asiento en el autobús para que un padre y un hijo puedan sentarse juntos, incluso donar un riñón a alguien a quien no conocemos. Damos una y otra vez a personas a las que nunca volveremos a ver, probablemente.

Nuestro propósito más elevado es fortalecer las conexiones que nutren el alma. Pocas cosas fueron más importantes para mí, para recuperarme de la depresión, que reconstruir mis relaciones. Durante más de dos años, evité a las personas tanto como pude debido a mi agotamiento y las dificultades que tenía para hablar. Cuando empecé a sentirme mejor, supe que necesitaba volver a conectar con otras personas con regularidad, así que comencé a reunirme regularmente con amigos para almorzar y a hablar de nuevo con mis padres por teléfono. Aprecié estas relaciones como no lo había hecho anteriormente y pasé a hablar más abiertamente sobre mis problemas. Al parecer, a causa de mi enfermedad dejé de tener interés en presentarme como alguien invulnerable y pude conectar con los demás con mayor honestidad.

La verdadera conexión con nuestros hermanos espirituales tiende a convertirse en un hábito. Recordamos lo bueno que es priorizar el amor, y la conexión que disfrutamos nos impulsa a seguir nutriendo nuestras relaciones. Al igual que la ira y el miedo, el amor se propaga por sí mismo. El amor lleva a más amor. Y al contrario de lo que ocurre con las emociones destructivas, construye en lugar de destruir.

No es de extrañar que me enamorara de la TCC: en última instancia, es un conjunto de técnicas que nos ayudan a acercarnos al amor. No lo sabía intelectualmente cuando me estaba formando en la terapia, pero lo percibía intuitivamente. Durante mis primeros años de formación en la TCC, fui viendo cómo un tratamiento efectivo conducía a la persona a tener unas relaciones mejores y fortalecía los lazos de amor. En los decenios posteriores, también he sido testigo, una y otra vez, del amor que impulsa el trabajo de cada paciente: el amor por los hijos, por la pareja, por los padres.

Las prácticas basadas en la cabeza, las manos y el corazón del modelo pensar, actuar, ser me siguen siendo útiles en mis propias relaciones. Estas herramientas nos ayudan a vivir en la verdad, a ser cada vez más amorosos y a expresar nuestro amor a través de un trabajo significativo. Esto último será el tema del próximo capítulo.

11

TRABAJA EN SINTONÍA

Cuando estaba enfermo y deprimido, en todas partes veía cosas que necesitaban mi atención: la puerta del garaje que no funcionaba bien, una rotura en la cerca, la pila de ropa en el cesto, la silicona dañada de la cocina... «Lo haré más tarde», me decía cada vez que pasaba junto a algo que requería mi intervención. No me gustaba descuidar mis responsabilidades, pero seguía haciéndolo. Mi escasa energía y mi poca motivación dificultaban que me pusiese manos a la obra, y la inactividad no hacía otra cosa que fortalecer mi depresión.

La vida nos presenta una corriente continua de responsabilidades: hacer nuestro trabajo, realizar tareas del hogar, cuidar a nuestros seres queridos, hacer tareas de voluntariado... Cuando nuestros esfuerzos están en sintonía con estas exigencias, el trabajo nos hace sentir bien. Escribió Kahlil Gibran en *El profeta*: «Cuando trabajas, cumples una parte del sueño más lejano de la tierra, asignado a ti cuando ese sueño nació».[1] Actuar en el mundo de maneras significativas satisface nuestra necesidad fundamental de *competencia*: necesitamos utilizar nuestras habilidades y capacidades de maneras efectivas para tener un impacto en el mundo.[2] El hecho de satisfacer esta necesidad se relaciona con una energía y un entusiasmo mayores, una mayor satisfacción en la vida[3] y menos depresión.[4]

Sin embargo, a menudo nos cuesta hacer el trabajo que tenemos delante. Tal vez estemos evitando abordar tareas que tienen que ver con la casa o nos cueste empezar a buscar un empleo. La postergación en sí se convierte en una fuente de estrés a medida que se van acumulando las tareas pendientes. O tal vez estamos cumpliendo nuestras obligaciones, pero lo vivimos como una carga. ¿Cómo podemos hacer las cosas lo mejor posible con menos esfuerzo y mayor fluidez, sobre todo aquellas que no paramos de posponer?

En este capítulo se explica cómo servirse del modelo pensar, actuar, ser para responder a lo que debe hacerse. No te sorprenderá leer que, ante todo, necesitamos la conciencia plena, pues es lo que nos permitirá detectar qué es necesario hacer a cada momento. A continuación exploraremos cómo puede interponerse la mente para evitar que abordemos las tareas y cómo puedes cambiar tus pensamientos y creencias para que te sea más fácil ocuparte de lo que tienes que hacer. En la última parte del capítulo se presentan enfoques conductuales potentes que te ofrecerán el estímulo necesario para cumplir con tus responsabilidades. Estas prácticas te ayudarán a aceptar tus tareas y a conocer la paz que proviene de atenderlas de inmediato.

Ser: aborda las tareas con atención plena

Una vez traté a un técnico en emergencias médicas que quería encontrar más paz en el trabajo a través del mindfulness. Comprensiblemente, Greg encontraba complicado mantenerse presente durante las llamadas difíciles que recibía en cada turno, ya que su mente imaginaba lo que podría salir mal. La ansiedad y el estrés resultantes a menudo hacían que tuviese arrebatos de ira hacia sus compañeros. Al principio le preocupaba que el mindfulness pudiese interferir en su trabajo; temía que fuera algo más que debiese recordar hacer. Pero, como descubrió, la conciencia plena agudizó su concentración y lo llevó a hacer *mejor* su trabajo, no peor.

PON ATENCIÓN

En lugar de preocuparse por desastres potenciales, Greg se dedicó a poner atención a lo que estaba haciendo. Por más cosas que tuviese que hacer para ocuparse de los pacientes, pudo concentrarse en cada una en su momento y abandonar los pensamientos fantasiosos y angustiantes de que algo podría salir mal. «Algunas noches me siento como Neo de *Matrix* –me dijo, en referencia a una escena próxima al final de la película en la que Neo se da cuenta de que es "el Elegido"–. Pasan muchas cosas y trabajo duro para manejarlas, pero con fluidez».

El hecho de trabajar en un estado de mayor presencia cambia nuestra relación con la tarea que estamos realizando. Podemos soltar el apego al resultado y sumergirnos en el proceso. Las aguas turbulentas fluyen a nuestro alrededor mientras mantenemos el enfoque en un solo punto. Poner toda la atención en el trabajo también nos proporciona claridad; nos ayuda a ver qué es lo que hay que hacer. En ocasiones veremos que el trabajo que habíamos planeado no es el que debemos realizar. Recoger a un hijo enfermo de la escuela no estaba en la lista de tareas del día, por ejemplo, pero nos obliga a modificar la agenda. Si tenemos la atención puesta en el presente, podremos hacer otro uso del tiempo según sea necesario, en lugar de insistir rígidamente en que debemos atenernos al plan.

El hecho de prestar plena atención a nuestras tareas también hace que sean más atractivas. Algo tan mundano como cepillarse los dientes puede ser fascinante cuando le dedicamos toda la atención. Prueba a poner toda la atención la próxima vez que tengas que hacer algo que normalmente no disfrutas, como sacar la basura o limpiar el baño. Advierte lo que está sucediendo mientras lo haces: lo que ves, lo que oyes, las sensaciones asociadas a los movimientos del cuerpo. Imagina que es la primera vez que realizas la tarea. Probablemente descubrirás que no es tan desagradable como esperabas.

Elige una tarea para hacerla con plena conciencia, como vestirte o limpiar la mesa del comedor. Advierte las sensaciones que experimentas en las manos mientras la ejecutas, los sonidos que producen tus movimientos y cualquier otra experiencia sensorial. Cuando te des cuenta de que tu mente se ha distraído y estás pensando en otras cosas, vuelve a poner la atención en la tarea suavemente, sin criticar a la mente por hacer lo que hace de forma natural.[5]

Abrirnos a la realidad también nos ayudará a saber cuándo es el momento de realizar cambios en nuestro trabajo. Durante los primeros dos años de mi enfermedad, seguí trabajando a jornada completa viendo pacientes. La conciencia plena me ayudó a quitarme las anteojeras de la negación y a ver que ya no tenía la resistencia física y emocional necesaria para trabajar a tiempo completo. Finalmente, admití que no podía seguir así.

Esta toma de conciencia fue necesaria, pero no suficiente, para que hiciese cambios; aunque sabía que no podía sostener ese ritmo de trabajo, me negué durante mucho tiempo a cambiar la dinámica. La aceptación tenía que acompañar a la comprensión.

ACEPTA

Tendemos a tensarnos de antemano frente a un cambio difícil o una tarea desagradable. Pero tratar la incomodidad como un enemigo puede impedirnos hacer cosas importantes y necesarias, como cuando tuve que sacar una cucaracha de casi ocho centímetros de largo de la bañera hace años. Mi reacción inicial de asco frente a esa criatura fue un *no* rotundo: eso no debería estar sucediendo y no debería ser mi problema. Cuando acepté que ese insecto no se iría a ningún lado sin mi ayuda, pude concentrarme en la tarea de atraparlo en un frasco y sacarlo afuera.

La aceptación es la clave para superar el asco, el tedio, el miedo o cualquier otra incomodidad que pueda interponerse en nuestro trabajo. Con la aceptación consciente, podemos acoger la incertidumbre asociada al cambio, como pasar a ejercer la crianza a tiempo completo o comenzar a trabajar en un nuevo empleo. Yo terminé por reducir mi jornada como terapeuta cuando acepté que tenía que hacerlo por el bien de mi salud. Greg descubrió que con una mayor aceptación podía manejar las sorpresas inevitables con las que se encontraba en su trabajo. La presencia consciente nos ayuda a ser flexibles en lugar de estar obsesionados con hacer que todo vaya como habíamos pensado.

La disposición a avanzar a través de la incomodidad puede ser un acto de entrega gratificante, como cuando me abro al frío al sumergirme en las aguas heladas de la costa de Maine. En lugar de luchar contra las sensaciones de frío, las percibo como una experiencia que no etiqueto como «buena» ni «mala». Usé esta misma estrategia para realizar las tareas que estaba evitando, como poner una carga de ropa, y acepté que no iba a sentir ganas de hacerlo. Cuando estamos dispuestos a estar incómodos, hay muy pocas cosas que puedan interponerse en nuestro camino.

La conciencia plena nos ayuda a quitar de en medio los muchos obstáculos que no nos dejan hacer nuestro trabajo, para que podamos aplicar nuestros esfuerzos a aquello que los requiere. También puede ayudarnos a ver cuándo la historia que nos estamos contando está dificultando que abordemos ciertas tareas.

Pensar: implica la mente

«No quiero que mis hijos tengan la sensación de que *deben* trabajar», me dijo Daniel en nuestra octava sesión. Nos habíamos estado enfocando, no por casualidad, en el estrés que le generaba su trabajo mientras ponía en pie una exitosa empresa de publicidad en Internet. Daniel estaba en camino de asegurarse de que sus hijos no tuvieran ningún tipo de problema económico.

ACEPTA TENER OBLIGACIONES

La meta de Daniel de evitar que sus hijos tuvieran que soportar la carga de tener que trabajar en un empleo estaba asociada a una curiosa paradoja: el propio Daniel se sentía infeliz cuando estaba inactivo durante largos períodos. De hecho, se había retirado con treinta y pocos años con el plan de vivir del dinero obtenido por su participación accionaria cuando se vendió la empresa para la que había estado trabajando. Pero cuando llevaba seis meses fuera del mercado laboral, estaba inquieto y deprimido. Las investigaciones al respecto indican que se alcanza un punto, después de tan solo ocho días de vacaciones, en que los beneficios de la inactividad comienzan a menguar.[6]

De todos modos, es cierto que el trabajo puede experimentarse como una carga no deseada. Muchos de nosotros creemos que no tener que trabajar en absoluto sería una situación ideal. «Siempre te han dicho que el trabajo es una maldición y el esfuerzo una desgracia», escribió Gibran.[7] Tal vez sepamos intelectualmente que el trabajo es gratificante, de la misma manera que sabemos que el ejercicio es bueno para nosotros, pero también imaginamos lo agradable que sería no tener compromisos y pasar cada día haciendo lo que nos venga en gana.

A pesar de nuestras fantasías, el hecho de disponer de tiempo libre ilimitado es un problema real, como he visto en muchos de los pacientes a los que he tratado. Su situación era especialmente difícil si no necesitaban trabajar para mantenerse (que era justamente lo que quería Daniel para sus hijos).

Mi paciente Ari se encontró en esta tesitura después de graduarse de la universidad. Sus padres le proporcionaban alojamiento y comida gratis sin esperar que trabajara, pero en lugar de sentirse libre, se sentía abrumado por todas las opciones que tenía y la ansiedad lo paralizaba. Al no tener, como motivación, que pagar facturas, no podía superar la inercia que le impedía realizar actividades significativas.

Para llegar a un «lugar más alto», primero tendría que pasar por un «valle» de desafíos, como la incomodidad que iba a suponer para él cambiar su horario de sueño y asumir el riesgo de que podía fallar (como muestra la figura 7). Cuanto más tiempo permanecía inactivo, más aburrido e inquieto estaba, y el valle por el que tendría que pasar se volvía más profundo a medida que su ansiedad aumentaba y su confianza disminuía. Era una situación comprometida para Ari, en que las recompensas a corto plazo actuaban directamente en contra de su bienestar a largo plazo. La recompensa inmediata y cierta de la evitación superaba la posible recompensa de encontrar trabajo o de que lo admitiesen en una escuela de posgrado. Terminó en una especie de limbo, sintiéndose demasiado ocioso para estar a gusto pero demasiado cómodo para hacer un cambio.

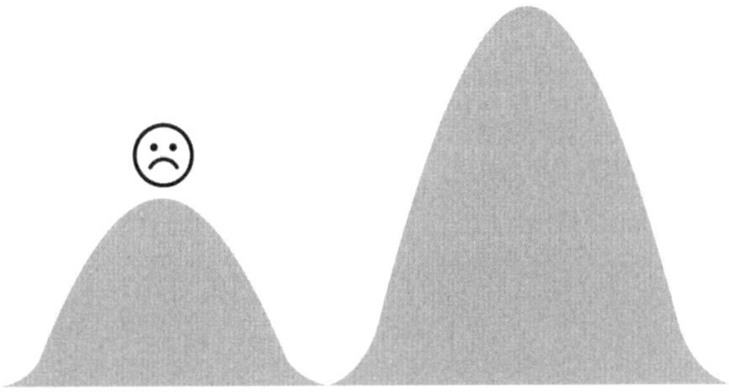

Figura 7

A la mayoría de nosotros no nos beneficia tener demasiadas opciones en cuanto a la forma de pasar nuestros días. No es bueno tener que decidir todos los días si cuidaremos a algún familiar, si haremos una labor de voluntariado o si iremos a trabajar. Nuestros compromisos eliminan algunas opciones y forjan, en parte, nuestra identidad. Esto ocurre, por ejemplo, cuando nos hacemos vegetarianos: tomamos una decisión general que nos libera de tener que decidir, frente a cada comida, si comeremos carne. Los compromisos nos «atan al mástil», como veíamos en el capítulo seis, y hacen que nos sea más fácil mantener el rumbo cuando podríamos desviarnos hacia la ociosidad vacía de contenido.

Si alguna vez has vivido un descanso prolongado (entre un empleo y otro o en unas vacaciones de verano, por ejemplo), piensa en lo que hiciste y en cómo te sentiste. ¿Fue tan agradable como esperabas la experiencia? ¿Hiciste muchas de las cosas que habías planeado o perdiste vigor? ¿Cómo fue la experiencia en comparación con otras etapas en las que tuviste más compromisos?

La mayoría de nosotros no tenemos la opción de no trabajar, gracias a Dios. Tener obligaciones casi siempre es mejor que la alternativa. Estoy agradecido de que mi enfermedad y mi depresión no fueran tan graves como para llevarme a dejar de trabajar totalmente. Por difícil que me resultara trabajar, también me permitía descansar del ensimismamiento, la preocupación y la desesperación.

Cuando la mente te diga que trabajar es una maldición, cuestiona esta historia. También puedes ser consciente de los pensamientos que te conducen a posponer tareas.

CUESTIONA LOS PENSAMIENTOS QUE TE LLEVAN A POSTERGAR

Cuando tenía la tentación de aplazar tareas que pensaba que serían aburridas, como hacer la colada, la mente solía decirme: «Lo haré más tarde, cuando tenga ganas». Pero por lo general me sentía aún *menos* motivado más adelante. Cada vez que posponía una tarea, experimentaba el alivio de evitar algo que pensaba que sería desagradable. Ese alivio llevaba a un refuerzo negativo, lo que significaba que en el futuro era más probable que reprodujese el comportamiento causante del alivio (evitar hacer la colada, por ejemplo).

También tendemos a subestimar la gratificación que experimentaremos al realizar una tarea y dejar de tenerla pendiente. Siempre me sorprendía lo bien que me hacía sentir vaciar el deshumidificador o cambiar una bombilla. Pero mientras la tarea estaba pendiente, el desagrado que esperaba era tan grande que me costaba ver la recompensa que me aguardaba con su ejecución, como refleja la figura 8.

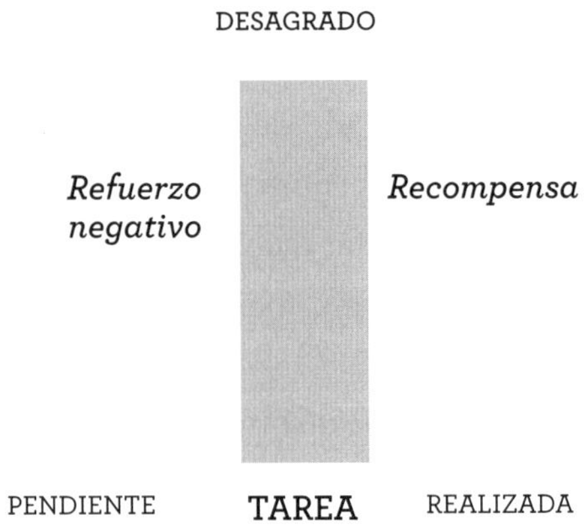

Figura 8

Cuando tengas la tentación de posponer algo que debas hacer, busca los pensamientos que puedan llevarte a la postergación, del tipo «siempre puedo hacerlo después». Pregúntate si hay una forma más útil de pensar al respecto; por ejemplo, «me sentiré muy bien una vez que esto esté hecho».

Reconocer los trucos de la mente hizo que me resultara más fácil asumir mis responsabilidades. Me fue útil recordar que mi motivación no aumentaría, probablemente, dándome más tiempo y evitando las tareas, y que encontraría más placer del que imaginaba al haber hecho algo que tuve la tentación de eludir. Al cambiar mi forma de pensar, empecé a realizar más tareas y a experimentar las gratificaciones asociadas.

Con la aceptación consciente, podemos profundizar aún más en las creencias que albergamos sobre las emociones en relación con las tareas. Debajo de la creencia «lo haré cuando tenga ganas» hay una suposición más fundamental: que debemos evitar la incomodidad siempre que sea posible. Pero no tenemos que estar a merced de nuestras emociones. Decir *sí* a nuestra experiencia incluye aceptar que podemos realizar tareas aunque no nos apetezca. En lugar de preguntarnos qué tenemos ganas de hacer, podemos preguntarnos qué hay que hacer.[8]

Esto no significa que debamos ignorar nuestras emociones, que pueden proporcionarnos una orientación útil. Por ejemplo, si nos sentimos infelices cada vez que vamos al trabajo, puede ser hora de que consigamos un nuevo empleo. Pero en cuanto a las tareas que nos corresponde realizar a nosotros y que deben hacerse ahora, podemos liberarnos de la trampa de la evitación basada en las emociones. La mayoría de las veces, descubriremos que el temor que sentíamos era peor que la ejecución de la tarea.

LIBÉRATE DEL MIEDO

El otro gran impulsor de la dilación es el temor a hacer un mal trabajo. Fallar en una tarea es una experiencia dura, que es comprensible que queramos evitar. Muchas de las tareas que evitaba cuando estaba deprimido tenían que ver con cosas que no sabía cómo hacer, como reemplazar la silicona de la cocina. Desconocía qué tipo de silicona debía comprar o cómo debía quitar la vieja, y me preocupaba la posibilidad de hacer un desastre. En consecuencia, seguía posponiendo tareas.

La conciencia de nuestras inseguridades nos permite cuestionar las historias que nos llevan a la evitación. ¿Qué probabilidades hay de que ejecutemos mal las tareas? La mayoría de las veces, estas historias basadas en el miedo nos presentan escenarios catastróficos que no se hacen realidad. En cambio, cuando esperamos que las cosas salgan bien, es más fácil que asumamos el riesgo y nos pongamos manos a la obra, como descubrí con la labor de sellado en la cocina y tantas otras actividades que había estado evitando.

Una vez más, la atención plena nos ayuda a llevar el enfoque cognitivo un paso más allá y a cuestionar la premisa que hay detrás de nuestro miedo. ¿Por qué deberíamos evitar la posibilidad de fallar? Tal vez podamos abrirnos a la incertidumbre y aceptar que el resultado de nuestros esfuerzos es desconocido. Greg, el técnico en emergencias médicas, aprendió a aceptar la posibilidad de «caerse de la cuerda floja» en lugar de seguir diciéndose que no debía caerse. Esta apertura redujo su estrés y su tensión incluso frente a los casos más difíciles.

La conciencia plena y el pensamiento útil son la base de la acción, la dimensión final del modelo pensar, actuar, ser.

Actuar: ocúpate de las cosas

Ocuparse de las cosas en el momento, sin demoras, no favorece solo la productividad o la gestión del estrés: el hecho de cumplir con nuestras responsabilidades también da forma a nuestra autoestima.

ENTRENA EL CEREBRO

En la época en la que estuve más abatido, me sentía culpable cada vez que veía una tarea sin hacer en casa, como la luz parpadeante del deshumidificador del sótano, que indicaba que había que vaciarlo. Evitar estas tareas me hacía sentir poco competente y hacía que me viese más como alguien que no se ocupa de las cosas. Esta autoimagen alimentó mi depresión y mermó aún más el poco respeto que sentía por mí mismo.

Era importante que cuestionase la creencia de que mi autoestima se basaba en mi productividad. Pero *el cerebro hace constantemente inferencias sobre quiénes somos a partir de lo que hacemos*. Esta es una cuestión a la que no se da la debida importancia que me llevó mucho tiempo reconocer. El hecho de aplazar tareas le manda un mensaje sutil sobre nuestras capacidades al cerebro. Y el hecho de hacer nuestro trabajo también le envía un mensaje al cerebro; en este caso, vemos reforzada nuestra identidad como sujetos que podemos atender responsabilidades.

Con esta comprensión, dejé de suponer que era poco relevante posponer tareas. Una de las medidas que adopté para recuperarme de la depresión consistió en ocuparme de mis tareas de inmediato; y como habían descubierto muchos de mis pacientes antes que yo, encontré que el solo hecho de hacer lo que tenía que hacer era más gratificante de lo que esperaba. No tuve que realizar nada espectacular y pude trabajar dentro de mis limitaciones del momento. Incluso el logro más pequeño, como cambiar el filtro de nuestro sistema de calefacción, constituía para mí una victoria moral significativa. A medida que me fui alejando de la recompensa fugaz que me proporcionaba evitar estas tareas, fui encontrando una gratificación más duradera: verme haciéndolas. Esto hizo que me sintiese cada vez más motivado a seguir tachando elementos de mi lista.

A menudo asociamos el cuidado personal con baños calientes y tomarnos tiempo libre, pero también incluye atender nuestras tareas. Mantenernos al día con ellas nos levanta el ánimo cuando estamos abatidos y nos ayuda a sentir que somos efectivos cuando estamos bien.

DESCOMPÓN TAREAS

El primer paso para hacer lo que tenemos que hacer es preguntarnos si nuestra tarea es del tamaño adecuado, como veíamos en el capítulo tres. Las tareas demasiado grandes nos parecen abrumadoras y hacen que nos sintamos menos motivados; si no sabemos por dónde empezar o si tendremos aguante para llegar hasta el final, es probable que evitemos la actividad. En cambio, las tareas que tienen el tamaño adecuado hacen que estemos más motivados, porque nos resulta fácil imaginar que las terminamos.

Por ejemplo, si hemos estado posponiendo hacer la colada, «ponernos al día con la ropa sucia» puede ser una tarea demasiado grande y vaga para impulsarnos a la acción, sobre todo si esta ropa se ha estado acumulando durante un tiempo. Es más útil definir subtareas fáciles de administrar, como poner una sola carga de ropa al día. De esta manera, está muy claro lo que debemos hacer, y sabemos que podemos hacerlo.

Las tareas del tamaño adecuado también incluyen un punto final obvio, lo cual nos permite saber cuándo hemos terminado. Esto es crucial para cumplir bien con los objetivos relacionados con tareas. Muchas veces dejamos el punto final indefinido y decimos que haremos «todo lo que podamos», sobre todo si hemos estado aplazando la ejecución de una tarea y queremos recuperar el tiempo perdido. Pero es difícil que nos comprometamos con una tarea de duración indefinida, pues la sensación que tenemos es que nos espera un trabajo interminable. Al establecer un punto final bien definido, como «una sola carga de ropa», la tarea es manejable y podemos descansar tranquilos después, sabiendo que hemos alcanzado el objetivo.

Elige una zona de tu hogar que tengas que despejar y organizar, como un armario trastero o un cajón de la cocina. Dedica diez minutos al día a trabajar en ello, hasta que la tarea esté concluida. Si quieres comenzar hoy pero te falta motivación, recuerda que esta tiende a aparecer una vez que nos hemos puesto en marcha. Observa qué sucede si empiezas a abordar la tarea aunque no te apetezca del todo.[9]

¡EMPIEZA!

Dividir las tareas facilita el principio conductual más sencillo que conduce a la ejecución: *ponerse a ello*. Expresado metafóricamente, haz lo que sea necesario para dejar el taco de salida de la pista de atletismo. No importa si empiezas a correr, a caminar o a arrastrarte; avanza como sea. Cualquier paso que des en la dirección correcta cuenta. Una vez que hemos comenzado, nuestros esfuerzos generan un impulso que tiende a mantenerse por sí mismo.

A menudo he utilizado esta estrategia con pacientes que tenían dificultades para ejecutar un proyecto importante, como Sam, que tenía que hacer un trabajo final como colofón de su carrera. Lo primero que debía hacer era enviarle un correo electrónico al profesor para confirmarle el tema que había elegido, y esta fue su tarea después de una de nuestras primeras sesiones. Cuando volvió a la semana siguiente sin haber escrito el correo electrónico, lo animé a hacerlo de inmediato durante nuestro encuentro.

Parece que Sam se sintió un poco molesto por esa sugerencia, ya que giró los ojos hacia arriba. Tal vez tuvo la sensación de que lo estaba controlando en exceso, pero no había nada más útil para su avance que dar ese primer paso y poner las cosas en marcha. Al ponerse en contacto con el profesor, actuó a pesar de la ansiedad que le producía la perspectiva de empezar. A partir de ahí, encontró mucho más fácil seguir adelante, pues intercambió el refuerzo negativo por la gratificación que le proporcionaba el hecho de hacer el trabajo.

Comenzar a ejecutar nuestras tareas nos coloca en el lado correcto de los costes y las recompensas, como veíamos en la figura 8. Nos sentimos mejor por haber hecho algo, lo que impulsa nuestra motivación; al mismo tiempo, el proyecto en el que estamos trabajando se hace más pequeño a medida que vamos completando partes. Una montaña de ropa menos una carga de lavadora, por ejemplo, es una montaña más pequeña, y cada carga de la que nos ocupamos hace que la tarea sea menos intimidante.

Dividir las tareas en partes y empezar sin más puede ser especialmente útil para las actividades que son muy importantes para nosotros pero que no *tenemos* que hacer, como emprender un negocio paralelo o escribir una novela. Al no estar presentes incentivos como pueden ser las expectativas de un jefe o un salario, a menudo tenemos poco con lo que contrarrestar la inercia. Podemos reducir al mínimo el «coste de admisión» dividiendo el proyecto en partes muy pequeñas y comprometiéndonos con el primer paso. Cuando tenemos que realizar un esfuerzo prácticamente nulo para empezar, sabemos que los pasos son del tamaño adecuado.

Piensa en un proyecto que hayas estado evitando. ¿Cuál es el primer paso que debes dar para ejecutarlo? Asegúrate de que el primer paso sea muy accesible para ti; con este fin, haz que tu primera acción sea tan pequeña como sea necesario. Si tienes que repintar una habitación, por ejemplo, el primer paso podría ser encontrar la pintura y las brochas y pinceles. Da el primer paso hoy y después planea el siguiente pasito que darás mañana. Continúa así, abordando un paso manejable tras otro, hasta haber terminado la tarea.[10]

Uno de los compromisos que podemos establecer con nosotros mismos es el de evitar las tareas que no nos corresponde realizar. A veces, decir *sí* a la vida requiere decir *no* a actividades que nos apartarían de nuestra intención.

DI «NO» CUANDO CONVENGA

Trabajar en sintonía es más que estar ocupado; es dejar de lado cualquier actividad que pueda interponerse en nuestro trabajo esencial. Muchos de nosotros no tenemos problema con estar activos; al contrario: estamos siempre demasiado ocupados. A menudo no paramos de llenar nuestra vida con *una cosa más* que no es necesaria y que nos quita tiempo y energía para lo que debemos hacer realmente. Gracias a la conciencia plena, podemos ajustar nuestras acciones al tiempo y la energía de los que disponemos y decir que no cuando es necesario.

Puede ser que nos resulte especialmente difícil decir *no* si cabe la posibilidad de que decepcionemos a alguien o de que ello afecte negativamente a la opinión que alguien tiene de nosotros. En los esfuerzos que hice en el transcurso de mi enfermedad para ser un «buen padre», por ejemplo, accedí muchas veces a participar en actividades familiares que me dejaban exhausto. Cuando el día estaba más avanzado, me costaba más ser un padre presente y paciente, a causa del agotamiento.

El pastor Eugene H. Peterson explicó lo que sucede cuando no decimos que no:

> Al renunciar perezosamente al trabajo esencial de decidir y dirigir, de establecer unos valores y unas metas, otras personas lo hacen por nosotros. [...] Pero si lleno vanamente el día con actividades que atraen mi atención o si dejo que otros lo ocupen con peticiones imperiosas, no tendré tiempo para el trabajo apropiado, aquel al que he sido llamado.[11]

Thomas Merton también mencionó la «pereza» para referirse a la acción irrelevante: «Libérame de la pereza disfrazada de actividad cuando no se requiere actividad de mí», escribió.[12]

Tenemos que realizar un esfuerzo para decir *no* a cosas que podríamos hacer, o que otros esperan que hagamos, que nos alejarían de actividades más importantes, entre las que incluyo el descanso (tema del capítulo ocho). Es esencial que «ajustemos nuestra agenda a nuestros valores», como dijo un paciente mío, y que protejamos el tiempo que debemos dedicar a nuestras actividades más importantes. La aceptación consciente nos ayuda a estar en paz con la posibilidad de que los demás estén descontentos cuando les decimos que no.

Cuando alojamos la presencia consciente, gestionamos nuestros pensamientos y actuamos con propósito, nos abrimos a la dimensión espiritual del trabajo.

ENTRA EN EL FLUIR

No podía estar verdaderamente presente cuando decía que no a mi trabajo, lo cual me hacía estar en conflicto con la realidad de lo que debía hacerse. Cuando empecé a cumplir más con mis tareas, expresé activamente mi aceptación por el hecho de recibirlas y decir *sí* a ellas. Esta afirmación me puso en sintonía con el impulso de ser alguien competente y con mi anhelo de realizar una actividad significativa.

Hacer mi trabajo también me permitió participar en el ciclo natural de dar y recibir. Cada día recibía innumerables regalos* que por lo general me pasaban desapercibidos: la cama en la que duermo, la casa que me acoge, los platos de los que como, la ropa y los zapatos que llevo... Cada uno de estos elementos que cubren necesidades es el resultado del trabajo que hizo alguien; los esfuerzos de otras personas me sostienen continuamente.

La respuesta más natural al recibir es dar, como vemos en cualquier sistema próspero: los ríos dan y reciben agua. Los sistemas digestivos saludables reciben nutrientes y eliminan desechos. Las mareas del océano retiran agua y la devuelven. Dar es esencial para la vida. Si no contribuimos con lo que nos corresponde dar, interrumpimos la fluencia; sería como inhalar sin exhalar después. «Este es nuestro trabajo –escribió la ecóloga Robin Wall Kimmerer en *Una trenza de hierba sagrada*–, descubrir lo que podemos dar [...] aprender la naturaleza de [nuestros] propios dones y cómo usarlos para hacer el bien en el mundo».[14]

Cuando nos sentimos más plenamente vivos es cuando nos sumergimos en el fluir de lo que requiere de nosotros la vida a cada momento y ofrecemos nuestros dones al mundo. Abordar nuestro

* N. del A.: Le estoy agradecido a Gregg Krech por estimular mi pensamiento a este respecto.[13]

trabajo de esta manera es un acto espiritual. Como escribió Thomas Merton en *Nuevas semillas de contemplación*: «Si se supone que debo arar un huerto o hacer una mesa, estaré obedeciendo a Dios si permanezco fiel a la tarea que estoy realizando».[15]

Los textos sagrados también nos instan a tratar nuestras tareas como sagradas. En el *Bhagavad Gita*, Krishna le dice a Arjuna: «Conoce cuál es tu deber y cumple con él sin dudar. [...] Si quieres ser realmente libre, realiza todas las acciones considerando que son una ofrenda sagrada».[16] Y dice el apóstol Pablo en su carta a los cristianos de Roma: «Por lo tanto, hermanos, tomando en cuenta la misericordia de Dios, les ruego que cada uno de ustedes, en adoración espiritual, ofrezca su cuerpo como sacrificio vivo, santo y agradable a Dios».[17] Y escribe Eugene Peterson en *The Message* [El mensaje] parafraseando las palabras de Pablo: «Toma tu vida cotidiana, ordinaria (el acto de dormir, el acto de comer, tu desplazamiento al trabajo y el acto de caminar por ahí) y ponla ante Dios como una ofrenda».[18]

Las prácticas del modelo pensar, actuar, ser nos ayudan a cumplir con nuestro deber «sin dudar», y así gozamos de verdadera libertad. Con la atención plena, podemos mantenernos presentes y abiertos a lo que debe hacerse. Las técnicas cognitivas eliminan las barreras mentales que nos impiden actuar, mientras que las técnicas conductuales hacen que estemos más enfocados en las tareas y las gestionemos mejor.

«El trabajo es amor hecho visible –escribió Kahlil Gibran–. Y cuando trabajas con amor te unes a ti mismo, a los demás y a Dios».[19] El compromiso constante con el mundo es una expresión profundamente satisfactoria del amor, lo que nos permite «seguir el ritmo de la tierra y del alma de la tierra. Porque estar ocioso es convertirse en un extraño en medio de las estaciones y salirse de la procesión de la vida». El amor que expresamos a través de nuestros esfuerzos permite que la vida y el amor continúen.

Al usar la mente y el cuerpo para actuar en el mundo y cumplir con nuestras responsabilidades, acabamos por darnos cuenta de que estamos haciendo más que ceñirnos a un horario, cumplir con unos plazos o hacer nuestro trabajo. Estamos en sintonía con la vida y con nuestra naturaleza como seres creativos que actúan de maneras significativas. Esta sintonía es fundamental para que podamos cumplir con nuestro propósito. Pero como veremos en el próximo capítulo, nuestro propósito abarca mucho más que nuestro trabajo.

12

TU PROPÓSITO EN LA VIDA

Todos los temas que hemos tratado en los capítulos anteriores, desde el descanso hasta el cuidado del cuerpo y las relaciones, nos preparan para expresar nuestro propósito en la vida. Como verás, se deriva una profunda paz del hecho de saber que estamos viviendo en perfecta coherencia con nuestra razón de ser.

* * *

«Si no tengo un propósito, ¿por qué estoy aquí?», me preguntó Michelle. Acudió a mí en busca de tratamiento dos semanas después de sobrevivir a un intento de suicidio. Los planes de Michelle de hacerse neurocirujana pediátrica se desvanecieron cuando cayó en una profunda depresión durante su segundo año en la universidad. A medida que sus notas se fueron desplomando, su sueño de entrar en la facultad de medicina le fue pareciendo cada vez más lejano. Ahora se sentía sin rumbo y a la deriva; no sabía cuál era su propósito en la vida.

La pregunta de Michelle era comprensible. El propósito une los distintos momentos de nuestra vida en algo significativo; nos da una razón por la que levantarnos de la cama por las mañanas y ofrecer lo mejor de nosotros al mundo. El propósito hace que nuestro sueño sea más dulce cuando descansamos, pues sabemos que nuestra vida importa. Si no tenemos claro cuál es nuestro propósito, es posible que la vida nos parezca desprovista de esperanza. Reconocí la desesperación de Michelle en mí mismo cuando mi enfermedad interfirió en mi labor como terapeuta.

¿Cómo podemos cultivar un propósito general que permanezca incluso si perdemos un empleo, la salud o nuestras habilidades? Como descubrí, estaba buscando mi propósito en los lugares equivocados. Si gozamos de conciencia plena, nunca perderemos realmente nuestro propósito.

Tras mi propósito

Supe que había encontrado mi vocación cuando inicié mi práctica clínica. Podía ver el impacto de mi labor en la vida de mis pacientes, tenía una hermosa consulta a la que podía ir caminando y me encantaba ser mi propio jefe. Estaba ofreciendo ayuda a personas que estaban sufriendo a la vez que proveía económicamente a mi familia. Había encontrado lo que estaba destinado a hacer durante el resto de mis años laborales.

Pero las cosas no fueron según lo planeado. A medida que mi enfermedad empeoraba, cada vez me costaba más dar abasto. Ya no tenía la resistencia que anteriormente me había permitido trabajar largas horas. Sin embargo, seguía arrastrándome hasta el consultorio de terapia temprano por la mañana, incluso en los peores momentos de mi enfermedad, y me dejaba la piel cada día. «Esta es mi llamada –insistía–. ¡Es lo que estoy destinado a hacer!».

Cuando llegaba a casa por la tarde, estaba exhausto y tenía poco que ofrecer a mi familia, aparte de impaciencia e irritabilidad. En ningún momento dejé de pensar que podría regresar a mi rutina normal, consistente en atender entre veinticinco y treinta pacientes a la semana. Podía comprender perfectamente la desesperanza de Michelle: ¿cómo podría seguir adelante si dejase de cumplir mi función? Mi lugar sería la basura, como lo es el lugar al que debe ir un cuchillo roto. Si no pudiese ofrecer terapia a los pacientes ni aportar dinero a la familia, la vida estaría desprovista de sentido para mí.

Sin embargo, vi innumerables ejemplos de personas que habían perdido mucho más que yo y parecían vivir con un sentido de propósito duradero. Tal vez estaba confundiendo mi *papel* con mi *propósito*. Después de todo, hay muchas maneras de ofrecer terapia cognitivo-conductual además de las sesiones individuales: libros, blogs, pódcast, aplicaciones. La forma de brindarla no era tan importante como el objetivo de ayudar a otras personas a experimentar menos sufrimiento. Tal vez yo era el chef y no el cuchillo. Si no podía ofrecer terapia a tiempo completo, podía encontrar otras formas de ejercer mi vocación.

¿Cuál crees que es tu propósito? Examina si ha evolucionado con el tiempo. ¿Alguna vez has sentido que no podías encontrarlo?

Pero mi relación con mi propósito no acababa de ser sólida. Tenía que estar lo suficientemente sano para seguir trabajando. Debía tener éxito. Insistía en que tenía que ser capaz de hacer *este tipo de trabajo*, o tener *este papel*, u obtener un nivel de ingresos. Para que todo esto fuese posible, tenía que buscar la seguridad y evitar el dolor. Durante más de tres años, supliqué que mi sufrimiento se viese aliviado. Creía que la curación implicaba la desaparición de mis problemas de salud y poder trabajar como antes.

Sin darme cuenta, estaba cultivando un sentido de propósito basado en el ego: exigía que las cosas fuesen a mi manera y me resistía a la posibilidad de que esto no fuera así. Pero no podía encontrar estabilidad en esas pretensiones del ego, porque nada que tuviese que ver con mi trabajo estaba asegurado. Basar mi propósito en mi trabajo me producía una sensación de malestar, consciente de que siempre había el peligro de que pudiese perder lo que tenía.

Cuando para conservar nuestro sentido de propósito tenemos que aferrarnos a algo o alcanzar lo que perseguimos, nos están controlando los apegos del ego. La frustración o la decepción son inevitables cuando basamos nuestro propósito en un trabajo, en cuidar de otros o en desempeñar una labor creativa. Los deportistas sufren una crisis de identidad cuando ya no pueden jugar si su razón de ser es el deporte. Si criar hijos pequeños es nuestro propósito último y lo hacemos bien, probablemente llegará el momento en que ya no nos necesitarán. Si nuestra profesión es nuestro propósito, nos sentiremos perdidos al jubilarnos...

Estas funciones pueden dar mucho sentido a nuestra vida, pero necesitamos un propósito que no se nos pueda arrebatar. De lo contrario, perdemos toda esperanza cuando nos encontramos en una situación como la de Michelle. No veía la forma de poder cumplir su propósito, por lo que su vida le parecía inútil..., hasta que descubrió un propósito que es más profundo que nuestros roles y más duradero que nuestra salud.

SER: ENCUENTRA EL PROPÓSITO EN LA PRESENCIA

El rey del cuento corto de León Tolstói «Las tres preguntas» se propone descubrir su propósito. Al final del relato, se da cuenta de que la base de su propósito es la presencia en el ahora, «porque es el único momento en el que tenemos algún poder».[1] Nuestra tarea es estar presentes para las personas con las que estamos y «contribuir al bienestar de estas personas, porque solo para esto nos mandaron a esta vida». La presencia consciente es la base del propósito.

El hermano David Steindl-Rast llegó a una conclusión similar en *La música del silencio*. Escribió que «la manera más sucinta» de describir toda la razón de ser de la vida monástica era como «un esfuerzo por vivir en el ahora», con la intención de responder a «una serie de oportunidades, de encuentros».[2]

Paradójicamente, el miedo a perder mi propósito me hizo perderlo: al aferrarme al trabajo que pensaba que tenía que realizar, sacrifiqué el propósito que estaba disponible para mí. No podía estar presente para las personas de mi entorno estando preocupado por lo que podría perder. Mi miedo y mi apego eclipsaron todo lo que realmente importaba.

Nuestro propósito es estar presentes. Este mero reconocimiento aporta paz. Nuestro verdadero propósito no puede sernos arrebatado. Nunca es algo que no podamos hacer. No somos herramientas que pueden perder su propósito, como un cuchillo roto del que nos deshacemos. Nada externo a nosotros puede interferir en lo que estamos destinados a hacer: estar presentes, sea lo que sea lo que esté sucediendo. Cada momento de nuestra vida nos presenta la oportunidad de cumplir con este propósito. Incluso este mismo momento.

Cuando sabemos cuál es nuestro verdadero propósito, encontramos una sensación de calma, como cuando reconocemos a un viejo amigo: «¡Ah, eres tú!». No es como hacerse neurocirujano, como descubrió Michelle, pues un objetivo como este dependía de innumerables factores que escapaban a su control: las notas, que decidiesen admitirla, su salud mental y física... No tienes que hacer que las cosas salgan de una manera en particular para poder cumplir con tu propósito. No puede haber ansiedad en relación con el propósito cuando es imposible perderlo. Puedes relajarte al saber que tienes todo lo que necesitas, siempre. Con cada respiración estás exactamente donde tienes que estar.

Debido a mi enfermedad, descubrí que la completitud no consistía en hacer que todo fuera perfecto para poder retomar el propósito que había decidido darle a mi vida. La sanación se convirtió en un proceso de armonización con mi situación presente para poder ofrecer lo mejor de mí, fuese lo que fuese, cada día. Esta es una modalidad de sanación confiable por la que no tenemos que rogar, porque la armonización está siempre disponible. Solo hemos de escuchar al cuerpo y a la mente y ofrecer lo que tenemos.

Podemos encontrar una nueva vida cuando decidimos vivir en el presente tal como somos. Podemos estar presentes independientemente de cuál sea el lugar en el que nos encontremos, de cómo nos sintamos o de lo que esté sucediendo. Estar presentes es estar disponibles, y ocurren cosas buenas cuando lo estamos. Podemos responder con flexibilidad frente a lo que sea que aparezca. Cuando estamos centrados en el ahora, podemos atender nuestras propias necesidades y las de los demás. Podemos trabajar cuando es hora de trabajar y descansar cuando necesitamos hacerlo. Y podemos dar y recibir amor.

La mayoría de nosotros tendemos a escuchar a los demás con un oído y a prestar atención a nuestros pensamientos y

preocupaciones con el otro. Elige una interacción hoy en la que estarás plenamente presente con esa persona. Se trata de que le dediques toda tu atención. Concéntrate intensamente en las palabras que dice, su lenguaje corporal, sus ojos y su expresión facial. Observa que estás más disponible para la otra persona cuando te enfocas en ella intencionadamente.[3]

La presencia (el componente *ser* dentro del modelo pensar, actuar, ser) nos permite adecuar nuestras acciones a las necesidades del momento. Y sintonizamos con nuestro propósito tan pronto como nos abrimos a la presencia consciente. «Haz lo que estés haciendo –escribió David Steindl-Rast–. Esta respuesta amorosa a lo que requiere de nosotros cualquier momento dado nos apea de la cinta de correr que es el tiempo y nos sitúa en el ahora».[4]

Como siempre, *ser* es el fundamento del pensamiento efectivo y la acción dirigida.

PENSAR: CONOCE TU PROPÓSITO

Algunas de las historias más engañosas de la mente tienen que ver con el propósito. Es fácil caer en el pensamiento del tipo o todo o nada en relación con el propósito e insistir en que *debemos* lograr un determinado resultado porque la alternativa es nada, cero. La mente de Michelle le decía que tenía que ser neurocirujana o que de lo contrario no sería nada. Llevaba tanto tiempo creyéndose esta historia que no reconocía que estaba formulada en términos de o blanco o negro: su propósito tenía que ser *ese*; no cabía ningún otro. Tristemente, se tomó tan en serio lo de que no sería nada que llegó a considerar el suicidio, al creer que las únicas opciones que tenía eran alcanzar su objetivo o poner fin a su vida.

El pensamiento del tipo o todo o nada también nos lleva a creer que nuestro propósito no tiene valor si no tiene algo de épico. Michelle no quería limitarse a salvar vidas: quería cambiar el mundo a través de su labor médica. En nuestras sesiones, acabó por ver que estaba *descartando lo positivo* al ignorar lo bueno que aportaba al mundo: su presencia única, tanto si llegaba a ser médica como si no. Cuando amplió sus creencias sobre lo que podría implicar su propósito, redescubrió su propia valía y dejó de sentir la necesidad de abandonar este mundo.

La mayoría de nosotros equiparamos el propósito con la acción y no le damos valor a nuestra presencia. Este error de pensamiento, que es una ilusión de la que es víctima toda la sociedad, nos hace creer que nuestro valor está determinado por nuestra productividad. He reconocido esta creencia central en mí mismo, y se requiere una conciencia sostenida para ver más allá de ella.

Empieza a cuestionar la premisa de que tu propósito en la vida es lograr. Desconfía de cualquier historia mental que insista en que debes hacer más, obtener más, alcanzar más o ser más, y que te diga que estos son los caminos hacia el cumplimiento del propósito. Cualquiera que los haya recorrido te dirá que no conducen al destino apetecido.

No hay nada de malo en tener metas, y podemos experimentar una gran satisfacción con nuestro trabajo y nuestras relaciones. Pero debemos tener cuidado de no vincular nuestro bienestar a cosas perecederas. Si se da el caso de que nuestros sueños mueren, no tenemos que morir con ellos.

La presencia consciente más el pensamiento correcto nos preparan para la acción impulsada por el propósito.

ACTÚA CON PROPÓSITO

Independientemente de cómo elijamos pasar el tiempo, el propósito de todos nosotros es el mismo: estar presentes. Pero esto no significa que no importe lo que hagamos; ¡todo lo contrario!

Llénate de vida

Hay una gran diferencia entre el trabajo que nos está destinado y el que no lo está. En *Wishful Thinking* [Pensamiento desiderativo], Frederick Buechner habla de encontrar «el lugar en el que tu alegría profunda y el hambre profunda del mundo se encuentran».[5] Te llenas de vida cuando haces «el tipo de trabajo (*a*) que más necesitas hacer y (*b*) que el mundo más necesita que se haga».

Tu vocación se encuentra en la intersección entre tus habilidades y tus intereses, es decir, allí donde lo que eres *capaz* de hacer coincide con lo que *deseas* hacer, lo cual impregna tus esfuerzos con toda la fuerza de tu verdadera identidad. Entonces, tu trabajo hace que estés en el mundo de una manera más integral, lo cual facilita que estés presente en él. Por otro lado, estar plenamente presente es más complicado si tu trabajo no es adecuado para ti. Es difícil que estés disponible en el momento si tu situación no encaja con tu verdadera naturaleza; es como si llevases una camisa que te queda pequeña.

Yo sentí la incomodidad derivada de este tipo de desajuste cuando estaba dedicando horas a estudios de investigación, sabiendo en lo más íntimo que ese trabajo no estaba aportando al mundo nada de mucho valor. Ni estaba encontrando una alegría profunda con el trabajo ni estaba satisfaciendo una gran necesidad. Y experimenté otro desajuste cuando me obligué a trabajar, como psicólogo, más horas de las que podía aguantar. La discrepancia entre mis tareas y mis capacidades era una fuente continua de tensión para mí. Gracias a la conciencia plena he acabado por trabajar de una manera que me resulta vivificante y que puedo sostener.

La conciencia plena nos ayuda a advertir cuándo nos sentimos más presentes y vivos y a dirigir la energía en consecuencia. Podemos dejar de lado aquello que nos roba la energía. Podemos elegir un trabajo que nos ayude a estar presentes. Y podemos dejar de intentar adaptarnos a la fuerza a trabajos que no podemos realizar; aquello que estamos llamados a hacer nunca estará más allá de nuestras capacidades.

¿Qué tipo de trabajo te deja agotado siempre? Compara estas tareas con las que te hacen sentir más vivo. ¿Podrías hacer en mayor medida aquello que se corresponde con tus habilidades e intereses?

El trabajo que haces puede ser una herramienta para el cumplimiento de tu propósito, pero no es, en sí mismo, tu propósito último. Este espacio está reservado para la presencia.

Haz espacio

Si valoramos la presencia consciente, tenemos que propiciar oportunidades para vivirla en nuestra rutina diaria. Estas oportunidades pueden incluir la meditación y otras prácticas de mindfulness, pero incluso la meditación puede convertirse en otra tarea más que realizar durante el día. Como escribió Thomas Merton en *Nuevas semillas de contemplación*: «No sirve de nada que trates de liberar la mente de todas las cosas materiales en el momento de la meditación si no haces nada para reducir la presión del trabajo fuera de ese período».[6]

Estar demasiado ocupado conduce a más estrés y a menos disponibilidad para satisfacer las necesidades de cada momento.

Llenar nuestros días de actividad no nos deja espacio para ser; sería como si no existiese el espacio en blanco en el ámbito del diseño gráfico o como si las notas musicales no pudiesen contrastar con el silencio. En cambio, planificar que el espacio y el silencio estén presentes en nuestra vida hará que nos sea más fácil advertir lo que es importante. También nos será más fácil actuar con propósito (con intención) si lo hacemos desde un centro equilibrado que si deambulamos sin rumbo a lo largo del día.

Sirve para cumplir con el propósito

Uno de los beneficios de la presencia es que abre la posibilidad de servir a los demás. La presencia consciente nos permite advertir qué necesitan y cómo podemos responder. El servicio fluye de forma natural cuando estamos presentes para las personas que nos rodean.

Sin embargo, a menudo nos es difícil atender las necesidades de los demás, sobre todo si nosotros mismos tenemos dificultades. Tendemos a volcarnos hacia nuestro interior cuando atravesamos tiempos difíciles, ya que tratamos de cuidarnos y no gastar más energía de la necesaria. Durante los momentos más bajos de la enfermedad y la depresión que sufrí, solo estaba centrado en mi propio malestar. Estaba obsesionado con lo difícil que era todo y en que quería sentirme mejor. En este contexto, perdía totalmente de vista las necesidades de los demás.

Esta experiencia me hizo comprender lo insatisfactorio (y agotador) que es estar siempre absorbido por las propias preocupaciones. Enfocarnos en nuestros problemas alimenta una espiral descendente de ansiedad y ensimismamiento y nos desconecta de las oportunidades de tener en cuenta a los demás. El caso es que estas oportunidades son vivificantes. Como muchos de mis pacientes, descubrí que podía estar presente y atender a los demás incluso sintiéndome destrozado. Era suficiente con que ofreciese lo que tenía, aunque eso no fuese más que una copa vacía.

No tenemos que hacer grandes gestos; basta con que le preguntemos a otra persona cómo le ha ido el día o con que le hagamos un pequeño favor que mejore un poco su vida. Incluso podemos utilizar nuestras propias dificultades como señales para pensar en los demás. Si lo estamos pasando mal, podemos preguntarnos quién más está sufriendo y qué podríamos hacer para aliviar su malestar. Si nos sentimos desanimados, podemos pensar en alguien que necesite nuestro ánimo.

Ninguno de estos redireccionamientos tiene por objeto que ignoremos nuestro propio bienestar. Si estamos conscientemente presentes, responderemos a nuestras verdaderas necesidades; como indicó Tolstói, atender a aquellos con quienes estamos incluye el autocuidado. Después de haber hecho lo que podíamos por nosotros mismos, podemos soltar la cavilación y las preocupaciones improductivas y dirigir la energía hacia las personas de nuestro entorno.

Cuando estés lidiando con la preocupación o la ansiedad, pregúntate cómo puedes mostrarles amor a las personas que forman parte de tu vida. Busca una oportunidad de satisfacer alguna necesidad de alguien, tal vez de una forma que no espere. Enfócate en el acto de amar en lugar de esperar sentir amor. El amor suele ser el antídoto del miedo.[7]

Atender a los demás suele ser la respuesta más compasiva que podemos brindarnos a nosotros mismos, y puede ser crucial para nuestra propia sanación. Por ejemplo, mi proceso de recuperación incluyó compartir la responsabilidad de acostar a nuestros hijos, algo que mi esposa había estado haciendo sola durante muchos meses debido a mis frecuentes derrumbes por la noche. Asumir ese compromiso me ayudó a salir de mis propias preocupaciones y me brindó muchos momentos especiales mientras les leía o les cantaba a nuestros hijos. Sea cual sea nuestra situación, podemos sintonizar con nuestra verdadera naturaleza y mostrarnos como seres amorosos y serviciales.

Al mismo tiempo, es importante que no nos aferremos al servicio como único camino hacia el cumplimiento del propósito. Cuando pensaba que mi propósito era servir a mis pacientes y satisfacer las necesidades económicas de mi familia, me encontraba constantemente con aparentes obstáculos (enfermedades, vacaciones, citas de mi esposa...) que requerían que estuviera en casa. Este tipo de circunstancias pueden entrar en conflicto con nuestro trabajo en ocasiones, pero no pueden interferir en nuestro propósito fundamental.

Cuando estamos presentes con todo nuestro ser (mente, cuerpo y espíritu), la totalidad de lo que hacemos forma parte de un todo unificado.

INTEGRACIÓN

Cuando pensaba que mi propósito era impulsar mejoras en el campo del tratamiento del trauma, me irritaba tener que calmar a un bebé que lloraba por la noche en lugar de trabajar en mi solicitud de subvención. Ayudar a mi hija a dormirse me parecía un obstáculo que se interponía en lo que debía hacer. Pero al armonizarnos con nuestro propósito como presencia, descubrimos que este está igual de disponible para nosotros en nuestros «obstáculos» que en lo que suponemos que debemos hacer.

Una clara conciencia de nuestro propósito nos proporciona coherencia e integración en todos los ámbitos de la vida. Cada momento nos ofrece la oportunidad de estar presentes y al servicio del propósito. Nuestras responsabilidades en el trabajo y en el hogar no están tanto «equilibradas» como integradas, puesto que nuestro propósito es siempre el mismo. El verdadero propósito conduce a la armonía frente a la disonancia en los distintos ámbitos de la vida.

Un propósito integrado también fortalece nuestra vida contra lo impredecible, al igual que un edificio dotado de integridad arquitectónica se mantiene unido durante un terremoto. Cuando nuestra vida se ve sacudida, no nos desmoronamos. Una emergencia familiar o un sótano inundado pueden arruinar nuestros planes para el día, y aun así podemos saber que estamos sirviendo a nuestro propósito. Tal vez trabajemos durante años en la forja de una carrera que se derrumba por razones que escapan a nuestro control, y aun así podemos confiar en que nuestra vida no es menos significativa. Estas dificultades son decepcionantes e incluso desgarradoras, pero podemos saber, a un nivel más profundo, que nuestro propósito nunca está en duda.

La conciencia de que nuestro propósito es unitario no está desprovista de belleza. Cada faceta de nuestra vida opera en conjunto, de la misma manera que constituyen un conjunto todas las tareas que realizamos para cuidar un huerto: ya sea que estemos sembrando, regando, rastrillando o quitando malas hierbas, todas las actividades están orientadas a obtener una cosecha. De la misma manera, cada aspecto de nuestra vida (el sueño, el ejercicio, las relaciones, el trabajo) está conectado con los demás como parte de un propósito más grande. Cada actividad nos ofrece la misma oportunidad: estar presentes haciendo exactamente lo que estamos haciendo.

Todas las prácticas del modelo pensar, actuar, ser nos permiten cumplir nuestro verdadero propósito. Estar receptivos al presente facilita que tengamos pensamientos y comportamientos saludables. A la vez, el pensamiento y la acción correctos hacen espacio para la presencia. La mente, las manos y el corazón están unidos en un propósito común y permanente.

EL PROPÓSITO NUNCA CADUCA

Hacia el final del tratamiento, Michelle se dio cuenta de que su propósito no era algo externo a ella misma. «No tengo que ser más de lo que soy –me dijo–. Solo necesito ser». Poner el acento en la presencia le proporcionó claridad mientras exploraba distintas opciones profesionales. Aún sentía mucha ansiedad en relación con su futuro, pero ya no estaba desesperada. No había nada que pudiese tocar el núcleo de su identidad y su razón de ser.

Nuestro propósito más profundo radica en un estado de ser, y no en lo que pensamos o hacemos. Cuando tomamos conciencia de la dimensión espiritual de nuestro propósito, descubrimos que trasciende el tiempo. Nuestro propósito más profundo siempre está disponible porque reside en el presente, y entrar en el presente es entrar en la eternidad.

Podemos sentir esta conexión continua muy dentro de nosotros cuando habitamos plenamente un momento dado. Cuando estamos presentes, «todo tiene significado, todo tiene sentido –escribió David Steindl-Rast en *La gratitud, corazón de la plegaria*–. Estamos comunicándonos con todo nuestro ser, con todo lo que es, con Dios».[8] Todas las preguntas desaparecen: estamos haciendo lo que estamos haciendo y nos sentimos bien al respecto.

Cuando trabajamos, nuestro propósito es estar atentos al trabajo que estamos realizando. Cuando descansamos, cumplimos nuestro propósito al estar presentes en la pausa. Cuando nuestra fuerza se agota y nos acercamos al final de nuestros días, podemos estar presentes ante la vida misma y ante cada respiración restante. Y cuando nuestro tiempo en la tierra ha terminado y exhalamos el último suspiro, estamos presentes ante lo que comienza cuando la respiración se detiene.

Cumplimos nuestro propósito al fomentar la presencia, en este momento y en todos los demás instantes. Cuando despertamos al presente, experimentamos un sentimiento de pertenencia profundo y total, aquí mismo y tal como somos exactamente. En el núcleo de nuestro ser, sabemos que estamos en casa. El regreso a nosotros mismos completa el círculo del modelo pensar, actuar, ser y será el tema del próximo y último capítulo.

13

EL REGRESO A CASA

Y cuando pensé que estaba completamente solo,
fue tu voz la que oí que me llamaba para que volviese a casa.

—Rich Mullins, «Growing Young»[1]

Este libro empezó con la escucha de la voz interior que te está llamando. La culminación de la escucha y el seguimiento de esta voz es el regreso a tu ser, a tu esencia más verdadera, que forma parte de lo divino. En este capítulo final, veremos el amor sincero que te espera cuando vuelves a ti mismo y los milagros cotidianos que se hacen evidentes cuando sabes que eres profundamente amado. A medida que te vayas sintiendo verdaderamente en casa contigo mismo y en tu mundo, irás descubriendo una conexión cada vez mayor con tu voz interior, y el ciclo de pensar, actuar, ser continuará.

* * *

Una noche, mientras me estaba recuperando de la depresión, comprendí algo sobre la naturaleza del amor divino. Sucedió mientras estaba haciendo la cena y escuchando un concierto del cantante y compositor cristiano Rich Mullins. Entre dos canciones, Mullins dijo que estaba agradecido de que Dios fuese como un padre orgulloso que considera que los garabatos caóticos que son nuestras vidas son «la más hermosa obra de arte».[2]

En un instante, entendí que el amor divino no es un amor profesado a regañadientes o a medias, o que es una tolerancia indiferente, como antes suponía. Es incondicional, sincero e inevitable, como el amor de un padre hacia su hijo. Esa noche me quedé dormido sintiéndome bienvenido, abrazado y sumergido en la benevolencia. Sentí que estaba en casa.

Todos ansiamos regresar a casa. Anhelamos un lugar en el que podamos ser totalmente nosotros mismos, dejar nuestras preocupaciones y saber que somos amados exactamente tal como somos. Sin embargo, esta experiencia de profunda pertenencia nos elude a menudo. Nos sentimos incómodos con los demás y desconectados de nosotros mismos. Dudamos de nuestra propia valía y anhelamos más de lo que tenemos. ¿Cómo podemos sentirnos en casa en nuestra propia vida y en paz con nosotros mismos?

El regreso a casa es la culminación del viaje de pensar, actuar, ser, como descubrí esa noche en la cocina. La totalidad de nuestra experiencia nos está llamando para que volvamos a casa: a la relación con los demás, a este planeta, a este momento. Cada capítulo de este libro ha tenido como tema la atención a esta llamada. Es la llamada que lleva a una persona a terapia y la que oí en el sofá cuando me estaba sintiendo perdido y solo. Podemos oírla en medio de un descanso sagrado y en el éxtasis del movimiento físico. Oí esta misma llamada cuando me sumergí en el agua de la bahía de Delaware con las palabras de Moana resonando en mis oídos. Está en una hoja de lechuga y en el rostro de nuestros seres queridos.

¿Con qué frecuencia experimentas un profundo sentimiento de amor y pertenencia? ¿Hasta qué punto te resulta fácil amarte a ti mismo? Piensa lo que podría significar sentirte en casa.

Las experiencias religiosas y espirituales que voy a relatar no son un modelo que deba seguir nadie, porque el hogar al que regresé no era un lugar ni un conjunto de creencias. Era estar en casa en mí mismo. Este hogar está en todas partes y siempre como un estado del ser. Pero aunque la llamada es constante, a menudo no somos conscientes de ella, como me ocurrió a mí durante muchos años.

Escucha la llamada de regreso a casa

Cerré los oídos a la llamada cuando, con veintipocos años, dejé el fundamentalismo cristiano en el que había sido criado. Había intentado creer con todas mis fuerzas en los milagros prometidos; había orado fervientemente y ayunado con mi congregación mientras le pedía a Dios que sanara a los enfermos que había entre nosotros. Mientras tanto, jóvenes y ancianos morían de cáncer, mis propias enfermedades y lesiones parecían inmunes a la oración e incluso los pastores que predicaban la sanación divina dependían de medicamentos para sobrellevar afecciones crónicas. Con el tiempo, me sentí engañado cuando vi que las promesas no se cumplían y me distancié a causa del acento que se ponía en un Dios enojado y enjuiciador que siempre parecía estar dispuesto a castigarme en cualquier momento.

Fue doloroso y desorientador para mí perder mi base espiritual. Durante casi dos decenios, rechacé amargamente cualquier contenido religioso o incluso espiritual. Ridiculicé el cristianismo;

me burlaba profanamente de la idea de un Dios amoroso. Me convencí de que era un materialista estricto mientras trataba de creer que toda la experiencia humana se podía reducir a propiedades observables de la materia. No quería dejar ningún espacio para lo sobrenatural... y, sin embargo, no podía librarme de la sensación de que había más en la vida de lo que reconocía.

Durante los años que siguieron, fui medio consciente de muchos susurros por parte de una voz tranquila y persistente, que decía: «Falta algo». Aunque la llamada a adentrarnos totalmente en nuestras experiencias está siempre presente, por lo general no nos chilla. Cuando más la sentía era en sueños, escuchando ciertas canciones, leyendo poesía, ante la belleza natural y en la quietud de la conciencia plena.

A pesar de mi actitud, seguían conmoviéndome determinados pasajes de la Biblia que conocía desde hacía mucho tiempo, como el salmo 42: 1: «Cual ciervo jadeante en busca del agua, así te busca, oh Dios, todo mi ser».[3] Y no podía explicar la oleada de emoción que sentía mientras cantaba con nuestro coro en Bar Harbor (Maine): «¡Oh, amor que no me dejarás!,/dejo descansar mi fatigada alma en ti». Lloré al ver la película *Junebug* cuando un trío cantó «Softly and Tenderly» [Suave y tiernamente] en el sótano de una iglesia que parecía exactamente igual que algunos que había conocido en mi infancia: «Venid a casa, venid a casa; vosotros que estáis agotados, ¡venid a casa!».

Muchos años antes de empezar a sufrir mi enfermedad, oí una clara llamada una noche mientras estaba sentado en mi escritorio del sótano trabajando en un artículo de investigación. En un momento dado, hice una pausa para escuchar por primera vez una nueva canción de Mumford & Sons titulada «Awake My Soul» [Despierta mi alma], de su popularísimo álbum *Sigh No More* [No suspires más], el primero que publicaban. No esperaba la potente ola de anhelo y tristeza que sentí mientras escuchaba la letra, que era sencilla.

Cuando empezó a cantar el coro, rompí a llorar. No rodaron por mis mejillas un par de lágrimas respetables que sequé rápidamente, sino que lloré con todo el cuerpo, con el rostro entre las manos. No comprendí el motivo de mis lágrimas ni de mi angustia, pero sabía que llevaba mucho tiempo sintiéndome medio muerto. No hay duda de que estas lágrimas tenían que ver con el dolor de la separación: me sentía separado de la realidad, de los demás, de mí mismo. Sentía que me había perdido las partes más importantes de mi vida.

En esa época, incluso los sueños me estaban llevando a comprender más profundamente lo que significa estar vivo. Pocos días después de haber tenido esa vivencia en el sótano, soñé algo muy similar durante tres noches seguidas. En cada uno de esos sueños bailaba eufóricamente y me balanceaba junto a un grupo de personas a las que no conocía mientras cantaban en un idioma que no entendía. La escena era sorprendentemente similar a los muchos *llamados al altar* en que participé en iglesias pentecostales en mi juventud: todos los asistentes eran invitados a situarse en la parte delantera del templo para participar en un acto colectivo de oración y canto; afloraban emociones intensas y, a menudo, había quienes se ponían a hablar en idiomas que no conocían.

«Siento que algo me está llamando –le dije a mi esposa después del tercer sueño–, pero no sé cómo responder». El único modelo de práctica espiritual que conocía era el de las iglesias, pero no me parecía apropiado volver a acudir a estos entornos. Después de nuestra conversación, decidí apuntarme a clases de yoga; ahí aprendí prácticas en las que participaban tanto la mente como el cuerpo, conocí el poder de la respiración y descubrí la paz que se encuentra en la presencia.

En este mismo período, tuve el sueño de muerte que he relatado anteriormente en este libro, el cual me mostró un grado de conexión que no sabía que era posible: la unión con todo lo que existe a través del tiempo, el espacio e incluso la muerte. «¿Cómo pude abandonar esto?», me pregunté. Sentí como si me hubiera tapado los oídos durante la veintena y la treintena y hubiera determinado que no creía en el sonido, para redescubrir, de pronto, el sentido del oído y percibir de nuevo las palabras, las risas, la música, el canto de los pájaros.

Fui abriéndome a la llamada, hasta que reparé en un pequeño libro sobre budismo secular a través del cual descubrí el poder de la conciencia plena. Llevaba muchos años en mi estantería, pero no me había llamado la atención antes. Casi cada página me dejó impresionado con su descripción penetrante de sensaciones que había experimentado a medias pero nunca había expresado con palabras, como la ternura cercana a la tristeza que impregnaba toda la vida que sentí cuando estuve realmente cerca de mi experiencia. Era la dulzura que me hizo llorar cuando presté atención a una pasa o cuando saboreé la vida en una hoja de lechuga del huerto.

Pronto abracé el budismo secular, con el acento que pone en estar presente en la propia experiencia y en aceptar la vida tal como es, y comencé a practicar la meditación diaria. A través de los escritos budistas, supe que hay un amor y una unidad que lo abarcan todo y que el universo no está al acecho de oportunidades para castigarnos. Encontré paz y aceptación en el budismo secular, que se convirtió en mi hogar espiritual adoptivo. Quizá estaba bien que yo tuviera defectos. Tal vez podía aceptarme tal como era.

Sin embargo, seguía buscando algo que no podía acabar de nombrar.

ENCUENTRA EL HOGAR DENTRO DE TI

La mayoría de nosotros buscamos seguridad y pertenencia en un hogar que se encuentra fuera de nosotros mismos. Buscamos el hogar anhelado en las relaciones, en el trabajo, en el reconocimiento o en cosas materiales. Pero en realidad siempre está aquí mismo. No se encuentra en ningún otro lugar. «Este es un país cuyo centro está en todas partes –escribió Thomas Merton en *Nuevas semillas de contemplación*–. No lo encontramos viajando, sino quedándonos quietos».[4]

Pero esto no evita que lo busquemos por todas partes excepto donde está. Es como si estuviéramos destrozando la casa tratando de encontrar las llaves que tenemos en la mano. Creemos que la respuesta tiene que estar en algún lugar *ahí fuera*, en algo que sea más de lo que somos nosotros mismos, porque estamos convencidos de que no damos la talla. Esta creencia en nuestra propia insuficiencia se refleja en las creencias centrales que albergamos sobre nosotros mismos y el mundo, que impulsan nuestros pensamientos y actos. Estas suposiciones arraigadas a menudo tienen que ver con que somos insuficientes o con que no merecemos ser amados: «Su Majestad ha sido pesado en la balanza, y pesa menos de lo debido».[5]

¿Dónde estás buscando algo que te falta, algo que te completaría? Piensa en las creencias centrales que albergas sobre ti mismo que podrían subyacer a cualquier sensación de que necesitas algo más.

Gran parte de nuestro sufrimiento proviene de nuestras luchas por encontrar *algo más*: más que yo mismo; más que la persona que está sentada delante de mí; más que esta casa, esta mesa, esta comida, esta cuchara; más que este momento. Siempre estamos buscando más allá de nuestra pequeña vida, esperando encontrar algo mejor. Desde esta sensación de carencia, tratamos de ganar el mundo entero, pero corremos el riesgo de perder nuestra alma.[6]

Este tema aparece en innumerables canciones, libros y películas, entre ellas *Frozen II*, de Disney (como padre de niños pequeños, me veo obligado a ver películas de Disney). Elsa está persiguiendo a un ser al que siente; es una presencia (alguien o algo) que conoce desde cuando alcanza a recordar pero que siempre se le ha escapado. Mientras persigue una voz y una luz, canta con mayor insistencia y le suplica a la presencia que se revele.

Todos albergamos la esperanza y el deseo de encontrar algo que satisfaga nuestro anhelo y nos complete. A veces parece que nos acercamos mucho a ello –como Elsa–, como cuando recordamos la sensación de un sueño pero no podemos recordar lo que ocurría. Elsa no se detiene en su búsqueda desesperada. Monta un caballo mágico que casi la ahoga antes de llevarla a través del mar. Tras este episodio, prosigue su búsqueda con mayor fervor y le ordena a eso que está persiguiendo que se revele. Está segura de que si busca lo suficiente podrá encontrar lo que siempre ha estado esperando.

Nosotros le exigimos lo mismo a todo aquello que perseguimos: las personas que forman parte de nuestra vida, nuestra carrera profesional, todas las distracciones que podrían ocupar el lugar de lo que realmente necesitamos. Pensamos que la solución al vacío que sentimos radica en obtener algo que nos falta. Pero lo que buscamos ha estado con nosotros todo el tiempo, como descubre Elsa. La música se intensifica y finalmente encuentra la respuesta: que *ella misma es la presencia que había estado esperando*.

El *tú* que has estado esperando no es la parte egoica de ti que alimenta su propia separación, como una gota de agua que intentase poseer el océano. ¡Qué decepción obtendríamos si el *yo* con minúscula fuera la respuesta a todo lo que anhelamos! El tú que has estado esperando es el tú que forma parte de algo más grande. Es quien realmente eres. No tienes que compensar una supuesta insuficiencia o engrandecer falsamente tu pequeña presencia en un vasto cosmos. Puedes dejar de intentar poseer el mundo porque perteneces al universo.

Hay una verdad fundamental acerca de quién eres que es más profunda que tus creencias centrales negativas. Si cavas dentro de ti y encuentras lo que parece ser la base de tu insuficiencia o falta de amor, sigue cavando. Aún no has encontrado tu verdadero núcleo. En la parte más profunda de ti reside el conocimiento divino de que tienes todo lo que necesitas. Siempre has sido suficiente. Estás bien tal como eres. Tus hombros se relajan y te resulta más fácil respirar con esta comprensión.

«¿Por qué abandonar quién eres? –preguntó el místico dominico Eckhart de Hochheim (maestro Eckhart)–. ¿Por qué no permanecer en ti mismo y beber de la profunda fuente de tu propio bien? Porque cada uno de nosotros lleva toda la verdad en sí mismo».[7] Como descubrí en el curso de mis propias andanzas, nunca es posible dejar el verdadero hogar, de hecho. Es parte de nosotros. Volver a casa significa reconectarnos con lo que ha estado ahí todo el tiempo. Tu hogar está siempre listo para acogerte.

Por más que nos hayamos alejado de nuestro verdadero hogar interior, no tenemos que volver sobre nuestros pasos para encontrar el camino de regreso. La vuelta a casa se produce en un solo momento, como cuando encendemos una luz en una habitación oscura. Es posible que hayamos estado sentados en la oscuridad durante mucho tiempo, pero de repente somos conscientes de cosas que no podíamos ver. Una ola tras otra de ideas e implicaciones cae sobre nosotros cuando nos damos cuenta de que la luz de nuestra nueva comprensión lo cambia todo.

Presencié muchos regresos repentinos al verdadero yo en mi consultorio de terapia, como en el caso de Paul, a quien conocimos en el capítulo uno. Nunca se había sentido lo suficientemente bueno y buscaba la completitud a través del amor de su madre, el alcohol y una serie de relaciones románticas que nunca lo satisfacían por completo. En el proceso, se había abandonado a sí mismo. A través de las prácticas de la terapia cognitivo-conductual consciente, Paul finalmente encontró la paz en la relación consigo mismo, es decir, con el niño de cinco años que había sido abandonado y había estado muy solo, y con su yo adulto que aún cargaba con esas heridas. Supe que había encontrado el camino de regreso a casa cuando me dijo que sentía amor hacia sí mismo. La llamada de vuelta al hogar es siempre una llamada al amor.

Cuando por fin estamos en casa en nosotros mismos, el amor surge inevitablemente. Nada nos hace saber que estamos realmente en casa como la plena conciencia de que somos dignos de ser amados y somos capaces de recibir amor.

TEN LA CERTEZA DE QUE ERES AMADO(A)

Me sentí mucho más abierto a la vida cuando comencé a practicar la meditación y otras modalidades de mindfulness. Me di cuenta de lo mucho que me había estado perdiendo en la relación con mi esposa y mis hijos, e incluso experimentaba una sensación de reconocimiento hacia los desconocidos mientras caminaba por la calle. Sonreía a cada persona que veía sin poder evitarlo, sin que me importase parecer un poco ridículo.

El budismo incluso me ayudó a ver el cristianismo desde una nueva perspectiva y a reconocer profundas verdades en lo que me habían enseñado: que la conexión espiritual es esencial, que el amor es fundamental, que lo eterno reside en cada uno de nosotros. Las interpretaciones dogmáticas y literales de estas enseñanzas habían eclipsado su mensaje fundamental, que era coherente con las ideas que había encontrado en los principios budistas. Acabé viendo de una manera completamente diferente la religión en la que había sido criado. Muchas de las palabras seguían siendo las mismas (*pecado*, *fe*, *redención*, *muerte*, *Cristo*), pero las definiciones habían cambiado. Finalmente entendí que Dios es amor.

De todos modos, la espiritualidad que encontré a través del budismo no llegó a lo más profundo de mí. Había una desconexión entre mi creencia explícita sobre la naturaleza de Dios y lo que sentía como verdadero en mi interior. Era la misma disonancia que encontraba tan a menudo en mi práctica terapéutica, cuando una persona sabía que sus pensamientos de autoodio eran irreales pero aun así *sentía* que se correspondían con la verdad.

Aún anhelaba el amor y la aprobación de mi «Dios de nacimiento»; aquel con el que crecí, aquel del que hui cuando me alejé del cristianismo y que ahora sentía distante. Mis convicciones más profundas aún me decían que Dios estaba vagamente irritado conmigo y deseoso de castigarme. Su paciencia podría ser perfecta, pero estaba seguro de que la había agotado conmigo.

La emoción que brotó de mí cuando escuché las palabras de Rich Mullins se había ido acumulando durante décadas. Mientras lloraba en la cocina, las palabras de ánimo del apóstol Pablo a los romanos adquirieron un nuevo significado para mí: nada «en toda la creación podrá apartarnos del amor que Dios nos ha manifestado».[8] ¡Por fin estaba en casa!

CONTEMPLA LOS MILAGROS

En mi infancia, pensaba que un milagro era algo que se encontraba fuera del ámbito de los sucesos cotidianos. Sería un milagro que un cáncer terminal desapareciese o que un hueso roto se curara de repente. Como estas manifestaciones extraordinarias no se produjeron, decidí que la vida no era más que nuestras experiencias mundanas: nada mágico, nada divino.

Pero cuando contemplé más profundamente mi experiencia normal, descubrí que había más de lo que había advertido; no más *que* esta vida sino más *en* esta vida. Mi cuerpo podía curar los cortes y los resfriados, con un poder que iba más allá de mi conciencia o de mi control. Yo podía proporcionar las condiciones adecuadas (limpiar una herida, dormir lo suficiente, comer alimentos nutritivos), y mi cuerpo haría el resto.

A lo largo del día, observa cómo tus pulmones permiten cada actividad que realizas. Siente cómo tu respiración se adapta a cada situación: es rápida y superficial cuando estás ansioso, más profunda cuando acabas de subir escaleras, lenta y uniforme cuando te acercas al sueño. También puedes ser consciente del efecto calmante que se produce de forma automática cuando ralentizas la respiración deliberadamente.[9]

La mente y el corazón también pueden sanar, como he presenciado en las sesiones de terapia y en mi vida personal. Como en el caso de la curación física, ofrecemos las condiciones mentales y de comportamiento adecuadas y nuestro sistema nervioso se encarga del resto: abordamos nuestros miedos y disminuyen. Nos implicamos con algo y la depresión se alivia. Cambiamos los hábitos y el sueño mejora. Descansamos y el sistema del estrés se apacigua.

La sanación cotidiana que encontramos en nuestras relaciones tampoco es ordinaria, en absoluto. No sé cómo sanar un problema dado en una relación más de lo que sé cómo curar un hueso roto, pero por fortuna el perdón está incorporado en nuestro ser. Podemos dar un traspié en nuestras relaciones más cercanas y decepcionar a nuestra pareja, nuestros padres o nuestros hijos, y aun así hallamos la forma de volver a encontrarnos. Mi esposa y mis hijos han visto lo peor de mí y yo he visto lo peor de ellos, y, a pesar de todo, nuestro amor mutuo es incuestionable. «El amor cubre multitud de pecados».[10]

Incluso la misteriosa existencia de la vida misma y del universo que la sustenta están lejos de ser ordinarios. Me estuve perdiendo mucho de la vida cuando estuve negando las maravillas de la experiencia cotidiana. Había estado buscando en el cielo lo que estaba justo aquí en la tierra; cuando me di cuenta de esto, fue como encontrar en la parte superior de mi cabeza mis gafas perdidas.

Cuando no confiamos en que somos amados, nos perdemos las cosas buenas que llenan la vida, como un niño que duda del amor de sus padres y, por lo tanto, no ve las formas en que se preocupan por él. Una vez que estamos abiertos a percibir el amor que nos rodea, comenzamos a advertir que somos objeto de más cuidados de los que pensábamos. Nos damos cuenta de que el universo está de nuestra parte, ofreciéndonos todo lo que necesitamos, lo cual refuerza en nosotros la creencia de que somos dignos de recibir amor (como muestra la figura 9): si recibimos cuidados constantemente, ello tiene que ser indicativo de que merecemos ser amados.

Figura 9

Todo lo que experimentas es para ti: el rayo de sol en la pared, la brisa que está soplando, cada color que ves. Es por eso por lo que estás presenciando todo ello. Puedes descansar en esta seguridad, sabiendo que tu vida cotidiana está llena de cosas buenas. Por lo tanto, regresa a este momento. Regresa al lugar en el que estás sentado. Regresa a las personas que forman parte de tu vida. Regresa a tu propio ser. Tu extraordinaria vida se encuentra en todo lo que ya tienes.

EL OTRO LADO

Hace unos años, sentí como si mi vida estuviera llegando a su fin. No es que se estuviera desintegrando un avión en el que viajara, como en mi sueño, sino que era la estructura de mi vida lo que se estaba viniendo abajo. Había perdido la salud física y mental, mis ahorros, la conexión con los amigos. Me iba preparando para el momento del impacto, previendo un choque violento que acabaría con mi vida. Tanto si me esperaba la muerte como si no, no podía imaginar una vida después de tanta pérdida.

Pero la muerte que llegó no fue lo que esperaba. Mi vida no solo tuvo continuidad, sino que mejoró. Incluso antes de que mi salud mejorara, redescubrí una conexión espiritual que había abandonado desde hacía mucho tiempo que me ha permitido afrontar las dificultades. Al igual que en mi sueño, la muerte de mi antiguo yo reveló que estoy conectado eternamente a todo lo que amo. No quedó espacio para el miedo en mí.

Mucho ha cambiado desde aquella noche en que tuve la experiencia del final de mí mismo en el sofá. Encontré una profunda paz al otro lado del dolor y la pérdida. La paz comenzó cuando descubrí mi espíritu y hallé un testigo compasivo de mis dificultades, algo que me conectó con un espíritu más grande. Me di cuenta de que no estaba solo y no había sido olvidado. El trabajo cognitivo y conductual que acometí a partir de ahí tuvo como punto de partida esa base sólida de conciencia plena. Mi mente ha experimentado una renovación. Siento que mis acciones están integradas en un sentido de propósito permanente. Me acepto y valoro tal como soy, así que ya no me presiono sin piedad para hacer más o vivir en un estado de estrés constante.

El enfoque integrado del modelo pensar, actuar, ser que surgió de la intersección de mis tribulaciones y mi formación ha sido descubierto por innumerables personas a lo largo de los milenios. Thomas Merton lo expuso bellamente en *Nuevas semillas de contemplación*:

> La «vida espiritual» es entonces la vida perfectamente equilibrada en la cual el cuerpo con sus pasiones e instintos, la mente con su razonamiento y su obediencia a los principios y el espíritu con su iluminación pasiva procedente de la Luz y el Amor de Dios conforman un [individuo] completo que está en Dios y con Dios y desde Dios y para Dios.[11]

Somos mente, cuerpo y espíritu, y las respuestas que buscamos a los persistentes problemas de la vida inevitablemente incluirán atender nuestros pensamientos, actuar en consonancia con nuestras metas y estar presentes en nuestra experiencia.

Ya sea que estés sanando de una pérdida o trauma, buscando un propósito superior o lidiando con una crisis personal, empieza cultivando la presencia. Escucha la voz de tu espíritu, que nunca dejará de ser tu compañero. Responde a su llamada y practica el pensamiento correcto y la acción correcta. Espero que encuentres una nueva vida, como la he encontrado yo, a través de las prácticas de la terapia cognitivo-conductual consciente. El camino hacia delante no será fácil, pero siempre será tan simple como estas tres palabras: *pensar*, *actuar*, *ser*.

Sigue respirando. Presta atención a tus pensamientos. Haz lo que tengas que hacer. Ya estás en casa.

AGRADECIMIENTOS

Les estoy agradecido a muchas personas que influyeron en la escritura de este libro, comenzando por mis padres, Charles y Carolyn Gillihan. Madre, tu ejemplo de amor y cuidado hacia las personas que te rodean me enseñó cosas que no comprendí completamente hasta que fui mucho mayor. Padre, pensé mucho en ti durante mi enfermedad y mi depresión, y me preguntaba qué tuviste que hacer para seguir sirviendo a tu congregación y a tu familia en medio de tus propias dificultades, que eran importantes. Gracias a los dos por hacer de nuestro hogar una fuerza constante y amorosa en nuestra vida, a pesar de los numerosos cambios de ubicación. Estoy agradecido de haber tenido la oportunidad de conoceros mejor en los últimos años.

Yonder, Malachi, Timothy y Charlie: sois como hermanos para mí. Gracias por vuestra comprensión y vuestro buen humor mientras cada uno de nosotros encontraba su camino en la vida. ¡Ojalá viviéramos más cerca unos de otros! Me gustaría mucho pasar más tiempo con vosotros.

A mis suegros, Lance y Cynthia Leithauser: gracias por vuestro amor y apoyo durante más de veinticinco años.

Anderson, mi agente: tienes el don de oír instantáneamente lo que estoy tratando de decir antes de haberlo dicho. Te doy las gracias por el entusiasmo que mostraste respecto a este libro desde que te conté un poco de qué iba en la granja Philo Ridge. ¡Esa sigue siendo la mejor ensalada que he probado!

Mickey Maudlin, mi editor: me ayudaste a encontrar la estructura en la que unir una serie de ideas en algo coherente. Gracias por tu paciencia y tus ideas mientras me guiabas en la escritura de un mejor libro. Quiero expresar también un agradecimiento sincero a la editora asistente Chantal Tom, así como al resto del fantástico equipo de HarperOne, por su excelente trabajo: Laina Adler, Louise Braverman, Leah Carlson-Stanisic, Yvonne Chan, Ann Edwards, Pat Harris, Amy Reeve y Amy Sather.

Kim Richardson: me ayudaste a definir mi estilo como escritor a lo largo de los años que colaboramos en WebMD. Aria Campbell-Danesh: eres una amiga y confidente a la que quiero mucho; las inspiradoras conversaciones que hemos tenido por teléfono a través del océano me han animado innumerables veces y de algún modo están presentes en este libro. Ray Pasi: hace más de dos décadas que aprecio tu amistad, tu sabiduría, tu aliento y tu sentido del humor.

Alice Boyes: estoy agradecido por haber conectado contigo a través de nuestra labor como escritores. Gracias por ser una amiga solidaria y por ser una buena compañera como autora, por presentarme a Giles y por ver siempre a través de los ojos de la abundancia. Joel Minden: me siento muy afortunado por el hecho de que nos hayamos encontrado y espero tener muchas más conversaciones gratificantes contigo. ¡Algún día nos conoceremos en persona, sin duda! Paula Ruckenstein: tus enseñanzas en esas clases matutinas en la Universidad de Pensilvania me mostraron la profundidad de conciencia que se puede alcanzar a través del yoga.

Rich Mullins, cofundador de la comunidad The Kid Brothers of St. Frank ('los hermanos pequeños de san Francisco de Asís') y paisano mío (los dos somos de Indiana): lamento no haberte conocido en esta vida, aunque siento que te conozco a través de tu música y las entrevistas que te hicieron. Tus palabras siguen difundiendo verdad y vida.

Doy las gracias a los muchos médicos y otros profesionales de la salud que hicieron todo lo posible por ayudarme a descubrir la causa de mis síntomas, y a los cinco terapeutas del habla que me ayudaron a recuperar la voz. Diane Gaary: te mando un agradecimiento especial por sorprenderme constantemente con la amplitud de tus conocimientos y tu perspicacia; también a Josh Gitalis, nutricionista clínico, por tu combinación vitalizadora de conocimiento y compasión.

Mi comprensión de la terapia cognitivo-conductual (TCC) fue moldeada por muchas personas, entre ellas Alan Goldstein, Robert DeRubeis, Judith Beck y Aaron T. Beck (quien falleció durante la escritura de este libro); mi supervisora posdoctoral Elyssa Kushner, quien me inició en la terapia conductual basada en el mindfulness; los especialistas del sueño Michael Perlis y Donn Posner; el fallecido Chris Erickson, quien me animó a centrarme en la TCC durante mi formación doctoral, y otros colegas demasiado numerosos para mencionarlos, incluida mi comunidad de Twitter #CBTWorks. Mi interpretación inicial de la TCC estuvo limitada por mi capacidad para comprender sus elementos más profundos, lo cual reflejaba mis propias limitaciones y no las de mis instructores.

Ciertamente, no he sido la primera persona que ha vinculado el mindfulness y la TCC. Gracias a aquellos que han influido en mi pensamiento y mi integración, en particular Steven Hayes, Lizabeth Roemer, Susan Orsillo y Zindel Segal.

Las ideas que expreso en este libro están influidas por muchas conversaciones que he tenido con muchas personas en el pódcast *Think Act Be* ('pensar, actuar, ser'). Os aprecio a cada uno de vosotros. A mis pacientes, quiero deciros que ha sido un privilegio sentarme con vosotros y presenciar vuestra valentía, ya que no es fácil seguir una terapia. Gracias por confiar en mí en este trabajo profundamente humano.

Lucas, Ada y Faye, me hacéis reír mucho todos los días, y no solo porque me ría con los chistes que os cuento. A veces me hacéis reír incluso cuando no estáis cerca porque recuerdo algo gracioso que habéis dicho o hecho, o porque recuerdo cuánto amo la esencia única de cada uno de vosotros. Gracias por vuestra dulzura y comprensión, incluso cuando mis problemas de salud os han afectado. ¡Me siento tan feliz por ser vuestro papá!

Y, finalmente, doy las gracias a mi esposa y amiga, Marcia Leithauser: has dejado tu huella en este libro; probablemente, más de lo que crees. En muchos de nuestros paseos matutinos durante la pandemia, me ofreciste soluciones elegantes para los dilemas de escritura que te planteaba. Estoy agradecido por haber sido lo bastante sensato como para buscarte en Estrasburgo en 1995, cuando estar contigo me parecía como estar en casa. Cada vez que contemplo la vida que tenemos, una vida que es mucho menos perfecta y mucho más hermosa de lo que esperaba, apenas puedo creer la buena suerte que he tenido. Gracias por sostener mi mano (y mi dolor) todas esas noches en las que ya no podía más. He intentado expresar en estas páginas lo mucho que me has ayudado en el curso de mi enfermedad, pero las palabras no pueden transmitir todo lo que has hecho por mí ni lo muy agradecido que estoy por que formes parte de mi vida.

NOTAS

Epígrafe

1. Mark S. Burrows y Jon M. Sweeney (2019). *Meister Eckhart's Book of Secrets: Meditations on Letting Go and Finding True Freedom*. Charlottesville (Virginia), EUA: Hampton Roads, p. 194.

Capítulo 2

1. Adaptado de Seth J. Gillihan (2019). *The CBT Deck for Clients and Therapists: 101 Practices to Improve Thoughts, Be in the Moment, and Take Action in Your Life*. Eau Claire (Wisconsin), EUA: PESI.
2. Ilia Delio (2021). *The Hours of the Universe: Reflections on God, Science, and the Human Journey*. Maryknoll (Nueva York), EUA: Orbis Books, p. XV.
3. Omid Naim (20 de febrero de 2019). «Telling a Better Story about Health and Healing» [Contando una mejor historia sobre la salud y la sanación]. Entrevista por Seth Gillihan. Pódcast de audio de Think Act Be, episodio 30, https://sethgillihan.com/ep-30-dr-omid-naim/.

Capítulo 3

1. M. Muraven y R. F. Baumeister (2000). «Self-Regulation and Depletion of Limited Resources: Does Self-Control Resemble a Muscle?». *Psychological Bulletin*, 126 (2), 247-259, https://doi.org/10.1037/0033-2909.126.2.247.
2. Marcus Aurelius (2002). *Meditations*. Traducido al inglés por Gregory Hays. Nueva York, EUA: Modern Library, p. 77.
3. David Steindl-Rast y Sharon Lebell (1998). *Music of Silence: A Sacred Journey Through the Hours of the Day*. Berkeley (California), EUA: Ulysses Press, p. 5.

4. Epictetus (2008). *The Enchiridion*, en *Discourses and Selected Writings*. Editado y traducido al inglés por Robert Dobbin. Nueva York (EUA): Penguin Books, p. 223.
5. Marcus Aurelius. *Meditations*, p. 119.

Capítulo 4

1. Steven C. Hayes (7 de octubre de 2020). «You Want to Feel All of It» [Quieres sentirlo todo]. Entrevista por Seth Gillihan. Pódcast de audio de Think Act Be, episodio 108, https://sethgillihan.com/ep-108-dr-steven-c-hayes-you-want-to-feel-all-of-it/.
2. Epictetus (2008). *The Enchiridion*, en *Discourses and Selected Writings*. Editado y traducido al inglés por Robert Dobbin. Nueva York (EUA): Penguin Books, p. 222.

Capítulo 5

1. Letícia Ribeiro, Rachel M. Atchley y Barry S. Oken (2018). «Adherence to Practice of Mindfulness in Novice Meditators: Practices Chosen, Amount of Time Practiced, and Long-Term Effects Following a Mindfulness-Based Intervention». *Mindfulness*, 9, 401-411, https://doi.org/10.1007/s12671-017-0781-3.
2. Chögyam Trungpa (1984). *Shambhala: The Sacred Path of the Warrior*. Boston: Shambhala. [En castellano: (1986). *Shambhala: la senda sagrada del guerrero*. Barcelona, España: Kairós].
3. Sam Harris (2014). *Waking Up: A Guide to Spirituality Without Religion*. Nueva York, EUA: Simon & Schuster, pp. 6-7.
4. William James (2018). *The Varieties of Religious Experience: A Study in Human Nature*. Mineola (Nueva York), EUA: Dover Publications, pp. 398-400.

Capítulo 6

1. Isaías, 55: 2 (La Biblia, Nueva Versión Internacional [NVI]).
2. Holly B. Shakya y Nicholas A. Christakis (1 de febrero de 2017). «Association of Facebook Use with Compromised Well-Being: A Longitudinal Study». *American Journal of Epidemiology*, 185 (3), 103-211, https://doi.org/10.1093/aje/kww189.
3. D. Nutsford, A. L. Pearson y S. Kingham (noviembre de 2013). «An Ecological Study Investigating the Association Between Access to

Urban Green Space and Mental Health». *Public Health*, 127 (11), 1005-1011, https://doi.org/10.1016/j.puhe.2013.08.016. Hannah Cohen-Cline, Eric Turkheimer y Glen E. Duncan (junio de 2015). «Access to Green Space, Physical Activity, and Mental Health: A Twin Study». *Journal of Epidemiology & Community Health*, 69 (6), 523-529, https://dx.doi.org/10.1136/jech-2014-204667.

4. Agnes E. van den Berg *et al.* (abril de 2010). «Green Space as a Buffer Between Stressful Life Events and Health». *Social Science & Medicine*, 70 (8), 1203-1210, https://doi.org/10.1016/j.socscimed.2010.01.002.
5. Caoimhe Twohig-Bennett y Andy Jones (octubre de 2018). «The Health Benefits of the Great Outdoors: A Systematic Review and Meta-Analysis of Greenspace Exposure and Health Outcomes». *Environmental Research*, 166, 628-637, https://doi.org/10.1016/j.envres.2018.06.030.
6. Adaptado de: Seth J. Gillihan (2020). *The CBT Deck for Anxiety, Rumination, and Worry: 108 Practices to Calm the Mind, Soothe the Nervous System, and Live Your Life to the Fullest*. Eau Claire (Wisconsin), EUA: PESI.
7. Mary Oliver (2017). «To Begin With, the Sweet Grass», en *Devotions: The Selected Poems of Mary Oliver*. Nueva York, EUA: Penguin Press, p. 77.
8. Robin Wall Kimmerer (2020). *Braiding Sweetgrass: Indigenous Wisdom, Scientific Knowledge, and the Teachings of Plants*. Mineápolis (Minesota), EUA: Milkweed Editions, p. 118.
9. Lauren E. Sherman *et al.* (julio de 2018). «What the Brain "Likes": Neural Correlates of Providing Feedback on Social Media». *Social Cognitive and Affective Neuroscience*, 13 (7), 699-707, https://doi.org/10.1093/scan/nsy051.
10. Jon D. Elhai *et al.* (1 de enero de 2017). «Problematic Smartphone Use: A Conceptual Overview and Systematic Review of Relations with Anxiety and Depression Psychopathology». *Journal of Affective Disorders*, 207, 251-259, https://doi.org/10.1016/j.jad.2016.08.030.

Capítulo 7

1. «Johnson Oatman», Prabook, consultado el 25 de mayo de 2022 en https://prabook.com/web/johnson.oatman/3767739. Fuente de la letra: https://hymnary.org/text/when_upon_lifes_billows_you_are_tempest.
2. Brenda H. O'Connell, Deirdre O'Shea y Stephen Gallagher (octubre de 2017). «Feeling Thanks and Saying Thanks: A Randomized

Controlled Trial Examining If and How Socially Oriented Gratitude Journals Work». *Journal of Clinical Psychology*, 73 (10), 1280-1300, https://doi.org/10.1002/jclp.22469.

3. Joshua A. Rash, M. Kyle Matsuba y Kenneth M. Prkachin (noviembre de 2011). «Gratitude and Well-Being: Who Benefits the Most from a Gratitude Intervention?». *Applied Psychology: Health and Well-Being*, 3 (3), 350-369, https://doi.org/10.1111/j.1758-0854.2011.01058.x.
4. Steven M. Toepfer, Kelly Cichy y Patti Peters (2012). «Letters of Gratitude: Further Evidence for Author Benefits». *Journal of Happiness Studies*, 13, 187-201, https://doi.org/10.1007/s10902-011-9257-7.
5. Sara B. Algoe, Jonathan Haidt y Shelly L. Gable (2008). «Beyond Reciprocity: Gratitude and Relationships in Everyday Life». *Emotion*, 8 (3), 425-429, https://doi.apa.org/doi/10.1037/1528-3542.8.3.425. Nathaniel M. Lambert *et al.* (2010). «Benefits of Expressing Gratitude: Expressing Gratitude to a Partner Changes One's View of the Relationship». *Psychological Science*, 21 (4), 574-580, https://doi.org/10.1177/0956797610364003.
6. William Ferraiolo (2017). *Meditations on Self-Discipline and Failure: Stoic Exercise for Mental Fitness*. Winchester, Reino Unido: O-Books, p. 163.
7. Puedes ver el vídeo en este enlace: https://www.youtube.com/watch?v=BSxPWpLPN7A.
8. Adaptado de Seth J. Gillihan (2019). *The CBT Deck for Clients and Therapists: 101 Practices to Improve Thoughts, Be in the Moment, and Take Action in Your Life*. Eau Claire (Wisconsin), EUA: PESI.
9. Adaptado de Seth J. Gillihan (2020). *The CBT Deck for Anxiety, Rumination, and Worry: 108 Practices to Calm the Mind, Soothe the Nervous System, and Live Your Life to the Fullest*. Eau Claire (Wisconsin), EUA: PESI.
10. David Steindl-Rast y Sharon Lebell (1998). *Music of Silence: A Sacred Journey Through the Hours of the Day*. Berkeley (California), EUA: Ulysses Press, p. 34.
11. Steindl-Rast y Lebell. *Music of Silence*, p. 31.
12. Ver, por ejemplo, O'Connell, O'Shea y Gallagher, «Feeling Thanks and Saying Thanks».
13. O'Connell, O'Shea y Gallagher. «Feeling Thanks and Saying Thanks».
14. Steindl-Rast y Lebell. *Music of Silence*, p. 33.
15. Filipenses, 4: 12 (La Biblia, Nueva Versión Internacional [NVI]).
16. 1 Tesalonicenses, 5: 18 (NVI).

17. Santiago, 1: 2-3 (NVI).
18. Salmos, 89: 1 (NVI).
19. Salmos, 13: 1 (NVI).
20. Johnson Oatman, Jr. «Count Your Blessings». Fuente de la letra: https://hymnary.org/text/when_upon_lifes_billows_you_are_tempest.

Capítulo 8

1. David Steindl-Rast (1984). *Gratefulness, the Heart of Prayer: An Approach to Life in Fullness*. Nueva York, EUA: Paulist Press, p. 181.
2. Jessica de Bloom *et al.* (2010). «Effects of Vacation from Work on Health and Well-Being: Lots of Fun, Quickly Gone». *Work & Stress*, 24 (2), 196-216, https://dx.doi.org/10.1080/02678373.2010.493385.
3. Jessica de Bloom, Sabine A. E. Geurts y Michiel A. J. Kompier (2013). «Vacation (After-) Effects on Employee Health and Well-Being, and the Role of Vacation Activities, Experiences, and Sleep». *Journal of Happiness Studies*, 14, 613-633, https://doi.org/10.1007/s10902-012-9345-3.
4. Adaptado de Seth J. Gillihan (2019). *The CBT Deck for Clients and Therapists: 101 Practices to Improve Thoughts, Be in the Moment, and Take Action in Your Life*. Eau Claire (Wisconsin), EUA: PESI.
5. Marjaana Sianoja *et al.* (2018). «Enhancing Daily Well-Being at Work Through Lunchtime Park Walks and Relaxation Exercises: Recovery Experiences as Mediators». *Journal of Occupational Health Psychology*, 23 (3), 428-442, https://doi.org/10.1037/ocp0000083.
6. Thomas Merton (2007). *New Seeds of Contemplation*. Nueva York, EUA: New Directions, p. 81.

Capítulo 9

1. Elisabeth Hertenstein *et al.* (febrero de 2019). «Insomnia as a Predictor of Mental Disorders: A Systematic Review and Meta-Analysis». *Sleep Medicine Reviews*, 43, 96-105, https://doi.org/10.1016/j.smrv.2018.10.006.
2. M. Daley *et al.* (abril de 2009). «Insomnia and Its Relationship to Health-Care Utilization, Work Absenteeism, Productivity, and Accidents». *Sleep Medicine*, 10 (4), 427-438, https://doi.org/10.1016/j.sleep.2008.04.005.

3. Wendy M. Troxel *et al.* (octubre de 2007). «Marital Quality and the Marital Bed: Examining the Covariation Between Relationship Quality and Sleep». *Sleep Medicine Reviews*, 11 (5), 389-404, https://doi.org/10.1016/j.smrv.2007.05.002.
4. Richard Rohr (3 de abril de 2019). «Living Fully». *Center for Action and Contemplation*, https://cac.org/living-fully-2019-04-03/.
5. Jason C. Ong *et al.* (1 de septiembre de 2014). «A Randomized Controlled Trial of Mindfulness Meditation for Chronic Insomnia». *Sleep*, 37 (9), 1553-1563, https://doi.org/10.5665/sleep.4010.
6. M. Alexandra Kredlow *et al.* (2015). «The Effects of Physical Activity on Sleep: A Meta-Analytic Review». *Journal of Behavioral Medicine*, 38, 427-449, https://doi.org/10.1007/s10865-015-9617-6.
7. Ana Kovacevic *et al.* (junio de 2018). «The Effect of Resistance Exercise on Sleep: A Systematic Review of Randomized Controlled Trials». *Sleep Medicine Reviews*, 39, 52-68, https://doi.org/10.1016/j.smrv.2017.07.002.
8. Kredlow *et al.* «The Effects of Physical Activity on Sleep».
9. Eric Suni (actualizado el 29 de noviembre de 2021). «Sleep Hygiene: What It Is, Why It Matters, and How to Revamp Your Habits to Get Better Nightly Sleep». *Sleep Foundation*, https://www.sleepfoundation.org/articles/sleep-hygiene.
10. Saundra Dalton-Smith. (2017). *Sacred Rest: Recover Your Life, Renew Your Energy, Restore Your Sanity*. Nueva York, EUA: FaithWords, p. 8.
11. William James (2018). *The Varieties of Religious Experience: A Study in Human Nature*. Mineola (Nueva York), EUA: Dover Publications, p. 277.
12. Génesis, 41 (La Biblia, Nueva Versión Internacional [NVI]).
13. Mateo, 2: 12 (NVI).
14. Salmos, 127: 2 (NVI).
15. Swami Krishnananda (1996). «Consciousness and Sleep», en *The Mandukya Upanishad*. Rishikesh, India: Divine Life Society, https://www.swami-krishnananda.org/mand/mand_5.html.
16. Hazrat Inayat Khan. «Sufi Teachings: The Mystery of Sleep». *Hazrat Inayat Khan Study Database*, http://hazrat-inayat-khan.org/php/views.php?h1=30&h2=33.
17. Bhante Shravasti Dhammika. «Sleep». *Guide to Buddhism A to Z*, https://www.buddhisma2z.com/content.php?id=385.

18. Bhante Shravasti Dhammika. «Dreams». *Guide to Buddhism A to Z*, https://www.buddhisma2z.com/content.php?id=116.
19. Nechoma Greisman. «The Philosophy of Sleep». Chabad.org, https://www.chabad.org/library/article_cdo/aid/97560/jewish/The-Philosophy-of-Sleep.htm.
20. Gary M. Cooney *et al.* (12 de septiembre de 2013). «Exercise for Depression». *Cochrane Database of Systematic Reviews*, 9, art. CD004366, https://doi.org/10.1002/14651858.CD004366.pub6.
21. Felipe B. Schuch *et al.* (septiembre de 2019). «Physical Activity Protects from Incident Anxiety: A Meta-Analysis of Prospective Cohort Studies». *Depression & Anxiety*, 36 (9), 846-858, https://doi.org/10.1002/da.22915.
22. Amanda L. Rebar *et al.* (2015). «A Meta-Meta-Analysis of the Effect of Physical Activity on Depression and Anxiety in Non-clinical Adult Populations». *Health Psychology Review*, 9 (3), 366-378, https://doi.org/10.1080/17437199.2015.1022901.
23. Charles B. Eaton *et al.* (julio-agosto de 1995). «Cross-Sectional Relationship Between Diet and Physical Activity in Two Southeastern New England Communities». *American Journal of Preventive Medicine*, 11 (4), 238-244, https://doi.org/10.1016/S0749-3797(18)30452-5.
24. Jacobo Á. Rubio-Arias *et al.* (1 de junio de 2017). «Effect of Exercise on Sleep Quality and Insomnia in Middle-Aged Women: A Systematic Review and Meta-Analysis of Randomized Controlled Trials». *Maturitas*, 100, 49-56, https://doi.org/10.1016/j.maturitas.2017.04.003.
25. Richard M. Ryan y Edward L. Deci (2000). «Self-Determination Theory and the Facilitation of Intrinsic Motivation, Social Development, and Well-being». *American Psychologist*, 55 (1), 68-78, https://doi.apa.org/doi/10.1037/0003-066X.55.1.68.
26. Adaptado de Seth J. Gillihan (2020). *The CBT Deck for Anxiety, Rumination, and Worry: 108 Practices to Calm the Mind, Soothe the Nervous System, and Live Your Life to the Fullest*. Eau Claire (Wisconsin), EUA: PESI.
27. Ver, por ejemplo, Felice N. Jacka *et al.* (2017). «A Randomised Controlled Trial of Dietary Improvement for Adults with Major Depression (the "SMILES" Trial)». *BMC Medicine*, 15 (23), https://doi.org/10.1186/s12916-017-0791-y.
28. Prueba la receta de Ina Garten: https://www.foodnetwork.com/recipes/ina-garten/roasted-brussels-sprouts-recipe2-1941953.

29. Adaptado de Seth J. Gillihan (2019). *The CBT Deck for Clients and Therapists: 101 Practices to Improve Thoughts, Be in the Moment, and Take Action in Your Life*. Eau Claire (Wisconsin), EUA: PESI.

Capítulo 10

1. Edward Brodkin y Ashley Pallathra (2021). *Missing Each Other: How to Cultivate Meaningful Connections*. Nueva York, EUA: PublicAffairs, p. 2.
2. Adaptado de Seth J. Gillihan (2019). *The CBT Deck for Clients and Therapists: 101 Practices to Improve Thoughts, Be in the Moment, and Take Action in Your Life*. Eau Claire (Wisconsin), EUA: PESI.
3. Adaptado de Gillihan, *CBT Deck for Clients and Therapists*.
4. Ross Gay (2019). *The Book of Delights*. Chapel Hill (Carolina del Norte), EUA: Algonquin Books of Chapel Hill, p. 97.
5. Jared Byas (2020). *Love Matters More: How Fighting to Be Right Keeps Us from Loving Like Jesus*. Grand Rapids (Míchigan), EUA: Zondervan, p. 69.

Capítulo 11

1. Kahlil Gibran (1997). *The Prophet*. Hertfordshire, Reino Unido: Wordsworth Editions, p. 13.
2. Edward L. Deci y Richard M. Ryan (2008). «Self-Determination Theory: A Macrotheory of Human Motivation, Development, and Health». *Canadian Psychology*, 49 (3), 182-185, https://doi.org/10.1037/a0012801.
3. Anja van den Broeck *et al.* (diciembre de 2010). «Capturing Autonomy, Competence, and Relatedness at Work: Construction and Initial Validation of the Work-Related Basic Need Satisfaction Scale». *Occupational and Organizational Psychology*, 83 (4), 981-1002, https://doi.org/10.1348/096317909X481382.
4. Marie-Hélène Véronneau, Richard F. Koestner y John R. Z. Abela (julio de 2005). «Intrinsic Need Satisfaction and Well-being in Children and Adolescents: An Application of the Self-Determination Theory». *Journal of Social and Clinical Psychology*, 24 (2), https://doi.org/10.1521/jscp.24.2.280.62277/José A. Tapia Granados *et al.* (noviembre de 2018). «Cardiovascular Risk Factors, Depression, and Alcohol Consumption During Joblessness and During Recessions Among Young Adults in CARDIA». *American Journal of Epidemiology*, 187 (11), 2339-2345, https://doi.org/10.1093/aje/kwy127/Noortje Kloos *et al.* (agosto de 2019). «Longitudinal Associations of Autonomy, Relatedness, and

Competence with the Well-being of Nursing Home Residents». *Gerontologist*, 59 (4), 635-643, https://doi.org/10.1093/geront/gny005.

5. Adaptado de: Seth J. Gillihan (2019). *The CBT Deck for Clients and Therapists: 101 Practices to Improve Thoughts, Be in the Moment, and Take Action in Your Life*. Eau Claire (Wisconsin), EUA: PESI.
6. Jessica de Bloom, Sabine A. E. Geurts y Michiel A. J. Kompier (2013). «Vacation (After-) Effects on Employee Health and Well-Being, and the Role of Vacation Activities, Experiences, and Sleep». *Journal of Happiness Studies*, 14, 613-633, https://doi.org/10.1007/s10902-012-9345-3.
7. Gibran, *The Prophet*, p. 13.
8. David K. Reynolds (2002). *A Handbook for Constructive Living*. Honolulu (Hawái), EUA: University of Hawai'i Press.
9. Adaptado de Gillihan, *CBT Deck for Clients and Therapists*.
10. Adaptado de Gillihan, *CBT Deck for Clients and Therapists*.
11. Eugene H. Peterson (1993). *The Contemplative Pastor: Returning to the Art of Spiritual Direction*. Grand Rapids (Míchigan), EUA: William B. Eerdmans, p. 19.
12. Thomas Merton (2007). *New Seeds of Contemplation*. Nueva York, EUA: New Directions, p. 45.
13. Gregg Krech (2002). *Naikan: Gratitude, Grace, and the Japanese Art of Self-Reflection*. Berkeley (California), EUA: Stone Bridge Press.
14. Robin Wall Kimmerer (2020). *Braiding Sweetgrass: Indigenous Wisdom, Scientific Knowledge, and the Teachings of Plants*. Mineápolis (Minesota), EUA: Milkweed Editions, p. 232.
15. Merton. *New Seeds of Contemplation*, p. 19.
16. Stephen Mitchell, traductor (2000). *Bhagavad Gita: A New Translation*. Nueva York, EUA: Three Rivers Press, pp. 51 y 63.
17. Romanos, 12: 1 (La Biblia: Nueva Versión Internacional [NVI]).
18. Eugene H. Peterson (2018). *The Message: The Bible in Contemporary Language*. Colorado Springs (Colorado), EUA: NavPress, p. 942.
19. Gibran. *The Prophet*, p. 14.

Capítulo 12

1. «"The Three Questions" by Leo Tolstoy» (invierno de 2016). *Plough Quarterly*, 7, https://www.plough.com/en/topics/culture/short-stories/the-three-questions.
2. David Steindl-Rast y Sharon Lebell (1998). *Music of Silence: A Sacred Journey Through the Hours of the Day*. Berkeley (California), EUA: Ulysses Press, p. 8.

3. Adaptado de Seth J. Gillihan (2019). *The CBT Deck for Clients and Therapists: 101 Practices to Improve Thoughts, Be in the Moment, and Take Action in Your Life*. Eau Claire (Wisconsin), EUA: PESI.
4. Steindl-Rast y Lebell. *Music of Silence*, p. 10.
5. Frederick Buechner (1973). *Wishful Thinking: A Theological ABC*. Nueva York, EUA: Harper & Row, p. 95.
6. Thomas Merton (2007). *New Seeds of Contemplation*. Nueva York, EUA: New Directions, pp. 223-224.
7. Adaptado de Seth J. Gillihan (2020). *The CBT Deck for Anxiety, Rumination, and Worry: 108 Practices to Calm the Mind, Soothe the Nervous System, and Live Your Life to the Fullest*. Eau Claire (Wisconsin), EUA: PESI.
8. David Steindl-Rast (1984). *Gratefulness, the Heart of Prayer: An Approach to Life in Fullness*. Nueva York, EUA: Paulist Press, p. 40.

Capítulo 13

1. Rich Mullins (1991). «Growing Young», en *The World as Best as I Remember It*, vol. 2. Reunion Records.
2. Rich Mullins, en vivo desde el estudio B (concierto en vivo emitido por televisión con el grupo musical A Ragamuffin Band en LeSEA Broadcasting [South Bend, Indiana, EUA], el 14 de marzo de 1997), https://www.youtube.com/watch?v=jkPuHReiFeM.
3. Salmos, 42: 1 (La Biblia: Nueva versión Internacional [NVI]).
4. Thomas Merton (2007). *New Seeds of Contemplation*. Nueva York, EUA: New Directions, p. 81.
5. Daniel, 5: 27 (La Biblia: versión Dios Habla Hoy).
6. Marcos, 8: 36 (La Biblia: versión Reina Varela 1995).
7. Mark S. Burrows y Jon M. Sweeney (2019). *Meister Eckhart's Book of Secrets: Meditations on Letting Go and Finding True Freedom*. Charlottesville (Virginia), EUA: Hampton Roads, p. 77.
8. Romanos, 8: 39 (La Biblia: Nueva Versión Internacional [NVI]).
9. Adaptado de Seth J. Gillihan (2019). *The CBT Deck for Clients and Therapists: 101 Practices to Improve Thoughts, Be in the Moment, and Take Action in Your Life*. Eau Claire (Wisconsin), EUA: PESI.
10. 1 Pedro, 4: 8 (NVI).
11. Merton. *New Seeds of Contemplation*, p. 140.